Bartholomäus a Martyribus

Stimulus Pastorum

Zur Spiritualität des Hirtenamts

hrsg. von Marianne Schlosser

Bartholomäus a Martyribus

Stimulus Pastorum

Zur Spiritualität des Hirtenamts

übersetzt und eingeleitet
von Marianne Schlosser

Umschlagsbild: Taddeo und Federico Zuccari,
Tridentisches Konzil, Villa Farnese in Caprarola, um 1561-63

Übersetzung aus dem Lateinischen nach
Bartholomaeus a Martyribus, Estimulo de pastores,
lateinisch-portugiesische Ausgabe, Braga 1981

mail@eos-verlag.de
www.eos-verlag.de

ISBN 978–3–8306–7908–0

Bibliografische Information der Deutschen Bibliothek
Die Deutsche Bibliothek verzeichnet diese Publikation in der
Deutschen Nationalbibliografie; detaillierte bibliografische Angaben
sind im Internet unter http://dnb.ddb.de abrufbar.

Printed in Germany

Vorwort

Meine erste Begegnung mit Bartholomäus a Martyribus, genauer: seinem Werk *Stimulus Pastorum*, liegt fast dreißig Jahre zurück. Immer wieder habe ich zu diesem Buch gegriffen, dessen Autor sich wegen seiner „feurigen Reden“ auf dem Trienter Konzil die Hochachtung der Zeitgenossen erworben hatte, und wegen seiner menschlichen und geistlichen Vorzüge die Freundschaft der besten unter ihnen – wie etwa Karl Borromäus.

Mittlerweile – seit dem Jahr 2001 – ist der Bischof von Braga seliggesprochen; sein Fest wird am gleichen Tag wie das des hl. Karl Borromäus begangen. Der Abschluss des Verfahrens zur Heiligsprechung wird für das kommende Jahr erwartet.

Es gibt jedoch noch einen weiteren Grund, in diesem Jahr eine deutsche Übertragung des „goldenen Büchleins“, wie es Ludwig von Granada nannte, herauszubringen: der 90. Geburtstag und 50. Jahrestag der Bischofsweihe von Friedrich Kardinal Wetter. Auch meine Bekanntschaft mit ihm reicht dreißig Jahre zurück. In großer Dankbarkeit für sein väterlich-bischöfliches Wirken möchte ich ihm diese Ausgabe widmen.

Die folgende Übertragung beruht auf der Grundlage der lateinisch-portugiesischen Ausgabe, Braga 1981. Übersetzt wurde der II. Teil des *Stimulus Pastorum*, der nach Themen gegliedert ist, aber aus den im I. Teil zusammengestellten Exzerpten aus den Kirchenvätern und mittelalterlichen Theologen schöpft. So weit wie möglich wurden die von Bartholomäus zitierten Stellen verifiziert und in neueren Editionen angegeben: Für diese mühevolle Arbeit danke ich ganz besonders Herrn Elias Haslwanter.

Im Juni 2018
Marianne Schlosser

Inhalt

Einführung: Zur Spiritualität des Bischofs nach Bartholomäus a Martyribus (1514–1590)[1]

Eine providentielle Begegnung

September 1563. Kurz vor Abschluss des Konzils zu Trient nützen einige Konzilsväter die kurze Pause der Sitzungs- und Kommissionsarbeit, um einen Besuch in der Ewigen Stadt zu machen – so auch Bartholomäus a Martyribus, der Erzbischof von Braga. Auf dem Weg über Bologna, Florenz und Siena erreicht er am 29. September Rom. Dort trifft er anlässlich einer Audienz bei Papst Pius IV. auch mit dessen Neffen, dem jungen Kardinal Karl Borromäus, zusammen.

Diese Begegnung Karls mit Bartholomäus wird von alten wie neuen Historikern als einschneidend für die Entwicklung des künftigen Erzbischofs von Mailand und seiner Vorstellung von der notwendigen Kirchenreform betrachtet.[2] Schenkt man alten Lebensbeschrei-

---

1 Diese Einführung beruht auf einem Beitrag in der Festschrift für Friedrich Kardinal Wetter zum 70. Geburtstag: *Für euch Bischof, mit euch Christ*, hrsg. von Manfred Weitlauff und Peter Neuner, St. Ottilien 1998, 219–243. Für die neuere Forschung sei verwiesen auf die in diesem Sommer an der Universität Wien eingereichte Dissertation von P. Tibor Antal Bejczi OP: *Ardere et lucere. Kirchenreform und geistliches Leben bei Bartholomäus de Martyribus O.P. (1514–1590)*.

2 Giuseppe Alberigo, *Karl Borromäus.* Geschichtliche Sensibilität und pastorales Engagement, Münster 1995, 29–37; Ders., *Carlo Borromeo e il suo modello di vescovo*, in: *San Carlo e il suo tempo.* Atti

bungen Bartholomäus' und Karls Glauben,[3] so traf der Besuch des portugiesischen Bischofs gerade in eine Zeit, in der Karl um die Form seiner Berufung rang. In der Tat hatte sich bereits im Vorjahr eine Krisis angekündigt, als sein Bruder Federigo starb. Die Familie Borromeo wünschte, dass er durch eine Heirat an dessen Stelle trete. Da Karl damals noch nicht zum Priester geweiht war, wären die rechtlichen Probleme wohl

del Convegno Internazionale nel IV. centenario della morte (Milano, 21–26 maggio), I–II, Rom 1986, hier I, 181–208; Hedwig BACH, *Karl Borromäus.* Leitbild für die Reform der Kirche nach dem Konzil von Trient, Köln ²1985, 46. Hubert JEDIN, *Das Bischofsideal der Katholischen Reformation.* Eine Studie über die Bischofsspiegel vornehmlich des 16. Jahrhunderts, in: DERS., *Kirche des Glaubens – Kirche der Geschichte.* Ausgewählte Aufsätze und Vorträge. II: Konzil und Kirchenreform, Freiburg 1966, 75–117, hier 109f.

3 Carolus BASCAPÉ, *De vita et rebus gestis Caroli S.R.E. Cardinalis,* Ingolstadt 1592 (Neuausgabe: Mailand 1983). Dieser erste Biograph Carls war sein Schüler und Mitarbeiter: Agostino BORROMEO, *La figura e l'opera dell'Arcivescovo di Braga Bartolomeu dos Mártires nell'Italia posttridentina,* in: *IV. Centenario da Morte de D. Frei Bartolomeu dos Mártires,* Congresso Internacional, Actas, Fátima 1994, 585–619, hier 604f. – *Vida de D. Fr. Bartholome de los Martires, traducida en Castellano, de la que escrivieron en Frances de un modo nuevo y muy edificante, los reverendos padres de la misma Orden de Praedicatores del Novicido General del Convento de San Germàn de Parìs, representada con su espiritu y sus dictamenes,* Madrid 1727. Dabei handelt es sich um eine Kompilation aus fünf Viten, als hauptsächliche Quelle diente Luis de Granada OP. Seine Vita berichtet nicht alles, da er vor Bartholomäus starb (1588). Die Ergänzungen stammen aus Luis de Cazegas OP und Luis de Sousa OP, sowie aus Don Rodrigo de Cuña (Erzbischof von Braga und später von Lissabon), sowie Luis Muñoz (einem berühmten Hagiographen, der unter anderem auch eine Vita Karls verfasste; vgl. Alvaro HUERGA, *Dos biografías españolas de D. Fr. Bartolomé de los Mártires,* in: *IV. Centenario da Morte de D. Frei Bartolomeu dos Mártires,* Congresso Internacional, Actas, Fátima 1994, 685–697). – Für Luis de Granada und Luis de Sousa beziehe ich mich auf die (gekürzte) Fassung dieser beiden Viten in: SACRA RITUUM CONGREGATIONE, *Romana seu Bracharen. Beatitificationis et canonizationis Ven. Servi Dei P. Bartholomaei de Martyribus,* Positio super virtutibus, Summarium, Rom 1819, 175–205. 205–337.

gering gewesen. Doch Karls geistliche Berufung hatte sich gefestigt und war durch den Tod seines Bruders zu noch größerem Ernst gelangt. Er entschloss sich, die Priesterweihe zu empfangen (17. Juli 1563), das heißt, den geistlichen Stand endgültig zu wählen.

Da Karl vom Ideal der Kirchenreform, wie auch eines entschieden geistlichen Lebens zutiefst angezogen war,[4] ist es nicht schwer, sich vorzustellen, welche Gedanken ihn beschäftigten. Seit drei Jahren war er Administrator der Erzdiözese Mailand – wäre er nicht verpflichtet, seine römischen Aufgaben zurückzulassen und sich unverzüglich in seine Diözese zu begeben, wie es die Residenzpflicht forderte? Zudem: Wenn nur die Besten gut genug waren, zu Bischöfen erwählt zu werden, wie konnte dann er, der aufgrund seiner Familie für dieses Amt bestimmt worden war, diesem Anspruch genügen?[5] Gerade weil er als Bischof wirklich Bischof

4 Die Thematik der „Noctes Vaticanae“ ändert sich in dieser Zeit von humanistisch-kulturellen Themen zu geistlichen: Alberigo, *Karl Borromäus*, 30f.

5 Vgl. sess. 24, c.1 de reformatione: „digniores et ecclesiae magis utiles“. Aufschlussreich für die Diskussion über die Eignungsvoraussetzungen sind Bartholomäus‘ Vorschläge: Zu Kardinälen seien nur Personen zu wählen, „herausragend hinsichtlich ihrer Lebensführung und ihrer Gelehrsamkeit, nicht jünger als 30 Jahre [...] und keine Verwandten des Papstes – excellentes vita ac doctrina, non minores XXX annis [...] non sint consanguinei Papae“: *Petitiones*, in: *Bracara Augusta*. Revista Cultural de Regionalismo e História da Câmara Municipal de Braga, 42 (1990): Quarto Centenário da Morte do Venerável D. Frei Bartolomeu dos Mártires, 380. Ähnliches verlangt er für Bischöfe, für die zusätzlich noch die Predigtfähigkeit erforderlich ist: ebd. 382, und mit äußerster Entschiedenheit bei einer Rede auf dem Konzil 16. Mai 1563: „non nisi viri probatissimi“, ebd. 506, 510. Vgl. Bartholomäus‘ Tagebuch, zit. nach R. de Almeida Rolo, *O ‚Bracarense‘ Padre Conciliar*, in: *IV. Centenario da Morte de D. Frei Bartolomeu dos Mártires*, Congresso Internacional, Actas, Fátima 1994, 287–309, hier 295[22]: „conabar persuadere ut aliquem modum cogitaret Sancta Synodus, quo adstringerentur

sein wollte, fühlte er sich unzureichend gerüstet. Zwar hatte er den Doktor beider Rechte erworben, aber in der Theologie und Spiritualität fehlten ihm entsprechend gute Kenntnisse. Wie sollte er da die Hauptaufgabe der Predigt wahrnehmen können, da er noch dazu mit einer Sprachschwierigkeit belastet war?

Karl, so berichten die alten Viten, trug sich in diesen Monaten ernsthaft mit dem Gedanken, in ein Kloster einzutreten.[6] Die persönliche Begegnung mit dem mehr als zwanzig Jahre älteren Erzbischof und Ordensmann, von dessen Klugheit, lauterem Charakter und Reformwillen er durch die Briefe der päpstlichen Legaten bereits Kenntnis hatte, habe in ihm das Vertrauen geweckt, diesen um Rat zu fragen. Bartholomäus nun habe ihm zu bedenken gegeben, dass das Kloster möglicherweise der sicherere Ort sei, aber vielleicht nicht unbedingt der von Gott für Karl gewollte.[7] Die Umstän-

---

Episcopi nonnisi bonos eligere. Dixi: Si volumus occurrere animarum stragi, vel hoc solum agamus, quaeramus remedium quomodo possit habere bonos episcopos Ecclesia, et superintendentes parochiales ... dentur omnia per oppositionem. ... Profecto, nisi hoc modo provideatur, testor hic coram Ecclesia Dei, quod creditam mihi non possim ego regere Ecclesiam utiliter. cogarque redire ad cellam meam, ne videam puerum morientem".

6 „Tradunt dulcedine contemplationis illectum voluisse abiicere rerum omnium alias curas, ac derelinquendo saeculi strepitu agitasse, ni inhibitus ab Episcopo Bracarensi foret. Eum cognita Caroli destinatione vehementer institisse, demonstrare, quanta damna consilium id sequerentur: Atque ita Carolum ab ea mente destitisse": *Vida Barth.*, 171, unter Verweis auf die Lebensbeschreibungen Karls durch Ripamonte (*De vita S. Caroli* 1.II, p.3) und Giussano (I, c.8). Bascapé, *De vita et rebus gestis Caroli*, behauptet, dass Karl zu den Camaldulensern habe gehen wollen, bevor Bartholomäus ihm abgeraten habe.

7 Bartholomäus zitiert im *Stimulus Pastorum* zweimal Gregor den Großen mit dem Wort: „Überall lauert Gefahr, und allein die Gnade Gottes rettet. Loth war inmitten einer verdorbenen Stadt gerecht, doch auf dem Berg sündigte er. – Ubique est periculum et sola Dei

de, das heißt: der Charakter Karls, sowie die bedrängte Lage der Kirche sprächen eher dafür, dass Karl bereits am richtigen Platz sei.

Das Votum scheint der Überzeugungskraft nicht entbehrt zu haben: Am 7. Dezember 1563, dem Fest des hl. Ambrosius von Mailand, empfängt Karl die Bischofsweihe.[8] Auch wenn wir keine unmittelbaren Zeugnisse über den Inhalt der Gespräche haben, welche die beiden damals führten, so wissen wir doch aus einer begeisterten Rede vor den Konzilsvätern zu Trient über die Reformbereitschaft des jungen Kardinals, was Bartholomäus von Karl hielt.[9] Karl seinerseits wird an Bartholomäus später in einem Brief schreiben, dass er sich nur ihn als Vorbild seiner bischöflichen Amtsführung gewählt habe.[10] Von Trient aus vermittelte Bartholomäus Karl auch in diskreter Weise Hilfe zur Vertiefung seiner Kenntnisse in Theologie und zur Überwindung der Schwierigkeiten beim Predigen: Mit einem

---

gratia salvat. Nam Loth in perversa civitate fuit iustus, et in monte peccavit". – Vgl. auch II, 10 (s.u. 182): „Qui habet dona Dei, ut possit esse pastor, si vocatus suscipere renuit, plerumque ipsa dona sibi auferuntur, quia non pro se tantummodo, sed etiam pro aliis accepit."

8 Nach Ripamontes Lebensbeschreibung Karls (*Vida Barth.*, 172) habe dieser Bartholomäus mit den Worten gedankt: „Ihr glaubtet nach Rom zu reisen, um Eurer Angelegenheiten oder der des Konzils willen; aber in Wahrheit hat Euch Gott meinetwegen geschickt: durch Euch hat er mich von einer schweren Last befreit, die mir auf dem Herzen lag, und mir die Gnade erwiesen, daß ich nun meinen Weg klar sehe."

9 Aufzeichnungen von Kardinal Paleotto, 2. November 1563, sowie des Erzbischofs von Zara, 1. und 4. November 1563: *Bracara Augusta 42* (1990) 610f.

10 Raul de Almeida Rolo, *San Carlo Borromeo – Discepolo e protettore del Bracarense Bartolomeu dos Mártires*, in: *San Carlo e il suo tempo*. Atti del Convegno Internazionale nel IV. centenario della morte (Milano, 21–26 maggio), I-II, Rom 1986, hier II, 1135–1164; Edition des Briefwechsels: ebd. 1151–1164, hier 1157f.

Brief, der zugleich eine Empfehlung des Überbringers enthielt, schickte Bartholomäus nach Abschluss des Konzils Francisco Foreiro, einen der Mitarbeiter am Katechismus, einen glänzenden Prediger und Theologen, zu Karl.[11] Dieser verstand: Francisco Foreiro blieb bei ihm und wurde sein Lehrer „in rebus theologicis".[12]

Bartholomäus hatte nicht rasch oder leichthin geantwortet. Er wusste, dass eine billige Ermutigung nichts kostet und nichts wert ist. Die gleichen Fragen und Sorgen, die anscheinend Karl bewegten, hatten ihn selbst bedrängt, ja sie waren ihm während seiner ganzen Amtszeit ein „Stachel im Fleisch". Einige Tage nach dem Gespräch mit Karl, so berichtet seine Vita,[13] habe Bartholomäus selbst den Papst um Entpflichtung von seinem Bischofsamt gebeten, mit den Worten: „Wer mir die Mitra aufgesetzt hat, hat mich mit einem Gewicht beladen, das ich wie einen Berg empfinde." Da der Papst nicht auf den von ihm geschätzten Bischof und Konzilsvater verzichten wollte, sei das Gesuch abgelehnt worden. Auf Karls verwunderte Frage, wie er denn darüber so niedergeschlagen sein könne, da er

11 Brief, datiert vom Tag der Bischofsweihe Karls, 7. Dezember 1563, Rolo, *San Carlo,* hier 1152: Bartholomäus berichtet begeistert vom Abschluss des Konzils, der alle Erwartungen übertroffen habe. An dieser Freude komme Karl in dem Maß der erste Anteil zu, wie er auch den ersten Anteil der Sorge um guten Verlauf habe tragen müssen. Dann fährt er fort: „Harum litterarum delator est Magister Frater Franciscus Forerius, in Regno nostro Regis Concionator, vir sane praeter doctrinam eximiam inculpatis moribus ac in concionandi dexteritate hac tempestate (mea quidem sententia) nulli secundus [...] Opto quod Vestra Illustrissima eum in perpetuum Oratorem ac Servum recipiat."

12 Rolo, *O ‚Bracarense'*, 302[46], mit Bezug auf: Bascapé, *De vita et rebus gestis Caroli*, I, 16.

13 *Vida Barth.*, II, n.25 (174–178); Luis de Sousa, II, c.27 (Summarium, n.23, § 585f., S. 269).

doch ihm das gleiche zugemutet habe, soll Bartholomäus geantwortet haben, dass ihm keineswegs Karls Heil weniger wichtig sei als sein eigenes. Doch die Lasten seien nicht gleich, wenn die Tugend (*virtus*) nicht gleich stark sei.[14]

Beide, Karl wie Bartholomäus, sind sich der Schwere des bischöflichen Amtes bewusst. Beide wissen, dass eine innere Dynamik notwendig ist, um die Lasten tragen zu können. Bartholomäus hatte seine Gedanken dazu schon früher aufgeschrieben und dieses geistliche

---

14 *Vida Barth.*, II, 25 (178). – Als Bartholomäus dann im Alter von 69 Jahren von Gregor XIII. die Erlaubnis erhält, sich ins Kloster zurückzuziehen, schreibt ihm Karl: „Nicht ohne leisen Neid habe ich gelesen, dass du mit Erlaubnis des Papstes die Last der Kirche von Braga abgelegt und dich in ein Kloster deines Ordens zurückgezogen hast, um dich auf den Tod vorzubereiten. Es kam mir in den Sinn, welche Ruhe und Sicherheit darin liegt, sich diesem Tun ohne Unterbrechung zu widmen; denn Christus hat gelehrt, dass nur Eines notwendig ist. Doch tröstet mich inmitten der Sorgen des Hirtenamtes das Vorbild Christi selbst, des Guten Hirten, der vom Himmel auf die Erde herabstieg und so viele Mühen auf sich nahm, um das letzte der hundert Schafe zu suchen und zu finden, das verirrt und verloren war, es auf seine Schultern zu nehmen und in den Stall zurückzuführen. Da du nun gewissermaßen in ruhigeren Gewässern des Hafens segelst, hoffe ich, dass du mit noch feurigeren Gebeten für uns beim Herrn Fürsprache einlegst, da du unsere Bedrängnis und Sorgen ja selbst nur zu gut kennst. – Bracarensis vero ecclesiae onus, ex Pontificis Maximi auctoritate te deposuisse et in monasterium tui Ordinis decessisse ut ad mortem te compares obeundam, non sine tacita quadem invidia legi. Venit enim mihi in mentem quam tutum sit et tranquillum in eo opere sine intermissione versari quod unum necessarium esse Christus docet. Sed consolatur me in mediis curis pastoralibus Ipsiusmet Iesu Christi Pastoris optimi maximi exemplum, qui e Coelo descendit in terras et tot labores et mortem ipsam sustinuit ut centesimam ovem errantem et vagam quaereret, quaesitam inveniret, inventam in humeros tolleret et ad ovile reduceret. Tu vero, quo tutiore in portu quasi navigas, eo ardentius spero Iesu Christo supplicaturum esse pro nobis, quorum angores sollicitudinesque non ignoras." Rolo, *San Carlo*, 1163f.

Memoriale *Stimulus Pastorum* genannt. Die ursprünglich zum eigenen Gebrauch bestimmten Aufzeichnungen überließ er, bevor er zurück nach Trient reiste, auf dessen Bitten hin Karl – wie dieser selbst bezeugt.[15] In diesem Büchlein, einem „Bischofsspiegel“ besonderer Art, geht es Bartholomäus nicht darum, dem Seelsorger nur seine Pflichten vor Augen zu stellen oder seine Lasten noch zu vermehren, sondern ihm vielmehr das Mittel zu zeigen, wodurch die Bürde leichter zu tragen ist: Es geht um die innere Form (*virtus*), welche instand setzt, „das Gute leicht zu tun“, um die Kraft, welche „vergleichbar den Flügeln der Vögel, denjenigen trägt, der sie trägt“: ein „onus exonerans“.[16]

---

15 Einige Monate später sandte Bartholomäus an Karl ein überarbeitetes und erweitertes Exemplar und erhielt das Handexemplar zurück. Karl veranlasste umgehend die Drucklegung dieses „heiligen und besonders für Bischöfe sehr nützlichen Buches“ (wie er an Nicolaus Ormaneto schreibt: 3. Februar 1574, vgl. 22. Dezember 1573), das 1564 in Rom erschien. Das von Karl zurückgesandte Exemplar kam in die Hände Luis de Granadas, der der Versuchung nicht widerstehen konnte, diesen „aureus libellus“ („quem ego non librum sed lucernam quandam calamitosissimi huius saeculi tenebras illustrantem appello“: *Epistola nuncupatoria* der zusammen mit dem *Stimulus* gedruckten *Concio* Luis' anlässlich der Bischofsweihe von Antonio Pinheiro, 1565) stilistisch zu verbessern, und ihn in dieser Form edierte (Lissabon 1565; ich verwende die Edition: *Stimulus Pastorum ex sententiis Patrum concinnatus, in quo agitur de vita et moribus Episcoporum aliorumque Praelatorum*, Paris 1586). Die Fassung, welche Karl besaß, wurde erstmals wieder anläßlich des II. Vatikanischen Konzils ediert: *Stimulus Pastorum ex Sanctorum floribus ardentioribusque verbis praecipue coneinatus*, XXII. ed. (prima ex Cod. S. Caroli Borromaei), Braga 1963. Zur Geschichte der zwei Redaktionen: Rolo, ebd. (Appendix II) 309f. Die jüngste Edition erschien innerhalb der Opera Omnia: *Estimulo de Pastores*, Ed. bilingue (= Obras Completas VIII), Braga 1981; auf ihr fußt die vorliegende Übersetzung.

16 *Stimulus* II, 8 (s.u. 116): „O vere leve onus Christi, quod portantem non gravat, sed levat [...]; portat omnem cui portandum imponitur. Est onus exonerans, sicut pennae avium, quae ferunt, a quibus

Karls Gespräche mit Bartholomäus in den siebzehn Tagen seines Aufenthalts in Rom hatten genügt, um eine lebenslange Verbundenheit zu begründen.[17] Der *Stimulus Pastorum* begleitete Karl und prägte sein bischöfliches Wirken ebenso wie die Persönlichkeit seines Verfassers[18] – und umgekehrt hatte der Erzbischof von Braga im fernen Italien nun einen Freund, der gleich ihm für die Reform der Kirche brannte, den er als „stimulator" (!) der Erneuerung einschätzte[19] und auf dessen Hilfe er zählen konnte: „Da wir – wie der heilige Papst Gregor schreibt – auf einem lehmigen, glitschigen Weg unterwegs sind, wollen wir einander

---

feruntur." Bartholomäus nimmt einen Gedanken des Bernhard von Clairvaux auf, *Ep.* 72, n.2 (II, 592).

17 Vgl. den Briefwechsel, z.B. Brief Karls vom 13. Juni 1580: „Iam diu est cum Illustrissimam Amplitudinem Tuam praecipue in amore atque honore habeo, nam eum Tridenti in celeberrimo Reipublicae Christianae conventu sanctitatis ac sapientiae suae lumen ostendit, omnes quidem non minus in admirationem quam in amorem sui incitavit. Summi autem Pontificis Pii quarti avunculi mei, cuius memoria in benedictione sit, gratiam et benevolentiam meumque studium atque observantiam ita sibi conciliavit, ut cui magis habuerimus, plane habuerimus neminem. Hanc vero meam erga Illustrissimam Amplitudinem Tuam egregiam animi voluntatem, quamvis, propter locorum longinquitatem assidiusque meas occupationes, neque officiis neque litteris colere fuit, semper tamen, ut par erat, eadem remansit." ROLO, *San Carlo,* 1162f.

18 ALBERIGO, *Carlo Borromeo,* 181–208; BACH, *Karl Borromäus,* 46: „Die Begegnung mit Bartholomäus ist in ihrer Bedeutung für die spätere Amtsführung Karls als Bischof kaum zu überschätzen. Dieser nahm seinen Rat, mehr noch seine Spiritualität an und bewahrte den ihm gewidmeten Stimulus Pastorum zeitlebens auf." Francisco Martín HERNÁNDEZ, *Influencia en la Península Ibérica,* in: *San Carlo e il suo tempo.* Atti del Convegno Internazionale nel IV. centenario della morte (Milano, 21–26 maggio), I-II, Rom 1986, I, 461–491, hier 465–471; Alvaro HUERGA, *Aproximación a la espiritualidad de S. Carlos Borromeo,* in: ebd. I, 385–412, hier 393–401.

19 Brief von Bartholomäus an Karl, vom 8. Februar 1566: „[...] certissime confidimus quod te stimulatore, caepta reformatio non solum non tepescet, sed in dies vires sumet." ROLO, *San Carlo,* 1159.

die Hand der Gebetsverbundenheit und die Hand der heiligen Unterstützung reichen. Ansonsten werden wir wohl nicht vermeiden können auszugleiten.“[20]

Bartholomäus de Martyribus gilt unbestritten als eine der herausragenden Bischofsgestalten des 16. Jahrhunderts. Kein geringerer als *Hubert Jedin* schätzte persönlich den Bischof von Braga als einen der bedeutendsten Konzilsväter des Tridentinums ein, und zwar deswegen, weil dieser Bischof anderen großen Gestalten noch voraushatte, dass er auch persönlich gewinnend war.[21] Sein *Stimulus Pastorum* wird allseitig gelobt als der einflussreichste Traktat unter den zahlreichen Bischofsspiegeln des 15. und 16. Jahrhunderts.[22] Über eine breite allgemeine Hochschätzung hinaus jedoch scheinen Person und Werk kaum eine eingehendere Würdigung erfahren zu haben – eine Ausnahme bilden die portugiesischen und spanischen Forscher, welche

20 „Cum enim (ut Beatus Gregorius dicit) per viam lutosam ac lubricam incedamus, nisi nobis invicem manum piae orationis ac sancti favoris manum porrigamus, lapsum evadere non possumus.“ Brief aus Trient, 7. Dezember 1563. ROLO, *San Carlo,* 1153.

21 ROLO, *O ‚Bracarense‘,* 287: Jedin sei auf dem Kongress zur 400–Jahrfeier des Abschlusses des Tridentinums von einem Teilnehmer gefragt worden: „Qual foi o maior Padre do Concílio?“ Jedin habe einen Augenblick nachgedacht und geantwortet Der Bischof von Braga. Der Gesprächspartner habe zurückgefragt: Und was ist mit Kardinal Morono? Worauf Jedin zur Antwort gegeben habe: „Morono foi grande ... mas nâo era simpatico.“

22 Z.B. Joseph LECOUYER, Épiscopat, in: DSp 4 (1960) 879–907, hier 901: „[...] et surtout le Stimulus Pastorum [...] ouvrage classique de l'idéal de l'évêque“. Zahlreiche Autoren pflichten dem Urteil Jedins bei: „Der Stimulus war der lebendigste und wurde der wirksamste Bischofsspiegel der Katholischen Reformation. In ihm schließt sich das biblische Bild des Guten Hirten, das Ideal des christlichen Altertums und der Imperativ der Gegenwart zu einer neuen Einheit zusammen.“ JEDIN, *Das Bischofsideal,* 103. Der Beitrag Jedins scheint die einzige ausführlichere Würdigung des *Stimulus Pastorum* in deutscher Sprache zu sein.

sich um „ihren" Bischof verdient gemacht haben.[23] Die Bischöfe Portugals widmeten 1963 eine Edition des *Stimulus Pastorum* Paul VI. und den Vätern des II. Vatikanischen Konzils: die erste Edition aus dem Codex, den Karl Borromäus besaß.

Frater Bartholomäus, Erzbischof von Braga

Bartholomäus Fernandes wird am 3. Mai 1514 bei Lissabon geboren und in der Pfarrkirche Sancta Maria a Martyribus getauft. Am 20. November 1529 wird er in den Dominikanerorden aufgenommen. Er studiert Philosophie und Theologie, unterrichtet vier Jahre lang Philosophie (1538–1542), dann Theologie.[24] Am 12. Mai 1551 wird ihm durch das Generalkapitel von Salaman-

---

23 Erwähnt seien vor allem die Herausgabe der Opera Omnia, Braga 1973ff., sowie die Forschungen von P. Antonio de Rosário OP und P. Raul de Almeida Rolo OP. Eine Sammlung wichtiger Dokumente und Texte zum Leben Bartholomäus' wurde veröffentlicht in: *Bracara Augusta*. Revista Cultural de Regionalismo e História da Câmara Municipal de Braga, 42 (1990): *Quarto Centenário da Morte do Venerável D. Frei Bartolomeu dos Mártires*. – Hingewiesen sei auch auf Einzeluntersuchungen in: *Associaçâo dos Arqueologos Portugueses*, IV. Centenario da Morte de Dom Frei Bartolomeu dos Mártires. Actas do Colóquio Comemorativo, Lisboa 1990; *IV. Centenario da Morte de D. Frei Bartolomeu dos Mártires*. Congresso Internacional, Actas, Fatima 1994.

24 Aus dieser Zeit sind Vorlesungen erhalten; vgl. Ulrich Horst, *Papst – Konzil – Unfehlbarkeit*. Die Ekklesiologie der Summenkommentare von Kajetan bis Billuart, Mainz 1978, 72; Bartholomäus kommentierte Teile der Summa theologiae: *Annotata*, in: II II qq. 1–63, ed. R. Rolo (= Opera Omnia IV, TS 3), Braga 1974; *Annotata in I. partem*, Braga 1977. – Über die theologischen Richtungen der Zeit und deren Rezeption durch Bartholomäus: Raul de Almeida Rolo, *A teologia portuguesa no séc. XVI*. Contributo de D. Frei Bartolomeu, in: *Bracara Augusta* 42 (1990) 31–50, hier 44–50.

ca der Magister-Titel verliehen.[25] Doch beschäftigte er sich nicht nur mit der „scholastischen“ Theologie, in der er im Allgemeinen dem Aquinaten folgte; seine eigentliche Liebe galt, wie Luis de Granada bemerkt, der sogenannten „mystischen Theologie“, den Autoren, die über das geistliche Leben schrieben.[26] Aus den Schriften verschiedener Meister – Dionysius, Gregor, Bernhard, Richard von St. Victor, Bonaventura,[27] Gerson und anderen mehr – exzerpierte er die ihn ansprechenden Passagen zu einem *Compendium Spiritualis Doctrinae*, wobei diese „Lesefrüchte“ zuweilen eher einer freien Zusammenfassung gleichen.[28]

---

25 Der Magister-Titel war damals kein leicht verliehener Ehrentitel mehr; der Orden war bedacht, dem Grad sein Gewicht wieder zu geben: Rolo, *A teologia portuguesa*, 35.

26 Luis de Granada, im Vorwort zum *Compendium Spiritualis Doctrinae*: „Quamvis scholasticae theologiae studia praecipue coleret, numquam tamen hoc ipso tempore mysticae theologiae (quam charissimam habebat) studia intermisit, autorum libros, qui de ea diligentius scripserunt, assidue evolvens, et praecipuas eorum sententias carpens scriptoque consignans, ut frequenti earum lectione et in Dei amore et virtutum studio quotidie proficeret.“ Die Datierung Luis‘ ist allerdings mit Vorsicht zu nehmen: Raul de Almeida Rolo, *Uma ‚Arte‘ de ser Santo*, in: *Bracara Augusta* 42 (1990) 133–155, hier 138–141; das Werk könnte zwischen der Zeit der Lehrtätigkeit in Evora und dem Ende des Tridentinums geschrieben worden sein.

27 Bonaventura wird ausführlich rezipiert, mit den Werken *Itinerarium* und *Soliloquium*, aber auch mit dem pseudo-bonaventurianischen „Novizen-Buch“ des David von Augsburg: *De exterioris et interioris hominis compositione*.

28 *Compendium Spiritualis Doctrinae, ex variis Sanctorum Patrum sententiis magna ex parte collectum, auctore Reverendissimo P. F. Bartholomaeo de Martyribus Archiepiscopo Braccarensi*. Auch dieses Werk wurde von Luis de Granada „[Bartholomaeo] magis conivente quam volente“ veröffentlicht, wie er im Vorwort schreibt; er habe diese Exzerpte, die Bartholomäus mit eigenen Worten und Erläuterungen ergänzt habe, mit solcher Freude gelesen, „ut vere affirmare possim, me nihil hactenus in vita legisse, quod acriores piis hominibus stimulos ad huius coelestis philosophiae amorem adde-

Das Jahr 1558 jedoch – Bartholomäus war zu dieser Zeit Prior in Bemfica – sollte sein Leben tiefgreifend verändern: Königin Catharina von Portugal wünscht den anerkanntermaßen gelehrten und frommen Dominikaner als Erzbischof und „Primas Hispaniae". Bartholomäus weigert sich energisch, dieses Amt zu übernehmen.[29] Dieses Zurückschrecken hat seine Wurzel nicht einfach nur in der „humilitas", sondern in realistischer Einschätzung der Lage.[30] Erst als ihm der Pro-

---

ret, maioremque lucem [...] praeferret." Luis sandte die Ausgabe sogleich auch an Karl Borromäus, wofür dieser sich mit einem Brief bedankt. Rolo, San Carlo, 1148f. – Bereits 1596 erschien das Compendium in Japan: Manuel Cadafaz de Matos, A Obra de Frei Bartolomeuz dos Mártires numa óptica bibliográfica, no Portugal europeu e no oriente (1564–1596), in: Associaçâo dos Arqueologos Portugueses, IV. Centenário da Morte de Dom Frei Bartolomeu dos Mártires. Actas do Colóquio Comemorativo, Lisboa 1990, 63–98, hier 68f. – Selbst wenn man das Compendium nicht in den Rang einer geistlichen Autobiographie erheben möchte (wie A. Huerga, Aproximación a la Espiritualidad de Fray Bartolome de los Mártires, in: IV. Centenario da Morte de D. Frei Bartolomeu dos Mártires, Congresso Internacional, Actas, Fátima 1994, 646–668, hier 653, 656–658), so ist doch der persönliche Zug in diesen Exzerpten unverkennbar. Ich verwende die Ausgabe Paris 1602.

29 Dass er gewissermaßen „gegürtet und geführt wurde, wohin er nicht wollte", ist hier kein Topos der Hagiographie. Dies zeigen die Animadversiones im Heiligsprechungsprozess, wo ihm seine ausdrückliche Weigerung zu Ungunsten ausgelegt wird: Er habe gewissermaßen zur Übernahme des Amtes gezwungen werden müssen, ja er habe vor Zorn und Unmut seinen Pileolus gepackt und auf den Boden geworfen.

30 In Trient, 16. Mai 1563, hatte Bartholomäus geäußert: „Ecclesia deformata valde est, quae rigorosa et dolorosa reformatione indiget" (*Concilium Tridentinum* [CT] ed. Societas Goerresiana, Freiburg 1901ff., Bd. IX, 502). Dieses Bild scheint nicht übertrieben düster; vgl. José Marques, *A Igreja Bracarense no tempo de D. Frei Bartolomeu dos Mártires*, in: *IV. Centenario da Morte de D. Frei Bartolomeu dos Mártires*, Congresso Internacional, Actas, Fátima 1994, 261–276. – Diogo de Paiva, ein Freund Bartholomäus', der mit ihm auf dem Konzil war, gibt in seinem Vorwort zum Stimulus (Braga 1963, 294) ein Gespräch wieder: er selbst, Diogo, habe Bartholomä-

vinzial, Luis de Granada, unter Androhung der Exkommunikation gebietet, das Erzbistum anzunehmen, leistet er Gehorsam,[31] nun aber, wie sein Lebensweg zeigt, mit Entschlossenheit. Am 3. September 1559 empfängt er die Bischofsweihe – am selben Tag wie Gregor der Große, den er eingehend studiert hatte und dem er sich geistig verwandt fühlte.[32]

Bartholomäus war entschieden, auch als Bischof persönlich einen schlichten Lebensstil beizubehalten – Luis de Granada und Luis de Sousa sprechen von einem diesbezüglichen Gelübde, das Bartholomäus auch stets gehalten habe. Die freiwerdenden Mittel verwendete er für die Unterstützung der Armen und für die Ausbildung junger Kleriker „in litteris et moribus".[33] Er

---

us vorgehalten, er solle doch an das viele Gute denken, das er als Bischof tun könne, wie viele Menschen er der Finsternis des Irrtums entreißen könne usf. Darauf habe Bartholomäus geantwortet, dass er das alles bedacht habe. Er fürchte nicht das Urteil der Menschen. Bei den derzeitigen Zuständen könne man sich, wenn man nur einigermaßen richtig handle, den Ruf eines Heiligen erwerben. Was angesichts der Liebe Gottes zu den Menschen von einem Bischof verlangt sei, das mache ihm Angst und Bange.

31 Über den Vorgang berichtet nicht nur mehrfach Luis de Granada, z.B. im Widmungsbrief der Edition seiner *Concio* und des *Stimulus Pastorum* (Paris 1586, 114a), sondern auch Bartholomäus in einer autobiographischen Aufzeichnung: *Bracara Augusta* 42 (1990) 533f.

32 Die Exzerpte aus Gregor im 1. Teil des Stimulus machen etwa ein Drittel aus (36 Seiten; 45 Seiten aus Bernhard von Clairvaux, etwa 17 Seiten aus Augustinus u.a.). Noch bedeutsamer aber scheint, welche Stellen Bartholomäus exzerpierte: die Klagen, unfreiwillig das Hirtenamt auf sich nehmen zu müssen, der Jammer, sich dem Amt nicht gewachsen zu fühlen. Im 2. Teil ist Gregor der am häufigsten zitierte Autor; Marianne SCHLOSSER, *Zur Rezeption Gregors des Großen durch Bartholomäus a Martyribus OP (1514–1590)*, in: Michaela Hastetter / Karl-Heinz Steinmetz (Hgg.), 1400 Jahre Gregor der Große. Rezeption – Seelsorge – Ökumene, Köln 2007 (Cardo 144), 7–42.

33 Luis de Granada, *Vorwort zum Compendium Spiritualis Doctrinae*. So auch Diogo, *Vorwort zum Stimulus Pastorum* (ed. 1963, 299). Bar-

war von Anfang an überzeugt, wie auch seine Wortmeldungen auf dem Trienter Konzil belegen, dass die fundierte Ausbildung des Klerus eine der zwei Säulen der kirchlichen Reform sei.[34] Zu den ersten Maßnahmen gehörte auch die Suche nach geeigneten Mitarbeitern. Bereits im April des Jahres 1559 bat der designierte Erzbischof den Jesuiten-General Diego Laynez um „zehn oder zwölf Jesuiten" für den Dienst der Predigt, des Beichthörens und vor allem, um den Klerus zu unterweisen.[35] Ebenfalls noch im Jahr seiner Bischofsweihe unternahm Bartholomäus die Visitation seiner Kathedralkirche, welche das Vorbild aller anderen Kirchen sein sollte.[36]

Mit der ihm eigenen „promptitudo" leistete er auch der Einladung Pius IV. zur 3. Sitzungsperiode des Konzils zu Trient Folge, wo er zur freudigen Überraschung der anwesenden Bischöfe als erster der „transalpinen" am 18. Mai 1561 eintraf.[37] Bartholomäus machte seinem Ruf als gelehrter und untadeliger Bischof Ehre, wie sei-

---

tholomäus selbst äußert sich zur sinnvollen Verwendung von Geld im *Stimulus* II, 3 und 6.

34 Auf dem Konzil von Trient hatte der Erzbischof von Braga – vereint mit anderen iberischen Bischöfen – eine klare Option: „Inchoandum esse ab examine episcoporum, quod nisi fiat nescit (Bracarensis) unde incipiendum, cum hic canon et seminarium sint praecipuae columnae huius reformationis." (CT II, 864).

35 Brief vom 12. April 1559, in: *Bracara Augusta* 42 (1990) 541f.

36 Carta de visitaçâo da Sé (24. April 1560); ebd. 303–334.

37 Brief des Bischofs von Modena Egidio Foscarari vom 19. Mai 1561: Die große Neuigkeit sei, dass der Bischof von Braga angekommen sei, und was für ein Bischof: „ricco di due gran splendori: primo di una rarissima vita esterna, umile abjetto, senza fumo e senza alcun supersiglio e di gran e rara erudizione." Zitiert nach Rolo, *San Carlo*, 1135. Bartholomäus selbst schreibt in seinen Aufzeichnungen, dass es für die anwesenden Bischöfe eine große Ermutigung gewesen sei, dass einer „vom Ende Europas" eingetroffen sei.

ne Beiträge auf den einzelnen Sitzungen erweisen.[38] Er erschien nicht unvorbereitet auf dem Konzil. Die acht Monate, welche zwischen seiner Ankunft in Trient und der Eröffnung der Sitzungsperiode (18. Januar 1562) ins Land gingen, nützte er für eine intensive Vorbereitung:[39] Er schrieb eine *Historia generalium et particularium conciliorum*, verfasste *Annotationes zum Psalter,*[40] kommentierte den Propheten Jeremia, arbeitete Predigtkonzepte für spätere Visitationsreisen aus,[41] und vollendete den *Stimulus Pastorum*. Insbesondere aber legte er sich die Punkte zurecht, welche er in den Sitzungen behandelt wissen wollte: 268 *Petitiones* zu verschiedensten Themen, vor allem freilich zur Reform des bischöflichen Dienstes und des Klerus.[42]

---

38 Dokumentiert in: *Concilium Tridentinum* [CT], ed. Societas Goerresiana, Freiburg 1901ff.; *Documenta Bartholomaeana Tridentina*, in: *Bracara Augusta* 42 (1990) 361–523; Auszüge aus dem *Diarium* (= *Collecta e Gestis Concilii Tridentini*, Opera Omnia II, Rom 1735,423–438) bei: Rolo, *O ,Bracarense'*, passim; Auszüge aus den *Collecta in Concilio Tridentino circa Decreta Discutienda* (AHDP 1, n. 4) ebd.; *Documenta excerpta ex Registro autographo epistolarum sacri Concilii Tridentini asservato in Secretari Tabulatorio Apostolico Vaticano*, in: *Positio super virtutibus, Summarium*, n. 24, 338–346.

39 Rolo, *O ,Bracarense'*, 293.

40 *Annotationes in Davidicos Psalmos*, Opera Omnia II, Rom 1735, 5–173; neue Edition durch Raul de Almeida Rolo, in den Opera Omnia. Wie der vollständige Titel zeigt, handelt es sich um die Auslegung schwieriger Stellen (*praesertim obscuriora ad illuminationem intellectus, et inflammationem affectus*), jedoch mit dem Ziel, dem Breviergebet neuen Schwung zu verleihen. Dazu: M. Isidoro Alves, *Método exegético de Frei Bartolomeu dos Mártires no commentário aos Salmos*, in: *Bracara Augusta* 42 (1990) 51–59.

41 *Variae Considerationes ad praedicandum quas ego fr. bartholomaeus archiepiscopus bracarensis collegi dum agerem in Concilio Tridentino, ut cum per dioecesim discurrerem haberem aliqua parata ad praedicandum*; vgl. Cardoso Cardoso, José, *O IV Concílio Provincial Bracarense – e D. Frei Bartolomeu dos Mártires*, Braga 1994, 37.

42 *Documenta Bartholomaeana Tridentina*, in: *Bracara Augusta* 42 (1990) 380–438.

Seine klare Position, seine wohltuend direkte Sprache – ohne Umschweife, aber niemals grob – und vor allem der „fervor“ seiner Reden hinterließen bei den Konzilsvätern unverkennbar tiefen Eindruck.[43] Der Bischof von Braga sprach nicht nur theoretische Forderungen aus, sondern belegte das, was er zu sagen hatte, mit Erfahrungen in seiner Diözese; auch begnügte er sich nicht mit einer Diagnose, sondern fügte konkrete Therapievorschläge an.[44] Der Mut schließlich, mit dem er die Orthodoxie seines Mitbischofs Bartholomäus Carranza de Miranda verteidigte, trug ihm den Zorn Philipps II. ein, der den Papst aufforderte, den Erzbi-

43 Z.B. Brief der Legaten an Karl, 3. Februar 1563 (Rolo, *San Carlo*, 113[78]); Brief des Erzbischofs von Zara, 17. Mai 1563 (*Bracara Augusta* 42 [1990] 608); die Aufzeichnungen von Massarelli, 6. Juni 1562 (CT VIII, 531). – Bartholomäus selbst will, dass „zu Trient alles so klar und wahr gesprochen werde, dass man sich nicht schämen müsste, wenn es in deutschen Landen von den Dächern verkündet würde“. Den Ernst der Probleme nicht wahrhaben zu wollen, hieße, die Erwartungen des Erdkreises an das Konzil zu enttäuschen, und würde die Bischöfe in die Nähe der bei Ezechiel angeprangerten Pseudopropheten bringen, welche von Frieden sprechen, wo es keinen Frieden gibt. Rede am 20. April 1562 (*Bracara Augusta* 42 [1990] 466–468).

44 Als Beispiel möge die Rede vom 8. April 1562 dienen (*Bracara Augusta* 42 [1990] 446–460): Die Residenzpflicht gehört zum Wesen des bischöflichen Amtes. Es gibt in der Hispania Diözesen, die ihren Hirten jahrelang nicht mehr gesehen haben. Die Einschärfung der Pflichten durch frühere Synoden hat keine Besserung gebracht. Man muss sich also Sanktionen und unterstützende Maßnahmen überlegen (*poenae et favores*): Bartholomäus schlägt unter anderem vor, dass Bischöfe, die ohne einen triftigen Grund – der noch genauer zu bestimmen ist – von ihrer Diözese länger als drei Wochen abwesend sind, keine Benefizien verteilen können, und für die Zeit ihrer Abwesenheit Einbußen an ihren Einkünften zu gewärtigen haben: „teneantur ad restitutionem pro rata temporis, qua non resident“. Mutatis mutandis gelte dies auch für die übrigen Seelsorger. Andererseits sollen die Bischöfe, die willens sind, ihre Residenzpflicht ernst zu nehmen, erweiterte Dispensvollmachten bekommen; auch sollen sie alle Seelsorgsstellen selbst vergeben können.

schof von Braga in die Schranken zu weisen, der die Frechheit (*insolência*) habe, das Heilige Officium Spaniens zu kritisieren.[45]

Zurück in seiner Heimat (Ende Februar 1564), ging Bartholomäus mit staunenswerter Energie an die Verwirklichung der Trienter Reformbeschlüsse.[46] Der von ihm verfasste Katechismus für die Erzdiözese Braga: *Catecismo ou Doutrina cristâ e Práticas Espirituais*,[47] kam noch im November des gleichen Jahres heraus. Er hatte die Glaubensartikel, das Vaterunser, die Gebote und die Sakramente zum Inhalt. Als einen zweiten Teil fügte der Bischof auch noch kurze Predigten zu den wichtigsten Festen und verschiedenen Zeiten des Kirchenjahres bei. Mit der Anweisung, dass jeden Sonntag und gebotenen Festtag ein Kapitel aus dem Katechismus bzw. die zum Fest gehörige Predigt vorzulesen sei, „damit die Menschen zur Erkenntnis und zur Liebe Gottes geführt werden" (Proömium), wurde der Katechismus an alle Äbte, Pfarrer, Vikare und Kapläne des Bistums gesandt.[48]

Freilich stieß des Bischofs Tatkraft nicht überall auf Gegenliebe. Bereits unmittelbar nach seiner Rückkehr musste Bartholomäus mit Bestürzung zur Kenntnis nehmen, dass die Gegner der Reform im eigenen Domkapitel saßen. Der wunde Punkt war offenbar in erster Linie das „decretum de non retinendis plures

---

45 Rolo, *O ,Bracarense'*, 300.

46 Angesichts der Größe und der Verhältnisse in der Erzdiözese eine „Herkules-Arbeit"; vgl. Marques, *A Igreja Bracarense*, 276.

47 15. Ed. (Obras Completas I), Braga 1962.

48 *Catecismo ou Doutrina Cristâ e Práticas Espirituais, Provisâo* (*Bracara Augusta* 42 [1990] 337). Wer Theologie oder Kirchenrecht studiert habe, der sei nicht verpflichtet vorzulesen, sondern könne auch „com viva voz" den entsprechenden Inhalt ausführen. Bei der Visitation ist auch zu überprüfen, ob dieser Pflicht Genüge getan wird.

parochias".[49] Die für November einberufene Diözesansynode, auf der die Beschlüsse von Trient angenommen werden sollten, ließ die Kontroverse offenkundig werden. Der Bischof beklagt sich bitter, dass „diejenigen, die mir am meisten hätten Hilfe sein sollen, nämlich die Mitglieder des Kapitels, meine Hauptgegner waren".[50] Während der zahlreich erschienene Klerus die Dekrete ohne Schwierigkeiten angenommen habe, hätten die Kapitularen sich den Reformdekreten entweder widersetzt oder deren Sinn zu entstellen gesucht. Dass sie nun in Rom gegen ihn agieren, veranlasst Bartholomäus, die Vorgänge an Karl zu berichten und zu den Anklagen Stellung zu nehmen; denn er rechnet mit falschen Zeugen.[51] Als Vertreter ihrer Sache finanzierten die Kapitulare aus Mitteln des Domkapitels einen Mann, der des Landes verwiesen war.[52] Bartholomäus

---

49 Brief vom 25. April 1564 an Pius IV., in dem er dem Papst mitteilt, dass die Kapitelsmitglieder, allen voran der Dekan („der ständig im Konkubinat lebt und daraus nicht wenige Söhne hat") in Rom gegen ihn vorgehen wollten: „Als ich nach Braga kam, fand ich nicht etwa einen ruhigen Hafen, vielmehr wurde ich aufs sturmgepeitschte Meer geworfen. [...] Die Kapitelsmitglieder meiner Kirche [...], denen die heilige Reform verhasst ist, beschlossen, nach Rom ihre Vertreter zu schicken; dabei setzen sie ihre Hoffnung nicht auf das Recht, sondern aufs Geld [...]." Agostino Borromeo, *La figura*, 620f.

50 Brief an Karl Borromäus vom 18. November 1564: „Celebravi in die Beati Martini Synodum Dioecesanum ut fieret professio iuxta Decretum secundum ultimae sessionis, reciperenturque palam Decreta Sacri Concilii Tridentini, atque etiam Examinatores designarentur, habuique praecipuos contradictores ac perturbatores Synodi eos, quos in primis habere debueram coadiutores, nempe Capitulares meos, qui detrectabant recipere Sacrum Concilium quoad Decreta positiva ad reformationem pertinentia [...] instanterque postulaverunt multa contra dicta Decreta, corrumpentes legitimum dictorum Decretorum sensum [...]". Rolo, *San Carlo*, 1154f.

51 Ebd.: „non desunt falsi Testes et Notarii apud nos."

52 Ebd.: „Denique quid aliud ad convincendum de perversitate Capitulum Ecclesiae meae afferri potest, quam quod Canonicum

wird angeklagt, „rigorose et insolenter [...] in executione Sacri Concilii“ vorgegangen zu sein, obwohl er, wie er versichert, „bis jetzt noch niemandes Pfarrei berührt und auch keinen Kapitularen zur Residenz in seiner Pfarrei gezwungen“ habe. Auch habe er nichts bezüglich des Seminars unternommen; denn das könnten sie überhaupt nicht vertragen.[53] Kurz: Er habe keines der Dekrete, die sie fürchten, zur Ausführung gebracht.[54]

Obwohl Bartholomäus öffentliche Angriffe seiner Person mit Würde trug,[55] war ihm doch die Feindseligkeit mancher Kreise ein tiefer Schmerz: Wer einen Bischof verleumde, der zerstöre das Vertrauen in den

---

quendam iuvenem stultum dictum Ioannem de Paiva, per sententiam in exsilium ad Aphricam damnatum [...] Procuratorem suum Ioannem Capituli instituerunt, et sumptibus mensae Capitularis in Urbe contra me alunt.“

53 In der Tat hatte Bartholomäus vor, den Unterhalt des Seminars durch Einschränkungen bei den „nutzlosen“, nicht mit seelsorglichen Aufgaben verbundenen, Kanonikaten zu finanzieren: „Item ad hoc ipsum, videlicet ad sustentandos clericos in studio sacrae theologiae et praedicatores et lectores theologiae per dioecesim, expediens videretur, circumcidere canonicatus pingues, ut reservata congrua portione canonicis reliquum in praedictis expenderentur. Sunt enim in Hispania canonicatus pinguissimi, et canonici regulariter sunt homines inutiles ecclesiae Dei, in nullo alio Deo et ecclesiae servientes, nisi quod in choro male et sine devotione cantant.“ Rede am 8. April 1562 (CT IX, 421; vgl. *Bracara Augusta* 42 [1990] 460).

54 Brief an Karl: „Hucusque nullius parochiam tetigi, quamvis plures obtineant, nullum etiam Capitularem usque nunc compuli ad residentiam in parochiis quas obtinent, nihil de Seminario (quod tolerare non possunt) statui. Denique nullum aliud ex Decretis quae timent exequutus sum, sed suspensus haereo ad tempus, cedens eorum rebellioni. Et si in virido ligno haec faciunt, in arido quid fiet?“ Rolo, *San Carlo*, 1155.

55 Vida Barth., III, 12 (237–239): La moderacion con que el Arzobispo sufriò las injurias que personas apassionadas dijeron publicamente contra èl.

Herzen der Gläubigen.[56] Und obwohl er – wie die entsprechenden Kapitel des *Stimulus Pastorum* beweisen – längst auf Widerstand gefasst sein musste,[57] so kann er doch im Brief an den Freund Karl Borromäus nicht an sich halten zu schreiben: „Ich werde gern jedem Urteilsspruch mich beugen – ich wünschte, er würde auf Absetzung oder Amtsenthebung lauten!“[58]

Karl Borromäus antwortet am 3. April 1565, indem er Bartholomäus zunächst des ungebrochenen Vertrauens des Papstes versichert:[59] An seiner Treue, Integrität und Frömmigkeit habe nie ein Zweifel bestanden. Der Papst habe Bartholomäus‘ Charakter persönlich kennengelernt, sollte der Neid der Menschen auch sechshundert Schmähredner auf die Beine bringen, sie könnten die Wertschätzung des Papstes für ihn nicht ins Wanken bringen. Dann fährt Karl fort: „Was soll ich über mich selbst sagen – ich trage Dich immer gegenwärtig im Geiste und im Herzen, und nehme mir kein anderes Vorbild zur Nachahmung denn Deine Tugend. Ich meine und ich sage, was ich meine: In Dir gibt es nichts,

---

56 Ebd. III, 11 (232 f.). Vgl. *Stimulus* I, 5 (Braga 1981, 125), wo mit einem Zitat aus Johannes Chrysostomus *De sacerdotio* gesagt wird, ein Bischof sei verpflichtet, seinen Ruf zu verteidigen – er dürfe nicht aus falscher Demut schweigen: „Quod episcopus sit diligentissimus in excusando se ac defendendo famam suam, quando de illo mala loquuntur aut suspicentur aut suspicari possunt.“

57 *Stimulus* II, 8 (s. u. 148): „Non mitteris ad recreatores et dulces amicos [...] et ideo ad aequanimitatem et patientiam te para. Et ideo licet multa adversa nostris propositis ac sanctis desideriis obsistant, numquam tamen deponendus est animus [...]“; II, 6 (s. u. 137): „Non tamen putet praelatus, quantumcumque sancte vivat, se posse omnino evadere invidias, detractiones, calumnias [...].“

58 Brief an Karl: Vorausgesetzt eine objektive Untersuchung der Vorwürfe, „libenter parebo cuivis sententiae, quae utinam sit depositionis ac privationis.“ Rolo, *San Carlo*, 1155.

59 Ebd. 1157f.

was nicht höchsten Lobes würdig wäre; so scheinst Du nicht nur in Deiner Provinz, sondern auch in vielen anderen an Integrität und Tugend an erster Stelle zu stehen. Daher scheinen mir Leute, die über Deine Taten klagen, mehr ihre eigenen Vergehen anzuklagen […].“[60] Karl setzt in die Tat um, was er bei Bartholomäus gelernt hat: Im *Stimulus* hatte dieser den Rat gegeben: „Damit dich die Traurigkeit über die vielen hochmütig und fleischlich Gesonnenen, welche dich verachten, nicht allzu sehr niederdrückt, lass dich von ‚den Worten des Heiligen Geistes trösten: Die Aufrechten lieben dich.“[61] Mehr noch: Der Jüngere erinnert den älteren Freund: „Jetzt hast du eine Gelegenheit, Menschenfreundlichkeit und Tugend zu üben!“[62] Gerade weil die Ankläger sich so offenkundig selbst ins Unrecht gesetzt haben, sollte Bartholomäus Barmherzigkeit zeigen und seine Gegenspieler würden nolentes-volentes erst recht Zeugen für seine Güte sein müssen. Offenkundig hat Karl mit diesem „Ansporn“ den richtigen Ton getroffen.[63]

60 Brief an Bartholomäus (3. April 1595) „Nam quid dicam de me cui in conspectu pene animi semper ades, et propter excellentem in omni genere virtutis laudem unus es ad imitandum praepositus?“ ROLO, *San Carlo*, 1157.

61 *Stimulus* II, 8 (s.u. 152): „Insuper, ne multitudine superborum ac carnalium te contemnentium nimia tristitia opprimaris, consolentur te illa Spiritus sancti verba: Recti diligunt te. […] Sicut ergo ex misericordia Domini non desunt ibi boni ad solatium, ita nec deerunt plurimi perversi, patientiae et humilitatis exercitium.“

62 „Nunc habes in quo tua se humanitas et virtus exerceat.“ Insbesondere empfiehlt Karl namentlich den Dekan des Kapitels, der sich danach sehne, mit seinem Bischof wieder Frieden zu schließen. – Vgl. *Stimulus* II, 2 (s.u. 93); II, 8 (151f.): Jemandes Güte werde inmitten schlechter Menschen erprobt.

63 Luis de Granada berichtet, dass Bartholomäus den Kirchenmann (*ecclesiasticus*), der gegen ihn in Rom gearbeitet hatte, in Güte aufnahm, als dieser – vom Papst scharf zurückgewiesen und beim

Die Spannung zwischen Bischof und Kapitel blieb freilich bestehen, ja sie erreichte zwei Jahre später anlässlich der Frage des Visitationsrechtes einen weiteren Höhepunkt.[64] Am 23. Juli 1566 berief der Erzbischof ein Provinzialkonzil ein, das Vierte Konzil von Braga.[65] Die erste feierliche Sitzung fand bereits am 8. September statt, die zweite am 16. März des folgenden Jahres. In ihr ging es hauptsächlich um die Aufgaben und die Amtsführung der Bischöfe.[66] Bartholomäus und seine Suffraganbischöfe hatten die Akten nach Rom gesandt, seine Gegner aber versuchten, die Annahme der Konzilsakten durch die zuständige Kommission zu verhindern.[67] Da Karl Borromäus, der inzwischen seinen Bischofssitz in Mailand übernommen hatte, damit schon gerechnet hatte, schrieb er, noch bevor er die diesbezügliche Bitte seines Freundes erhalten hatte, an den

portugiesischen König in Ungnade gefallen – nicht mehr wusste, wohin er sich wenden sollte. Der Erzbischof habe dann auch die Aussöhnung mit König und Papst erreicht; *Summarium*, n.23, § 83–85 (186f.). Vgl. auch das lange Kapitel über „patientia et constantia" im *Stimulus* II, 8 (s. u. 148–168) auch II, 10 (183).

64 Die endgültige Beilegung gelang erst im Januar 1573.

65 *Itinerário Documental* n.56 (*Bracara Augusta* 42 [1990] 634). Das Einladungsschreiben musste vom Notar unter Beisein von mindestens zwei Zeugen an die Tore jeder Kathedralkirche geheftet werden. Die Akten des Konzils sind veröffentlicht: José Cardoso, *O IV Concílio Provincial Bracarense – e D. Frei Bartolomeu dos Mártires*, Braga 1994.

66 Die weiteren Sitzungen befassten sich mit den Klöstern, Schulen, der Disziplin der Pfarrer, dem Benefizienwesen, den abergläubischen Praktiken an Gräbern, der Kirchenmusik und verschiedenen pastoralen Fragen.

67 Brief der Bischöfe an den Papst vom 17. April 1567: Die Bischöfe beklagen, dass man auch sanfte Reformen nicht mehr ertragen könne, da die Missbräuche zu sehr Gewohnheit geworden seien. *Bracara Augusta* 42 (1990) 636–638. – Über die verwickelten Verhältnisse bis zur Bestätigung der Akten (1571): Borromeo, *La figura*, 585–598.

zuständigen Kardinal Alciati, um ihn über die Machenschaften in Kenntnis zu setzen.[68]

Für Bartholomäus war die Frage nach dem Recht und der Pflicht zur Visitation keineswegs ein Randproblem. Schon auf dem Konzil von Trient hatte er unmissverständlich gefordert, dass der Bischof, sollte er nicht in eigener Person die ganze Diözese visitieren können, zumindest sorgfältig wählen und selbst bestimmen müsse, wer ihn vertreten solle; auf alle Fälle müsse er eine Möglichkeit haben, Unfähigen das Visitationsrecht zu entziehen.[69] „Visitieren" versteht er ganz wörtlich: nach den Nöten vor Ort *sehen*, persönlich die Zustände in Augenschein nehmen; denn der Bischof ist ja „speculator" – einer, dem das „Sehen" aufgetragen ist.[70]

---

68 Vgl. Brief an Bartholomäus vom 30. Sept. 1567; Rolo, *San Carlo*, 1146. – Pius V. schrieb: „[...] Quod vero Canonici Pastori proprio, quem ob eximiam illius sanctitatem diligere et revereri debuerant, negotium exhibebant, hoc molestissimum Nobis fuit." Rolo, *O ‚Bracarense'*, 297[32].

69 Bereits in den *Petitiones* hebt er die persönliche Visitationspflicht der Bischöfe hervor (*Bracara Augusta* 42 [1990] 384); mit aller Deutlichkeit in der Rede vom 8. April 1562 (CT VIII, 419f.): „Ego enim in ecclesia mea habeo 18 visitatores, quorum sex ego deputo, reliqui visitant, etiam me invito, ex antiqua consuetudine, habentes ob hoc collectas ex ecclesiis, quas visitant, et quod intolerabilius mihi est, saepe non per se ipsos, sed per substitutos a se clericos pannosos perficere intendunt gravissimum munus visitationis, mihi autem non permittunt, quod mittam visitatores meos ad ecclesias suae visitationis. Statuatur igitur, vel quod non visitent, vel nonnisi per seipsos, Ordinarius autem possit revisitare, vel per se vel per suos visitatores, possitque eos suspendere ab officio visitationis, si eos negligentes invenerit." Durch Visitationen müssen zuweilen die Pfarreien finanzielle Belastungen erdulden, und ein besonderes Ärgernis ist es für den Bischof, dass die Herren, die das Visitationsrecht für sich beanspruchen, ihre Aufgabe oft selbst nicht wahrnehmen, sondern andere schicken – nur den Bischof wollen sie nicht visitieren lassen.

70 Eine Auslegung, die mit dem Namen Gregors des Großen verbunden ist, von Bartholomäus Carranza in das Kapitel „Bezeichnungen

Zugleich bedeutet eine Visitationsreise die Ausübung der bischöflichen Aufgaben in der gesamten Diözese: Predigt, Firmung, Trost und auch konkrete Hilfe. In diesem Sinn ist die Visitation „die Seele der Hirtentätigkeit“ und „Nachfolge des umherwandernden, predigenden Christus“.[71] Ein bezahlter Visitator, selbst wenn es ein guter Mann wäre, kann den Hirten nicht ersetzen,[72]

---

der Bischöfe“ aufgenommen wird (1547): Fray Bartolomé Carranza de Miranda, *Controversia sobre la necesaria residencia personal de los obispos y de los otros pastores inferiores, Introducción, primera versión española, y edición facsímil del texto princaeps latino por J. Ignacio Tellechea Idigoras* (= Collección „Espirituales Españoles“ Serie A – textos, tomo 40), Madrid 1993, cap. VI (repr. 25a = 222). – Bartholomäus a Martyribus spricht vom Bischof als dem „Auge“ der Kirche, von „speculatores“, welche nicht blind werden dürfen, von „episcopi“ (vgl. auch die griechische Bedeutung von ἐπίσκοπος), die ihren Namen vom aufmerksamen Schauen (*intendere*) haben; *Bracara Augusta* 42 (1990) 468, 496, 518.

71 *Stimulus* II, 1 (s.u. 87f.): „Inter pastorales curas praecipuum locum habet sollicitudo dioecesim visitandi. Est enim visitatio quasi anima episcopalis regiminis, quoniam per eam pastor se diffundit et expandit omnium suarum ovium commodis et utilitatibus. [...] Nempe ad exhortandum, praedicandum arguendum, increpandum, sacro chrismate confirmandum, qualiter Sacramenta administrentur investigandum, quanta reverentia et munditia divinum sacrificium celebretur; denique ad consolandum omnes lugentes et egentes, tam spiritualibus quam temporalibus commodis.“ Bartholomäus‘ Sorge auch für die zeitlichen Nöte seiner Gläubigen zeigt das Schreiben an Philipp II. vom 11. November 1580; *Bracara Augusta* 42 (1990) 685f.

72 *Stimulus* II, 1 (88): Die persönlichen Worte des Hirten bewirken mehr als Strafen etc.: „non est enim dumtaxat medendum criminibus excommunicationibus aut aliis poenis, sed potius verbis plenis auctoritatis et caritatis, modo acerbis, modo placidis, et mille aliis remediis quae excogitat verus pastor et sponsus, amans gregem quasi sponsam, de quibus non curat mercenarius visitator.“ Oft nämlich würden Frauen wie Männer ihre Angelegenheiten und Nöte lieber dem Bischof als anderen Personen anvertrauen: „libenter et fiducialiter communicant suo pastori, non aliis.“ „Non sufficit igitur episcopum mittere probos viros ad illustrandas parochias, sed oportet et ipsum illo ire“.

ebenso wenig wie ein noch so tüchtiger Prediger das Wort des Bischofs.[73]

Das Argument, dass so viele Reisen der Autorität eines Bischofs abträglich seien, lässt Bartholomäus nicht gelten; denn hier liegt ein falsches Verständnis von Autorität zugrunde (*fama*), das dem Vorbild des „guten Hirten" widerspricht.[74] Doch sind Bescheidenheit und Freundlichkeit zu jedermann nicht zu verwechseln mit einer „timida humilitas": Persönlich alles andere als eitel, vielmehr anspruchslos und demütig (*humilis*) – wie es Luis de Granada mit Beispielen bezeugt –, verstand Bartholomäus sich keineswegs dazu, die mit dem bischöflichen Amt verbundenen Rechte herabwürdigen oder sich einschüchtern zu lassen.[75] Mit Entschlossen-

73 Ebd. II, 7 (144): „Profecto, etsi episcopus sit minus doctus aut minus eloquens, nescio quid tamen habet verbum pastoris, sicut lac matris utilius censetur lacte nutricis."

74 Ebd. II, 1 (60): „Sic [2 Cor 11,23] oportet apostolicum episcopum saepe ad varias parochias dissultare, occurrendo casibus et scandalis, quae non nisi se praesente possunt ita extirpari." Kümmere dich nicht um die Meinung der Welt, dass so viele Reisen der Autorität abträglich sein könnten, bedenke vielmehr, „quia caritas non est ambitiosa, nec faustosa, sciens quod es discipulus illius qui non venit ministrari sed ministrare et discurrere per civitates et castella ad quaerendas animas [...]."

75 Luis de Granada, *Vita*, in: *Positio super virtutibus, Summarium* n.23, § 89 (187). – *Stimulus* II, 2 (147f.): „Bonus praelatus sic debet esse humilis et affabilis, quod tamen revereatur a subditis. [...], ut humilitatem teneamus in mente, et tamen nostri ordinis dignitatem servemus in honore, quatenus nec in nobis humilitas timida, neque erectio sit superba." Vgl. auch ebd. I, 2 (Braga 1981, 42), als Paraphrase aus Gregor: „Ego (ait) cunctorum sacerdotum servus sum, inquantum illi sacerdotaliter vivunt. Tumidi autem, qui contra statuta Patrum cervicem erigunt, in Omnipotente Domino confido quod cervicem meam sibi neque cum gladiis flectent"; II, 10 (193) aus Chrysostomus: „in his quae ad suam personam pertinent, constanter ferat contemni, maledici, iniurari [...], in his autem quae pertinent ad salutem aliorum, omnino non ferat contemptum, sed imperio et auctoritate utatur."

heit setzte er seine Überzeugung von der persönlichen Verantwortung des Hirten in die Tat um; das heißt, er scheute keine Mühe, seine ausgedehnte Diözese selbst zu bereisen.[76] Für Bartholomäus ist die Residenzpflicht, und das heißt: die tatsächliche Ausführung der bischöflichen Aufgaben, „iure divino", göttlichen Rechts wie die Einehe. Das Bischofsamt schließt eine geistliche Bindung an die jeweilige *Ecclesia* ein; daher kann Bartholomäus den Bischof, der nicht persönlich Verantwortung für seine Herde übernimmt, mit einem Ehemann vergleichen, der sich um seine Frau nicht kümmert.[77]

Was die Bewohner von Braga an ihrem Hirten hatten, verstanden sie spätestens bei einer Pestepidemie im Jahr 1570. Von Anfang an waren es die Armen gewesen, denen er sich als Bischof besonders verpflichtet

---

76 Als ihm diese Reisen aus Gründen des Alters und der Gesundheit nicht mehr möglich waren, bat er den Papst um Entbindung vom Bischofsamt: Er habe mehr als 1200 Pfarreien in seiner Diözese. Brief an Papst Gregor XIII., 5. Mai 1581 (*Itinerario Documental* n. 85; *Bracara Augusta* 42 [1990] 688).

77 6. Juni 1562 (*Bracara Augusta* 42 [1990] 472–474); vgl. 11. Dezember 1562 (ebd. 494): „spirituale matrimonium contraximus". Diese Betonung der persönlichen Verantwortung, welche sich in Residenz- und Visitationspflicht konkretisiert, trug Bartholomäus den Verdacht ein, dass er damit dem päpstlichen Amt Abtrag tue – ein Vorwurf, dem er „mit erhobener Stimme" widersprach („vocem altiorem habuit"; wie Massarelli schreibt, 6. Juni 1562; ebd. 476). Die Auseinandersetzung macht deutlich, dass die Frage, ob die Residenzpflicht göttlichen Rechts sei, das Wesen des Bischofsamtes und zugleich das Verhältnis zum Papstamt berührt. Neben der „gallikanischen" Position, welche das Konzil dem Papst überordnen wollte, und der gegensätzlichen papalen Position, gab es eine dritte Gruppierung – vor allem spanischer Bischöfe –, welche entschiedene Loyalität zum Papst mit einer Stärkung der Verantwortung des Einzelbischofs zu verbinden suchten. Vgl. dazu: Angelus Walz, *I domenicani nel Concilio di Trento*, Rom 1961, 351.

wusste.[78] Er kümmerte sich nun um die Kranken und Sterbenden, um die Mittellosen, denen es nicht möglich war, aus der Stadt zu fliehen. Er sorgte für die medizinische Betreuung und für die Sakramentenspendung, richtete ein Hospital ein und ordnete Bittgebete an.[79] Täglich war er selbst bei den Menschen. Obwohl ihn der König und der Kardinalinfant D. Henrique drängten, sich in Sicherheit zu bringen, blieb er. In einem Brief an den König begründet er seine Haltung: Wenn er ginge, dann würden alle andern, welche nur irgend könnten, die Stadt ebenfalls verlassen; keiner wäre mehr da, den Armen, Kranken und Sterbenden beizustehen. Mehr noch als an der Pest, würden die Menschen an Angst und Verzweiflung zugrunde gehen. Er hoffe, durch sein Ausharren auch anderen Bischöfen Mut zu machen.

Doch nicht Pflichtbewusstsein ist die letzte Wurzel solchen Handelns, die Pflicht wird vielmehr von einer Liebe auferlegt, die angesichts der Not drängt. Bartholomäus schließt seinen Brief: „Wenn schon die Lehnsleute in Eurem Dienst ihr Leben einsetzen müssen (...), dann sind doch die Hirten, und besonders die Bischöfe erst recht verpflichtet, ihr Leben für Jesus Christus

78 *Vida Barth.*, III, 3–10; Luis de Granada, *Summarium* n.23, § 61–81,184–187). Das blieb auch nach seinem Rücktritt so: Im Dominikanerkonvent zu Viana, den er selbst errichtet hatte, und in dem er die letzten acht Jahre seines Lebens verbrachte, hatte er eine Zelle, deren Fenster auf ein Feld hinausging. Dort sammelten sich die Bedürftigen und gingen niemals leer weg. Hatte Bartholomäus nichts mehr anderes, so verschenkte er mehrmals sein Bettzeug. Man mußte ihm eine andere Zelle geben. Vgl. im *Stimulus* besonders II, 3 (97–105), über Erbarmen und Freigebigkeit: „non largiris tua sed aliena“ – es ist das Eigentum der Armen, das der Bischof verwaltet.

79 *Vida Barth.*, III, 13 (241–243).

hinzugeben und für die Seelen, die er mit seinem Blut erlöst hat".[80]

Stimulus Pastorum

Bartholomäus war also keiner, der nur einem theoretischen Ideal des Hirtenamtes anhing, ohne imstande zu sein, die Wirklichkeit zur Kenntnis zu nehmen. Er kannte die schlimme Lage – und war willens, sie zum Besseren zu ändern. Er war aber zugleich klug und selbstkritisch genug – vielleicht machte sich dieser Charakterzug bisweilen überstark bemerkbar[81] –, um nicht in einen naiven, enthusiastischen Aktivismus zu verfallen, dessen Flamme über kurz oder lang hätte zusammensinken müssen.

Er hatte in der Tat ein „Ideal", aber eines, von dem er überzeugt war, dass es Wirklichkeit werden konnte, ja dass es schon Wirklichkeit gewesen war: in den großen Bischofsgestalten der Väterzeit. Wie im Titel angekündigt, den Bartholomäus selbst dem Büchlein gab: *Stimulus Pastorum ex sanctorum floribus ardentioribusque verbis praecipue concinnatus,* bezieht er sich ausdrücklich zurück auf Vorbilder, welche sich ebenfalls schon Gedanken über das Bischofsamt gemacht haben. Der

80 Ebd. III, 13 (248): „Si todos sus vassallos estàn obligados à dar su vida por su servicio, no dudo que su luz y su piedad le haràn concebir facilmente que los Pastores, y particularmente los Obispos estàn todavia mas obligados à exponer la suya por Jesu Christo y por las almas que èl ha rescatado con su sangre."

81 Selbstkritik steht nicht nur am Anfang seiner bischöflichen Laufbahn, sie begleitet diese. Gerade der *Stimulus Pastorum* bezeugt die Sensibilität seines Gewissens; vgl. vor allem *Stimulus* II, 10 (180–194): „Contra pusillanimitatem, scrupulositatem vanamque tristitiam saepe infestantem nonnullos pios pastores."

I. Teil des *Stimulus* besteht aus mehr oder weniger freien Zitaten aus der *Regula Pastoralis* und den *Epistolae* Gregors des Großen, aus Bernhard von Clairvaux, Augustinus und Chrysostomus, aber auch Tauler und Gerson. Der II. Teil, vornehmlich gegliedert nach den Eigenschaften, deren ein Seelsorger bedarf, ist ebenfalls durchsetzt mit Paraphrasen aus diesen Autoren. Doch ist der *Stimulus Pastorum* weit mehr als ein Florilegium der schönsten Stellen zur Spiritualität des Bischofsamtes.[82] Auch darüber gibt der Titel Aufschluss.

Unter den zahlreichen „Bischofsspiegeln" dieser Zeit ist dieser Titel singulär. Zum einen spricht Bartholomäus nicht von „episcopi" oder „praesules",[83] sondern wählt ein bewegenderes Wort (*verbum ardentius*): Dass die Bischöfe – sowie die anderen Seelsorger, welche „in partem sollicitudinis" berufen sind – „pastores" sind, ruft die Erinnerung an den „Pastor bonus" Christus wach, der das eigentliche Vorbild ist. Ein Mitstreiter des Bischofs von

---

82 In diesem Punkt scheint auch Franz von Sales zu wenig zu sagen, wenn er an den künftigen Bischof Antoine de Revol unter den Lektüre-Empfehlungen schreibt (*Geistliche Schriften* XII, Eichstätt-Wien 1983, 20): „Wenn Sie aber eine Zusammenfassung des einen und des anderen [d.h. Gregor und Bernhard] haben wollen, sollen Sie das Buch des Erzbischofs von Braga mit dem Titel ‚Stimulus Pastorum' haben [...]."

83 JEDIN, *Das Bischofsideal*, 100, führt mehrere Bischofsspiegel auf; weitere Titel bei: LECOUYER, Épiscopat, 901; Francisco Martín HERNÁNDEZ, *Fray Bartolomé de los Mártires en el entorno de los Reformadores Peninsulares de su tiempo*, in: IV. Centenario da Morte de D. Frei Bartolomeu dos Mártires, Congresso Internacional, Actas, Fátima 1994, 535–551, hier 536–541. Vgl. etwa die Titel: Speculum praesulis ex verbis S. Scripturae des Claudius Jajus (1545), Enchiridion veri praesulis sive de officio episcopali des Erzbischofs von Utrecht (1552), De officio et moribus episcoporum aliorumque praelatorum (die erweiterte Predigt anlässlich einer Bischofsweihe) des Luis de Granada; De vita et regimine praesulum des Dionysius Carthusianus; Laurentius Justiniani, De institutione et regimine praelatorum, u.a.

Braga, Dominikaner wie er, Bartholomäus Carranza de Miranda, hatte 1552 einen ähnlichen Titel gewählt: *Speculum Pastorum.*[84] Doch gerade der Untertitel macht offenbar, dass die beiden Werke unterschiedliche Akzente setzen. Der Erzbischof von Toledo will die Aufgaben (*officia, functiones*) der Hirten darlegen – die freilich eine innere Haltung voraussetzen.[85] Der Erzbischof von Braga schreibt gewissermaßen mit umgekehrter Gewichtung: Er will sich die Haltung oder Motivation vergegenwärtigen, welche die Erfüllung der bischöflichen Aufgaben erst ermöglicht und von innen her erleichtert.

Genau dies kommt in der Wahl des Titels „Stimulus“ zum Ausdruck. Während ein „Spiegel“ Gegenstand der Betrachtung ist, das heißt: sich an den Gesichtssinn und damit an die Erkenntniskraft wendet, bezieht sich der „Stachel“ auf den Tastsinn, er setzt als „Sporn“ in Bewegung und ist daher mit der Willenskraft (*vis motiva*) verbunden. Nicht zufällig begegnet der Titel „Stimulus“ in der mystischen Literatur, die Bartholomäus nicht unbekannt war. Der berühmte und weitverbreitete „Stimulus Amoris“, ein Werk franziskanischer Provenienz aus dem 13. Jahrhundert, will eben die Gottesliebe entflammen.[86] Auch Bartholomäus geht es nicht um die

84 Fray Bartholomé Carranza de Miranda, *Speculum Pastorum.* Hierarchia ecclesiastica in qua describuntur officia ministrorum Ecclesiae militantis, ed. J. Ignacio Tellechea Idígoras, Salamanca 1992.

85 Im I. Teil nennt Carranza als Voraussetzungen für den Bischof: Glauben, Liebe, Heiligkeit – d.h. vorbildlicher Lebenswandel, Wissen und legitime Bestellung (ebd. 35–52).

86 Der *Stimulus Amoris,* als dessen mutmaßlicher Verfasser Jakob von Mailand gilt, war von großem Einfluss auf die geistliche Literatur des Spätmittelalters und wurde in allen europäischen Volkssprachen rezipiert; Falk Eisermann, *Stimulus amoris,* in: Verfasserlexikon 9 (1995) 335–341, hier 335f. Das Opusculum war verschiedenen Autoren zugeschrieben, unter anderem auch Bonaventura, dessen *Triplex Via* und *Soliloquium* auch als „Stimulus Amoris“ betitelt

theoretische Vorstellung der Pflichten, Aufgaben und Eigenschaften eines Hirten, nicht um ein „Ideal“, das man im Medium des „Spiegels“ betrachtet. Gewiss ist es auch das Ziel des „Spiegels“ und damit der Spiegel-Literatur, demjenigen, der sich darin betrachtet, zur Erkenntnis seiner selbst zu verhelfen – denn sein eigenes Gesicht sieht man nur im Spiegel (Jak 1,23) – und sich nach diesem Maßstab auszurichten.[87] Doch Bartholomäus zieht ein „verbum ardentius“ vor: Es genügt ihm nicht, sich einen Spiegel vorzuhalten, er will sich – es ist ja primär ein Selbst-Gespräch – „anspornen“, sich Gedanken vor Augen führen, welche die Liebe zur Hirtenaufgabe lebendig und rege halten. Denn diese Aufgabe, mag sie auch Lasten und Sorgen mit sich bringen, hat auch ihre eigene tiefe Freude:

„Es zerreißt mich die Sorge und Besorgnis um euch! Doch sind diese Sorgen süß; denn sie gleichen den Sorgen und Schmerzen einer Mutter für ihre Kinder. In ihrer Sorge um die Kinder ist sie von Herzen froh. Gut, mag die Sorge bitter sein – wenn sie für die Kinder ist, hat sie auch viel innige Freude bei sich!“[88]

Der „Sporn“, der den Hirten nicht ruhen lässt, ist seine Liebe zu den ihm anvertrauten Menschen, die fühlbar wird im Blick auf deren Not.

---

wurden. Unter den Werken (Pseudo-)Bonaventuras sind einige mit dem Titel: *Stimulus ardoris, Stimulus conscientiae, Stimulus dilectionis*; Balduinus Distelbrink, *Bonaventurae Scripta authentica, dubia vel spuria critice recensita*, Rom 1975.

87 Vgl. Margot Schmidt, *Miroir*, in: DSp 10/2 (1979) 1290–1303; Ritamary Bradley, *Backgrounds of the title „Speculum" in mediaeval literature*, in: Speculum 29 (1954) 100–115.

88 „Rumpor quidem curis et sollicitudinibus propter vos, at isti dolores suaves sunt, utpote similes doloribus et curis, quas matres pro filiis habent […]. Esto enim cura sit amara, tamen quando impenditur pro filiis multum habet voluptatis.“ *Stimulus* II, 1 (s.u. 78).

So scheint es bezeichnend, dass Bartholomäus seine Überlegungen mit einem Kapitel über „sollicitudo" beginnt, über die wahre Sorge und heilige Unruhe, die Seelsorger bewegt.[89] Diese will er zunächst klar von mancherlei „Sorgen" unterschieden wissen, welche kein Recht haben, Geist und Herz des Seelsorgers in Beschlag zu nehmen.[90] Dagegen gibt es „notwendige Sorgen", die auch als fühlbare „Sorge" zum Leben des Hirten gehören. Welchen Rang eine Sorge einnimmt, wird bestimmt von der inneren Sorge des Hirten um die ihm anvertrauten Seelen: „Einziges Ziel, einziger Blickpunkt, einziger Trost, einzige Erquickung der Hirtenaufgabe ist es, die Seelen zur Erkenntnis und zur Liebe Gottes zu führen."[91] Daher muss seine erstrangige äußere Sorge sich auf die Seelsorgstätigkeiten beziehen: auf die *Pre-*

---

89 Ebd. II, 1 (55–88): „Sollicitudo quae sit digna episcopo aut indigna".

90 Bartholomäus nennt, mit Bernhard von Clairvaux, etwa die Kleinlichkeit, mit der manche sich um ihren Haushalt kümmern und deswegen ständig unruhig und voll Argwohn sind. Wohl sollen sie sich um die „mores" und das äußere Auftreten ihrer „familiares" kümmern (ebd. 58). „Non ames nec exoptes aliquid, nisi in Deo et propter Deum, et non te vexabunt curae, neque a Deo avertent." „Iacta fiducialiter cogitatum tuum in Domino" (70). – Die genaue Unterscheidung von wirklichen Tugenden und scheinbaren Tugenden könnte man als ein Strukturprinzip des *Stimulus Pastorum* ausmachen. Programmatisch ist die Paraphrase aus Gregors *Regula Pastoralis*, *Stimulus* I, 1 (s.u. 176, Anm. 210): „Valde attendere debet rector, quod plerumque vitia virtutes se esse mentiuntur: v.g. (ait Gregorius) sub parsimoniae nomine, tenacia se palliat; effusio sub appellatione largitatis; inordinata remissio creditur pietas; effrenata ira, zelus virtutis; praecipitata actio aestimatur velocitas et efficacia; agendi tarditas, consilium gravitatis." Ob ein Verhalten oder eine Haltung wirklich Tugend sind, entscheidet sich im innersten Winkel des Gewissens, nicht am Anschein.

91 „Unicus finis, unicus scopus, unica consolatio, unicum refrigerium pastoralis officii est adducere animas ad cognitionem et amorem Dei"; ebd. II, 5 (121).

digt, die seine Hauptaufgabe sein soll, auf die *individuelle Seelsorge* und auf die *Bestellung geeigneter Seelsorger.*

Wie Johannes der Täufer sollte der Bischof ganz und gar „Stimme“ sein:[92] Bartholomäus setzt auf die Kraft des persönlichen Wortes. Zwar solle der Bischof stets durch sein Leben predigen, doch oft auch mit Worten lehren.[93] Der Predigt sei nicht einmal die Armenfürsorge vorzuziehen, geschweige denn irgendwelche anderen Geschäfte.[94] Umgekehrt jedoch können diese Aufgaben – Bartholomäus denkt vor allem an Rechtsprechung –, dem Bischof Gelegenheit geben, genug von der Glaubenssituation der Menschen zu erfahren, um ihnen auch ein Wort für ihre Seele zu sagen.[95] Die „Predigt“ ereignet sich nicht nur in der großen Öffentlichkeit, sondern auch im kleinen Rahmen, ja im persönlichen Bereich. Der „gute Hirt“ geht auch dem Einzelnen nach, die Ermahnung unter vier Augen bringt bei bestimmten Menschen den größten Nutzen.[96]

---

92 Ebd. II, 1 (74f.): „Sic episcopus totus debet esse vox, ad gloriam Dei et salutem populorum. [...] Unde et Evangelium potius voci commissum est quam scripto; lex scribitur in lapidibus; Christus autem nihil scripsit, sed dumtaxat voce docuit. Et Apostoli pauca scripserunt, quia in voce est energia et libera diffusio in omnes aures, etiam vulgares.“ Durch das gesprochene Wort werden auch diejenigen erreicht, die nicht lesen können.

93 Ebd. II, 1 (79): „in verbo et doctrina“; II, 7 (142): „exemplo semper, verba saepissime“.

94 Ebd. II, 7 (143f.).

95 Ebd. II, 11 (203): „Quando litigantes veniunt ad te super suis negotiis duo fac. Primo, si vales; conare inter eos facere compositionem et concordiam; secundo exhorta eos spiritualiter, ne pro terrena possessiuncula caelum amittant etc., et sic etiam inter negotia temporalia praedicabis, et exequeris officium pastoris animarum.“ II, 1 (79): „Esto praedicandi studium primum debeat esse inter sollicitudines pastorales, non tamen omnino deserere debet episcopus negotia causarum forensium [...].”

96 Ebd. II, 1 (77): „Heu quantum distamus ab officio nostro, quod est non solum publice concionari, sed etiam privatim per domos sin-

Eine Hauptsorge des Bischofs muss seine Mitarbeiter in der Seelsorge betreffen[97]. Es nützt ja nicht viel, wenn der Bischof ein eifriger Seelsorger ist, nicht aber seine Pfarrer, die in erster Linie mit den Gläubigen zu tun haben. Bartholomäus weiß, dass er nicht die Leute hat, um überall Abhilfe zu schaffen.[98] „Sorge", die nicht helfen kann, nimmt die Gestalt des Schmerzes an. Bartholomäus sieht die Gefahr, sich an ein Übel als unabänderlich zu gewöhnen und die „angustia stimulans" nicht mehr zu spüren[99].

---

gulos delinquentes cum lacrymis monere, ut Paulus testatur se fecisse." Vgl. II, 10 (183): Der Bischof solle gerade Leute, die schlecht von ihm sprechen (*detractatores*), persönlich zu sich kommen lassen. II, 9 (179): „Ama et frequenta secretas admonitiones et correptiones paternas; saepe enim haec, bene natis ingeniis, efficaciores et utiliores sunt quam publicas iudiciales punitiones." Zur „discretio" in der Behandlung verschiedener Verfehlungen (II, 9 [172–177]) beruft sich Bartholomäus hauptsächlich auf die Unterscheidungen Gregors des Großen: *dissimulanda, toleranda, perscrutanda, leniter arguenda, vehementer increpanda.*

97 Ebd. II, 1 (63): „praecipua episcopi sollicitudo est circa collationem beneficiorum curatorum." Besser ist es jedenfalls, vorher zu prüfen, wen man fördert oder gewähren lässt; Bartholomäus bezieht sich dabei auf ein scharfes Wort von Bernhard von Clairvaux: „Insolentia clericorum (cuius mater est negligentia episcoporum) turbat totam ecclesiam [...]. Merito quales fovent, tales sustinent" (67f.).

98 Ebd. II, 1 (63f.): „O horrendam stupiditatem episcoporum peragrantium per suam dioecesim et aspicientium sua ovilia commissa lupis, sua hospitalia commissa homicidis, id est parochias commissas rectoribus ignorantibus et carnalibus, quos vel non possint amovere, vel non habent alios quos loco illorum substituant, si transeundo haec absque lacrymis et visceralibus gemitibus intuentur." Das Problem kam auch in Trient zur Sprache: Ob man ungeeigneten Pfarrern (imperitia, turpitudo vitae) einen Koadjutor beigeben solle (11. März 1562). Bartholomäus (20. April 1562) äußerte, solche Seelsorger seien schlimmer als ein nicht-residierender Bischof, und sprach sich für deren Suspendierung aus (*Bracara Augusta* 42 [1990] 444 bzw. 464).

99 Wie auch Gregor der Große schreibe, soll der geistliche Hirte sich einen Schafhirten vor Augen halten: „in quas voces [pastores ovium] angustia stimulante prosiliunt", um das Schaf dem Wolf wie-

Nährt ungereinigte Liebe falsche Sorgen, so ist Mangel an Liebe die Wurzel der Gleichgültigkeit. Hingegen kommt die wahre Sorge aus der wahren Liebe. Diese vergleicht Bartholomäus bevorzugt mit der Liebe einer Mutter.[100] Diese Liebe ist fähig und willens zu Mitleiden und Mitfreude (*compassio, congratulatio*).[101] Sie ist so stark, dass sie Sorge tragen *will*.[102]

---

der zu entreißen und nicht dem Herrn der Herde die Rechenschaft schuldig zu bleiben: *Stimulus* II, 1 (61f.).

100 Ebd. II, 2 (150): „Discite subditorum matres vos esse debere, non dominos […]"; (96): „Pastor bonus […] matrem se probat non minus deficientium quam proficientium." II, 1 (74): „Pastor circa oves debet assimilari gallinae circa pullos [Augustinus; PL 36, 698]. Episcopus debet esse illa evangelica gallina, sollicita et anxia, ut sub alas colligat foveatque omnes pullos suos. […] omnibus prompte, mansuete blandeque respondendo, mulierculae, plebeio, pagano, haeretico etc."

101 Mit Bernhard von Clairvaux, *Cant.* 10, cap.2, n.2.3 (V, 146.148) verlangt Bartholomäus, *Compendium* II, 35 (ed. 1602, 230) von einem Seelsorger, er dürfe keine „leere Brust" haben – wobei er in die Paraphrase des Bernhard-Textes ausdrücklich den Hinweis auf das bischöfliche Amt einfügt. Dieses Mitfühlen-Können wird von Christus geschenkt; es stammt aus der Begegnung mit ihm in der Kontemplation: „Wenn du diese Brust nicht hast, warum bist du Mutter? Warum Bischof? Wenn du nicht Neigung hast zu Mitfreude und Mitleiden, dann verdienst du nicht den Namen Mutter. Wenn du ohne diese innere Haltung die Leitung der Seelen oder das Amt der Verkündigung übernommen hast, wirst du anderen nicht von Nutzen sein. […] Die Hirten dieser unserer Zeit gebären keine geistlichen Kinder, weil sie den Kuss der Kontemplation weder ersehnen noch empfangen. Und darum füllt sich auch ihre Brust nicht mit der Milch der feurigen himmlischen Weisheit, mit der sie die Kinder nähren sollten. – Quia si haec ubera nondum habes, cur mater? Cur episcopus? Si non plene sentis promptum ad congaudendum, pronum ad condolendum, matris nomen mereri non potes. Qui absque his affectibus vel animarum regimen, vel praedicationis officium es assumptus, aliis prodesse non poteris. […] Pastores huius tempestatis, quod haec oscula [i.e. contemplationis] non quaerant nec accipiant, ideo non pariunt filios spirituales; nec habent ubera turgentia lacte coelestis et inflammativae sapientiae ad eos alendos."

102 Dies wird wiederum an einem Beispiel aus den Briefen Bernhards belegt; *Stimulus* II, 8 (167): Hatte dieser einen befreundeten Abt

Wie ist diese starke, kluge und reiche Liebe zu gewinnen, da sie nicht aus eigener Kraft zu erarbeiten ist? Bartholomäus' Antwort lautet schlicht: Indem man darum betet. „Manent itaque tria haec: verbum, exemplum, oratio; maior autem horum est oratio."[103]

Bartholomäus kennt das Argument mancher Leute, ihnen fehle einfach die Zeit für ein geistliches Leben, wenn sie mit ihren Aufgaben über die Runden kommen wollten,[104] und er hält diese Ansicht für grundfalsch (*falsissimum*). Das Fatale sieht er nicht nur darin, dass das Gebetsleben zu kurz kommt, sondern dass auf die Dauer auch die äußeren Aufgaben nicht mehr so erfüllt werden können, wie es erfordert wäre. Die dazu nötige Kraft verflüchtigt sich mit der Zeit, wie ein Bach vertrocknet, wenn man seine Quelle versiegen lässt.[105] „Geistliches Leben" ist nicht eine Aufgabe neben an-

---

zunächst gebeten, ihn doch mit Berichten über seine Beschwerden zu verschonen (*ep.* 73; II, 598–600), so schrieb er ihm kurz darauf, er solle doch lieber wieder berichten: denn er, Bernhard, leide sonst noch mehr in der Ungewissheit (*ep.* 74; II, 602); Bartholomäus zitiert: „Caritas enim (inquit) cum semel affecerit mentem, sui iuris esse non sinit."

103 *Stimulus* II, 7 (146f.); II, 11 (209): „Summe igitur lacrimis pete a Domino hanc aequitatem, humanitatem, facilitatem, quam nemo habet, nisi habens caritatem et prudentiam."

104 Ebd. II, 1 (76): „Solent dicere homines in magno statu constituti: O non possum sectari vitam spiritualem, tot necessitatibus implicatus [...]." Vgl. II, 4 (115): „Was sagst du? Keine Zeit für geistliche Beschäftigungen? [...] Wie kann man denn so töricht sein, zu sagen: Weil das Hirtenamt mit so vielen Aufgaben verbunden ist, braucht man nicht täglich zelebrieren! Gerade weil man so eingespannt ist, muss man wenigstens diese Zeit dem Herrn reservieren, um sich gegen Anfechtungen zu wappnen, für die Aufgaben Einsicht zu gewinnen, Trost zu empfangen inmitten von so vielem, was belastet – damit man wenigstens zu dieser Zeit Atem schöpfen kann."

105 Ebd. II, 4 (106): „Quid aliud est devotio quam fons aquae vivae rigans omnia nostra virtuosa exercitia quaecumque sint illa, sine qua mox arescunt?"

deren Aufgaben, es ist die innere Kraft für eben diese Aufgaben.

Als Folge allzu vieler Geschäfte – mögen sie durchaus wichtig und mit Eifer übernommen worden sein –, „trocknet die Seele aus", und das wiederum betrifft zuerst und unmittelbar die „geistlichen" Tätigkeiten: Die Predigten verlieren an Tiefe und damit an Überzeugungskraft; sie werden „kalt". Verliert der Seelsorger den Geschmack an Gebet und Schriftlesung, so neigt er dazu, auch seine ureigenen Tätigkeiten aufzugeben und sich in allerlei sekundäre Aktivitäten zu stürzen.[106]

Doch auch der Umgang mit den Menschen wird dann mühsamer. Bartholomäus schildert dies recht anschaulich. Was kommt nicht alles auf den Bischof zu – er gleicht einer „Zielscheibe" für ernsthafte Anliegen ebenso wie für Geschwätz und zudringliche Bitten, die gelegentlich an Unverschämtheit grenzen können. Und doch muss er stets das Herz einer Mutter haben und es den Leuten offenhalten, ohne sie spüren zu lassen, dass ihn auch manches hart ankommt.[107] Dies

---

106 Ebd. II, 4 (113): „Quidam probus vir dicebat, quod summum malum timendum episcopo habenti nonnullum zelum Dei, est quod obrutus negotiis ac proinde affectu arefactus, tepide orat, ac exercitia spiritualia minuit, ac deinde frigidos atque parum utiles sermones facit, vel ex toto dimittit, et sic actus essentiales et principiales dimittit propter minus principales, ac denique paulatim in defectus et vitia labitur. Non video aliud remedium nisi ultra orationem quotidie habendam, etiam quando fervent negotia non dare totum cor illis, sed inter ea semper servare anhelam affectionem ad Deum." – II, 7 (145): „[...] litibus, curis ac forensibus negotiis dimittentes essentiales actus sui negotii pertinentes ad salutem animarum, scilicet meditationem, praedicationem, lectionem, visitationem dioecesis etc."

107 Ebd. II, 1 (85): „O quam forti patientiae scuto, quanta animi infrangibilitate simulque benignitate atque mansueta affabilitate pollere debet pastor, qui iugiter atque multipliciter linguis hominum vexatur, importunitatibus exponitur, ad quos cum se habeat tamquam

kann einem Menschen nur dann gelingen, wenn er zur Quelle seines Tuns und seiner Einstellung zurückkehrt. Bartholomäus rät konkret:

„Wenn du fühlst, dass dir die Vielzahl der Aufgaben und das Übermaß der Arbeitslast den Kopf schier zerspringen und dein Herz hart und trocken werden lässt, dann nimm baldigst Zuflucht zur Lesung eines geistlichen Buches. Solch ein Buch solltest du immer zur Hand haben. Lass die Gedankenbilder zur Ruhe kommen, und erhebe auf diese Weise deinen Geist. Es ist grundfalsch, zu glauben, dass die Glut der innigen Gottesliebe *(devotio)* inmitten der pastoralen Beanspruchung nicht bewahrt werden könne. Hat sie etwa Bonaventura als Generalminister, als Kardinal und Bischof nicht bewahrt, und ebenso andere? Wenn dein Kopf und deine Sinne schon erschöpft sind, weil so viele Leute etwas von Dir wollten *(negotiatores)*, und dann noch einer kommt – dann darfst du ihn nicht wegschicken oder ihm eine schroffe Antwort geben, nein!, auch nicht durch eine Geste Ungeduld zeigen oder abweisend sein. Gerade dann musst du dich mit Geduld und Sanftmut wappnen. Das ist die Ausübung der Tugenden!“[108]

Die Rückkehr zur Quelle schließlich wehrt auch einer dritten Gefährdung, der gerade gewissenhafte und gutwillige Seelsorger ausgesetzt sein können: Skrupel, Kleinmut und Traurigkeit. Das Bischofsamt, so schreibt

---

signum ad sagittarios, viscera tamen ac sinum matris debet illis ostendere et expandere, summe cavens, ne in eis exerceat aut super eos gravet suae conditionis duritiam aut asperitatem (si forsitan habet), cum potius expositus sit, ut omnium asperas atque onerosas complexiones ferat, omnibus se aptando.“ II, 11 (198f.): Wenn man eine Bitte abschlagen muss, dann, wenn möglich, mit sanften, aber aufrichtigen Worten. II, 11 (204f.): Sünder soll man so behandeln, dass sie sich geliebt fühlen, u.v.a.

108 *Stimulus* II, 1 (86f.).

Bartholomäus, könne in zweifacher Hinsicht ein Martyrium sein. Das eine bestehe in den von außen kommenden Lasten und persönlichen Beschwernissen; das andere, „weit unerträglichere", in den Gewissensfragen, wie man in einzelnen Fällen handeln solle – etwa, ob man gegen jemanden einschreiten müsse oder besser nicht, und auf welche Weise.[109]

Auch hier gilt: „vitia saepe mentiuntur se esse virtutes". Das Bewusstsein der eigenen Unzulänglichkeit ist Demut; Skrupel dagegen sind letztlich Zweifel an der Güte Gottes. „Pusillanimitas" – Verzagtheit, weil man es nicht allen recht machen kann – und „saecularis/vana tristitia" lähmen und verhindern dadurch das Gute.[110] Daher darf man sich solchen Gedanken, die zumeist in der Eigenliebe wurzeln, keinesfalls überlassen, sondern muss alles Vertrauen auf Gott werfen, und im Übrigen nach seinem Gewissen handeln[111]. Denn wir

109 Ebd. II, 10 (193f.): „Duplex martyrium occurrit in pastorali officio. Unum mere poenale consistens sive in laboribus corporalibus externis, sive in internis amaritudinibus, angustiis, exacerbationibus, ariditatibus etc. Aliud martyrium scrupulorum et perplexitatum circa agenda vel non agenda. Et hoc non est mere poenale, quoniam habet annexum periculum culpae, et hoc est longe terribilius et intolerabilius, scilicet, si est puniendum vel ferendum hoc crimen; si permittendum vel non permittendum, quod ille non resideat, quod habeat plura, quod aliquis maneat in officio etc. Sed orandum: Domine tu scis quod nolo offendere te, et volo potius occidi; illumina me ut cognoscam voluntatem tuam in hoc."

110 Ebd. II, 10 (186): „Nihil prodest spiritus timoris ubi non est spiritus caritatis." „Omnis amaritudo animi undecumque veniat, efficaciter est repellenda, quia suavitas devotionis [...] non potest esse simul cum quavis amaritudine" (186). „Scrupulositas, si pecco vel non pecco in hoc, saepe oritur ex nimio amore proprio quo homo diligit se; ex quo oritur plus aequo timeat periculum suae salutis [...]" (185).

111 Ebd. II, 10 (193): „Quid dicit pusillanimitas? Si fecero hoc, displicebo multis. Quid vis, quod sancta doctrina et facta spiritus placeant carni? Impossibile est. Ideo calca, transi et fac."

sollen im letzten nicht danach fragen, was wir tun sollen, sondern mit welchem Grund und Ziel: „Non quid sed propter quid faciamus, in illa ultima examinatione quaerendum est."[112]

Dabei räumt Bartholomäus ein, dass es nicht leicht ist, „actio et contemplatio" zu verbinden, er weiß aus eigener Erfahrung, wie manche Aufgaben den Geist selbst dann noch weiter beschäftigen, wenn sie bereits erledigt sind.[113] Auch gibt es Tätigkeiten, welche alle geistige Kraft beanspruchen. Doch zumindest habituell kann man auch während der Erledigung der Aufgaben in der „geistlichen Grundhaltung" bleiben – und wieder gebraucht Bartholomäus das Bild des Feuers: Wenn auch nicht die ganze Seele brennt, wie zur Zeit des Gebetes, so soll doch „eine Kerze in der Brust angezündet sein",[114] gewissermaßen wie das Ewige Licht, das brennt, auch wenn kein Gottesdienst gefeiert wird. Wenn aber diese innere Kraft genährt wird, dann ist tatsächlich alles seelsorgerliche Handeln „Ausübung der Liebe".[115]

Wer anderen leuchten will, muss selber brennen.[116] Alle pastorale Tätigkeit wird ohne dieses Feuer ihre Wirkung kaum entfalten können.[117] Dieses ist die Antwort

112 Ebd. II, 5 (118).

113 Vgl. die feine Beobachtung der Hindernisse für die „Contemplatio": *Compendium* II, c.18 (ed. 1602, 119–121).

114 *Stimulus* II, 4 (107): „Etiam in vertiginibus causarum saecularium, semper maneat quaedam candela accensa in pectore".

115 Ebd. II, 5 (120): „Quid conqueris quasi officium pastoris sit impedimentum devotionis? Quid aliud est quam continuum exercitium supremarum virtutum, scilicet caritatis, iustitiae, misericordiae [...]."

116 Vgl. ebd. II, 2 (94): „nisi enim prius in se faces ardeant, alios non succendunt" (unter Berufung auf Gregor). II, 4 (110): „Quanti fervoris debet esse, qui vi sui fervoris debet frigidos calefacere?"

117 So bereits im *Compendium spiritualis doctrinae* II, 35.

auf jene Not, die sonst von der Zeit und den Zeitgenossen leicht übersehen wird. So stellte Bartholomäus sein Wirken unter den Wahlspruch: „ardere et lucere – nolite conformari saeculo". Dabei stand ihm wohl Johannes der Täufer vor Augen, jene „Fackel, die brennt und die leuchtet".[118] Johannes ist aber nicht nur der „feurige Prophet", er ist auch „der Freund des Bräutigams". Ebenso wie er sei der Bischof „homo totus igneus, totus conquirendis Christo animabus intentus".[119] Der *Stimulus Pastorum* entwächst gesehener Not, jenem begnadeten Sehen, das nicht so sehr zum „onus", als vielmehr zum „onus exonerans" wird.

118 Johannes der Täufer gilt im Dominikanerorden als eines der großen Vorbilder, er ist der „zweite Elias" und wie dieser ein „feuriger Prophet", ausgezeichnet an Weisheit, Tapferkeit und Heiligkeit. Luis de SOTOMAIOR, *Elogio da Vida de D. Frei Bartolomeu dos Mártires*, in: *Bracara Augusta* 42 (1990) 357f., zieht bereits die Parallele zwischen Bartholomäus und Johannes dem Täufer; wie dieser habe er sich vor aller Augen als eine brennende und leuchtende Lampe erwiesen: „alter Ioannes Baptista lucernam ardentem et lucentem se ille plane exhibere visus est."

119 *Stimulus* II, 7 (142).

Zur Übersetzung

Übersetzt wird im Folgenden der II. Teil des Stimulus Pastorum auf der Grundlage der letzten Edition, Braga 1981. Diese enthält die frühere Fassung des Werkes, wie es an Karl Borromäus gegeben worden war, noch ohne die sprachliche Glättung durch Ludwig von Granada. Bartholomäus' „unmittelbare“ Sprache – er hatte den Stimulus für sich selbst zusammengestellt! – klingt noch deutlich durch. Einige Passagen – mit * gekennzeichnet – finden sich nur in dieser Version.

Da die Zitate aus den Quellen von Bartholomäus meist nicht ganz wörtlich wiedergegeben werden, wurde auf Anführungszeichen verzichtet, mit Ausnahme der Bibelstellen; diese beziehen sich auf den Vulgatatext.

Geringfügige Kürzungen des Textes werden durch Klammern [...] angezeigt. Die Zwischenüberschriften stammen von der Übersetzerin.

Stimulus Pastorum

Ansporn für Hirten
von Bartholomäus a Martyribus OP

Widmung Ludwigs von Granada an den Leser

Mein Freund und Leser, dieses Buch hat zwei Teile. Im ersten werden einige ausgewählte Passagen aus den Werken des hl. Gregor, des hl. Bernhard und des hl. Augustinus, sowie einiger anderer Väter wiedergegeben. Die Anordnung folgt der Lektüre der jeweiligen Werke, aus denen Abschnitte exzerpiert wurden. Der zweite Teil ist nach allgemeinen Themen gegliedert; die einzelnen Kapitel behandeln das richtige Verhalten und die rechte Lebensführung von Bischöfen und anderen kirchlichen Vorgesetzten.

Lies mit Freude und ziehe Gewinn daraus!

Vorwort des Autors

Von einem kirchlichen Oberen[1] werden drei Dinge verlangt:

Erstens: Reinheit der Absicht. Sie besteht darin, „mehr danach zu verlangen, anderen zu nützen, als anderen vorzustehen“,[2] und in allen Dingen nicht die eigene Ehre oder die eigene Bequemlichkeit, sondern das Wohlgefallen Gottes und das Heil der Seelen zu suchen.

Zweitens: ein heiliger und untadeliger Lebenswandel. Man soll jemandem, der von heiligen Dingen redet, nicht vorwerfen können: Arzt, heile dich selbst.

Drittens: eine aufrichtige, von Herzen kommende Demut. Es gibt die Gefahr, dass man sich innerlich wegen der eigenen Heiligkeit etwas einbildet und sich deren rühmt. Das hieße, sich zu Unrecht die Ehre anmaßen, die allein Gott gebührt. Auf ihn allein muss man sein Vertrauen setzen, ganz von ihm abhängig sein wollen.[3]

---

1 lat.: praelatus; im folgenden als „Bischof“, „kirchlicher Oberer“, „Vorsteher“ übersetzt.

2 Benedikt von Nursia, *Reg. Ben.* 64,8.

3 Bernhard von Clairvaux, *An die Äbte, Sermones de div. 35* (VIII, 646–657).

II. TEIL

Welche Eigenschaften Bischöfe und andere höhere Obere nötig haben, und wie sie ihr Leben gestalten sollen

[De moribus et institutione vitae episcoporum aliorumque praelatorum]

Luis de Granada, Bemerkung in der 1. Auflage, 1565: Hier beginnt der zweite Teil des Buches: Mit Belegen aus den Vätern und mit scharfsinnigen Vernunftargumenten werden die Pflichten der Bischöfe und anderer kirchlicher Oberer erläutert. Alles, was der Verfasser hier vorlegt, ist derart bemerkenswert und stimmt in solchem Maß mit dem Weg der evangelischen Vollkommenheit überein, dass es einem vorkommen könnte, es sei unter der besonderen Inspiration des Heiligen Geistes niedergeschrieben worden.

1. KAPITEL

Sorgen, die eines Bischofs würdig sind, und solche, die seiner unwürdig sind

[Sollicitudo quae sit Episcopo digna, aut indigna]

Thema: Vielfalt bischöflicher Pflichten, notwendige Prioritäten setzen

Was ist wohl schmählicher für einen Bischof, als ständig mit seinem Haushalt und dem Bisschen Habe beschäftigt zu sein? Alles zu kontrollieren, über alles und jedes genau nachzufragen, sich mit Argwohn abzuquälen, in Aufregung zu geraten, wenn irgendetwas verloren gegangen ist oder übersehen wurde? Ich sage das, damit sich manche Leute schämen, die jeden Tag ihren Hausrat durchforschen, die einzelnen Dinge zählen, und auf Heller und Pfennig Rechenschaft verlangen.[4]

Jener Heide aus Ägypten [Potiphar] wusste nicht einmal mehr, was er in seinem Haus besaß, nachdem er alles Joseph übertragen hatte, einem Sklaven und Fremdstämmigen. Und da wagt ein Christ und Bischof es nicht, sein Hab und Gut einem Christen anzuvertrauen? Leicht finden Bischöfe jemanden, dem sie die durch das kostbare Blut Christi losgekauften Seelen anvertrauen wollen, nicht aber jemanden, dem sie das Bisschen Hausrat anvertrauen wollen? Wirklich, das sind doch Leute von hervorragendem Urteil, die sich schwere Sorgen um Geringes, und geringe oder gar keine Sorgen um Schwerwiegendes machen! Man kann daran ganz deutlich sehen, dass wir mit mehr Geduld den Verlust auf Seiten Christi hinnehmen als unseren eigenen Verlust! Vom Schaden für die Herde des Herrn wollen wir nichts wissen, unsere Ausgaben aber kontrollieren wir jeden Tag. Zum Beispiel, wenn wir mit unseren Bediensteten über die Preise für Lebensmittel

---

4 Vgl. II. Vatikanisches Konzil, LG 27: „Der Bischof, der vom Hausvater gesandt ist, seine Familie zu lenken, soll sich das Beispiel des guten Hirten vor Augen halten, der nicht gekommen ist, sich bedienen zu lassen, sondern zu dienen (vgl. Mt 20,28; Mk 10,45) und sein Leben für seine Schafe hinzugeben (vgl. Joh 10,11). Aus den Menschen genommen und mit Schwachheit behaftet, kann er mitleiden mit denen, die in Unwissenheit und Irrtum sind (vgl. Hebr 5,1–2). Er soll sich nicht weigern, seine Untergebenen zu hören, die er wie wirkliche Söhne umsorgt und zu eifriger Mitarbeit mahnt. Da er für ihre Seelen Gott wird Rechenschaft ablegen müssen (vgl. Hebr 13,17), soll er für sie durch Gebet, Predigt und jederlei Liebeswerk Sorge tragen […].“

sprechen, kaum jemals aber mit unseren Priestern über die Sünden der Leute. Bloße Vermutungen [es könnte etwas finanziell nicht stimmen] bewirken Zorn, Aufregung, Ängste und Qualen. Wie viel erträglicher ist doch der Verlust von Dingen als der Verlust von Seelen!

Wenn es möglich wäre, dass ein Sturzbach sich über die Felder ergösse, ohne dass die Saat Schaden nimmt, dann kannst auch du vertrauen, inmitten der Beschäftigung mit derartigen Sorgen keine seelische Wunde davonzutragen. Ich rate dir, den Ansturm *solcher* Sorgen auf jede dir mögliche Weise von dir fernzuhalten; vieles brauchst du nicht zu wissen, noch mehr sollst du einfach übersehen, und manches einfach vergessen.[5]

> * Bedenke wohl, welchen Namen der Herr demjenigen gegeben hat, der seine Kirche leiten soll: Er hat ihn nicht „Führer" *(dux)*, „König" *(rex)* oder „Prätor" genannt, sondern „Hirte". Dafür gibt es viele Gründe; einer davon ist: Die Aufgabe eines Schafhirten hat nichts mit viel Wirbel gemein; die Schafe sind unschuldige, schweigsame und einfache Tiere, darum ist diese Aufgabe ruhig und mild *(dulcissimum)*. Das ist ein Sinnbild dafür, dass Christus für seine Familie ruhige Stille wünschte, fern von allem Getöse und irdischen Sorgen, sondern mit dem Himmlischen beschäftigt. Und die Untergebenen lehrt er, Schafen zu gleichen: von schlichtem Gehorsam, schweigsam und ohne Widerrede. *

5 Bernhard von Clairvaux, *Cons.* IV, cap.6, n.20 (I, 768).

Anstand und integre Lebensführung im persönlichen Umfeld des Bischofs

Bemühe dich stattdessen, die Sitten und die Interessen deiner Hausgenossen zu kennen. Du sollst nicht von den Lastern in deinem Haus als letzter erfahren – wie es meiner Kenntnis nach schon vielen ergangen ist. Jemand anderer mag sich um anderes kümmern, du kümmere dich um ein zuchtvolles Leben in deinem Haus. *Diese* Sorge sollst du niemandem delegieren. Wenn die Reden oder das Auftreten einer Person in deiner Gegenwart dir zu unverschämt erscheint, dann greife ein und lass das Unrecht gegenüber dir nicht ungestraft. Denn Straflosigkeit fordert solche Personen zu immer größerer Unverschämtheit heraus, bis sie alle Grenzen überschreiten.

Für das Haus bzw. die Hausgenossen eines Bischofs ziemt sich Heiligkeit, Ehrbarkeit in der Miene, im Gang, im Auftreten und Verhalten. Deine Mitbischöfe sollen von dir lernen, keine langhaarigen Bübchen und geschniegelte Jünglinge um sich zu haben. Es gehört sich nicht, dass zwischen den Mitraträgern Männer mit künstlich gelocktem Haar herumlaufen.[6]

Es trägt sehr viel zum Guten bei, wenn deine Hausgenossen geistliche Männer sind. Gregor der Große schreibt in einer *Homilie zu Ezechiel*:[7] Wenn jemand sich an die Gesellschaft Heiliger hält, der wird allein schon dadurch, dass er sie ständig vor Augen hat, ihr Reden hört, ihr Beispiel sieht, irgendwie für Gott begeistert und flieht die Sünde. Die Anstrengungen des tugendhaften Lebens werden weniger empfunden. Jene

---

6 Ebd., n.21 (I, 769).

7 Gregor der Grosse, *Hom. in Ez.* I, cap.5, n.6 (CCSL 142, 59).

Menschen wissen nämlich mitzuempfinden: sie freuen sich mit den Fröhlichen, weinen mit den Weinenden, tragen gern den Mangel an zeitlichen Gütern.

Bonifaz VIII. beschreibt das Leben eines Bischofs folgendermaßen:[8] Wie sich ein Sturzbach in eine Senke ergießt, so überfluten zahlreiche schwierige Aufgaben von allen Seiten das Herz des Bischofs und machen es ihm schwer. Unzählige Sorgen lassen ihm keine Ruhe, von vielen Gedanken wird er getrieben, mit dem Ziel, dass doch der Name Gottes geehrt, der katholische Glaube gefördert werde, und die Seelen geistlich gefördert würden; dass Streit und Uneinigkeit, dieses Natterngezücht!, ausgerottet werde, Frieden und Ruhe herrschen mögen, die gnadenhafte Liebe entbrenne und die Einigkeit erstarke.

Bernhard von Clairvaux schreibt,[9] dass das kontemplative Leben, so es in Reinheit geführt wird, süßer ist und mehr Seligkeit schenkt; dass aber das Leben eines Oberen oder Bischofs, der seine Aufmerksamkeit auf allerlei Irdisches richten und diese Dinge entsprechend dem Wohlgefallen Gottes, gleichsam wie Gottes Eigentum, verwalten muss, tapferer ist und mehr Nutzen bringt. Weil nun die Aufmerksamkeit verschiedene Grade hat, so richte sie nur soweit auf die jeweilige Aufgabe, wie es erforderlich und ausreichend ist; und reserviere dabei stets einen Teil deines Herzens für Gott.

In der Pastoral-Regel[10] schilt Gregor jene Oberen, die so gänzlich unklug ihren Geist überall herum schweifen lassen und ganz konfus machen. Die Folge davon

---

8 Clem. 3, 3, 2 (Corpus IC 2, 1161–1164).

9 Möglicherweise bezieht sich die Stelle auf Gregor der Grosse, *Hom. In Ez.* II, cap.2, n.8 (CMe 21,288f.).

10 Gregor der Grosse, *Reg. Past.* II, cap.7 (SC 381, 218–230).

ist, so Gregor, dass sie jene Furcht im Inneren, welche Festigkeit gewährt, verlieren, und sich statt dessen über die Organisation äußerer Angelegenheiten Sorgen machen. Vieles überlegen und bedenken sie, aber von sich selbst haben sie keine Ahnung, sie kennen sich nicht. Wenn sich nämlich jemand in intensiverem Maß als notwendig in äußere Angelegenheiten verstricken lässt, gleicht er einem Mann, der ganz mit seiner Reise beschäftigt ist, aber vergisst, wohin er eigentlich unterwegs ist. Ein solcher Mensch ist ganz absorbiert, so dass er nicht einmal mehr an den Schaden denkt, den er erleidet, und auch nicht erkennt, wie weit er vom Weg abirrt.

Und doch, so bemerkt Gregor, haben manche Hirten an äußeren Geschäften ihre Freude, so dass sie es mühsam finden, davon zu lassen: Gerade die Ruhe macht sie müde! Und daher haben sie keine Ahnung von dem, was sie lehren sollen.[11]

Wirkliche Sorge um das Heil der Anvertrauten – Visitation

Der gleiche Apostel, der schrieb: „Die Sorge um alle Kirchen liegt auf mir“ (2 Kor 11,28), eilte von einer zur anderen, um ihrer Not abzuhelfen. So muss auch ein Bischof, will er den Aposteln nacheifern, oftmals die einzelnen Pfarreien bereisen, um in bestimmten Fällen Abhilfe zu schaffen oder Ärgernissen zu wehren, die nur durch seine Anwesenheit beseitigt werden können.

11 Das heißt: Die mangelnde theologische und geistliche Kenntnis wird darauf zurückgeführt, dass der Betreffende sich keine Zeit für die geistliche Lesung nimmt, sondern in Organisationsaufgaben aufgeht.

Das gehört zur Sorge eines Hirten, denn es sind alles deine Schafe! Kümmere dich nicht um die verblendete Meinung der Welt, die sagt: So viele Reisen sind dem Ansehen des Amtes abträglich; es würde doch genügen, einigen anderen Personen diese Aufgabe zu übertragen. Dieser Argumentation geht es einzig und allein um die Wahrung der Autorität der Person – und in keiner Weise um die Förderung der Seelen mit Hilfe dieser Autorität! Denk daran, dass die Liebe nicht ehrgeizig ist und auch nicht träge, und erinnere dich, dass du ein Jünger jenes Meisters bist, der nicht gekommen ist, bedient zu werden, sondern zu dienen, und durch alle Städte und Ortschaften zu wandern, um Seelen zu suchen. Kein Gedanke daran, auf diesen Reisen oder bei anderen heiligen Anstrengungen, das Leben zu riskieren, die Gesundheit, die Ehre, den Ruf, sondern man soll über all das hinwegspringen, bis alles vollendet ist und man vor dem Angesicht Gottes erscheinen darf.

> * Dass man an Festtagen eine Pause im Briefeschreiben machen darf, kannst du im 42. Brief Gregors lesen.[12] Er beginnt mit den Worten: „Dass Wir das Antwort-Schreiben an Dich so spät absenden, liegt daran, dass Wir mit den Osterfeierlichkeiten beschäftigt waren, so dass Wir einfach nicht schneller antworten konnten." *

Gregor ermahnt die Bischöfe mit folgenden Worten: Unser Herz sollte solchen glutvollen Eifer besitzen wie ihn die Schafhirten haben! Wie oft wachen sie die Winternächte durch, bei Regen und Eis, damit auch nicht eines von den Schafen und schon gar nicht eines von den nützlichen Tieren verloren gehe. Wenn der lauern-

---

12 Gregor der Grosse, *Regist.* I, ep. 42 (CCSL 140, 49f.).

de Feind mit gierigem Schlund schon zugeschnappt hat, wie keuchen sie in ihrer Angst, welche Schreie stoßen sie aus – weil sie ihr geängstigtes Herz dazu treibt *(angustia stimulante)!* –, um das erbeutete Tier zu befreien, damit nicht vom Herrn der Herde von ihnen gefordert werde, was durch Unachtsamkeit verloren ging. So sollten auch wir die gefährdeten Schafe mit dem Worte Gottes zur Herde zurückführen.[13]

Ich bitte dich, schreibt Gregor dort, hab Nachsicht mit mir, dass ich dir auf deinen Brief nur kurz antworte. Auf mir lasten soviel Schwierigkeiten und Trübsal, dass ich mir nicht erlauben kann zu lesen, noch vieles in Briefen zu erzählen. Ich zitiere dir nur ganz kurz jene Schriftstelle: „Vor Seufzen habe ich vergessen, mein Brot zu essen" (Ps 101,5).

Wenn sich die Leute scharenweise zu dir drängen, mit ihren verschiedenen Nöten, dreh dich nicht gequält weg, sondern öffne dein väterliches Herz, und denke an jenes Wort im Evangelium: „Die Scharen drängten sich zu Jesus" (Lk 5,1). Und wenn dir angst und bang wird in Sehnsucht nach Ruhe, dann beherzige das Wort Bernhards:[14] Derjenige, der Sorge und Verantwortung trägt als Oberer, kann sich fast nie oder nur selten mit Ruhe Zeit nehmen für sich, da er ständig fürchtet, damit den Untergebenen etwas zu entziehen und Gott nicht zu gefallen, indem er womöglich seine eigene Ruhe und die Süße der Kontemplation dem Nutzen der Anderen vorziehe.

13 Gregor der Grosse, *Regist.* XI, ep. 27 (CCSL 140A, 907).
14 Bernhard von Clairvaux, *Cant.* sermo 53, cap.1, n.1 (VI, 206).

Übertragung von Ämtern

Eine der vordringlichsten Sorgfaltspflichten für den Bischof betrifft die Übertragung von Benefizien an die Seelsorgspriester. Diese Sorge hatte der Apostel vor Augen, als er schrieb: „Ich beschwöre dich vor Gott und Jesus Christus und seinen auserwählten Engeln, dies ohne Ansehen der Person – das heißt: vorurteilsfrei – zu beobachten; tu nichts aus Voreingenommenheit – das heißt: handle nicht unüberlegt. Lege niemandem vorschnell die Hände auf, und habe mit den Sünden anderer Personen nichts zu schaffen" (1 Tim 5,21f.). Wenn eine Stelle vakant ist, dann muss man beten: „Zeige, wen du erwählt hast" (Apg 1,24). Du, o Herr, weißt, dass ich in dieser Sache weder auf Fleisch und Blut, noch auf Freundschaft, noch auf die Bitte irgendeiner Person achten will, sondern einen Diener erwählen will, der dir treu ist und den Seelen, die du mit deinem Blut erlöst hast, als Arzt von Nutzen ist.[15] Auch der Herr betete bei Nacht, und am Morgen erwählte er die Apostel (vgl. Lk 6,12).

Da gibt es Bischöfe, die ihre Diözesen bereisen und sehen, wie ihre Ställe Wölfen anvertraut sind, ihre Herbergen Menschenmördern. Ich meine damit: Sie sehen, dass ihre Pfarreien der Leitung von ganz ungebildeten und fleischlich gesonnenen Personen unterstellt sind, die sie entweder nicht aus dem Amt entfernen können

---

15 Vgl. II. Vatikanisches Konzil, CD 31: „Beim Urteil über die Eignung eines Priesters, eine Pfarrei zu leiten, berücksichtige der Bischof nicht nur seine wissenschaftlichen Kenntnisse, sondern auch seine Frömmigkeit, seinen Seelsorgseifer und die übrigen Begabungen und Eigenschaften, die für die rechte Ausübung der Seelsorge erforderlich sind. Der einzige Sinn des pfarrlichen Dienstes besteht im Heil der Seelen."

oder – falls sie diese Personen suspendierten – niemanden hätten, den sie auf diese Stelle setzen könnten. O schreckliche Abstumpfung des Geistes, wenn sie an diesen Zuständen einfach vorübergehen, ohne zu weinen und aus innerstem Herzen zu stöhnen! Dieser Krankheit, welche an die Wurzeln geht, muss man auf jede erdenkliche Weise wehren, das ist vordringlich! Aber unsere Blindheit und Gefühllosigkeit ist ein Jammer! Wir erschrecken nur mehr vor dem Ungewohnten (sagt Augustinus). Woran wir uns schon gewöhnt haben – selbst wenn es Verbrechen sind! –, davor graut es uns nicht mehr, im Gegenteil, zuweilen begehen wir solche Dinge selbst. Und so übertragen wir manchmal die Seelsorge wenig geeigneten Personen – aus keinem anderen Grund, als weil es eben so üblich ist.

Residenz-Pflicht

Augustinus schrieb in einem Brief:[16] Ihr sollt wissen, dass ich niemals fern von meiner Kirche weilte, weil ich mir diese Freiheit herausgenommen hätte, sondern weil ich dazu gezwungen war. Die Notwendigkeit von Aufgaben an der Küste oder über dem Meer zwingt oftmals auch meine Mitbrüder und Kollegen dazu.

Aus drei Gründen – so sagten die Väter des Konzils – ist ein Hirte entschuldigt, wenn er nicht in seiner Diözese weilt: Erstens, wenn ihn sein Vorgesetzter ruft, zweitens, wenn eine zwingende Notwendigkeit es verlangt – z.B. wenn er wegen einer Erkrankung Luftveränderung braucht, oder wenn ihm persönlich von einem Verfolger nachgestellt wird –, drittens, wenn ihn die Liebe dazu drängt, das heißt, wenn er einer ande-

16 Augustinus, *Ep.* 122 (CCSL 31, 175).

ren Diözese oder einem anderen Reich beistehen muss, sofern diese für eine gewisse Zeit seine Hilfe nötiger brauchen als die eigene Kirche.

Diejenigen, welche das Capitulum *De multa* – über die Pfründen[17] – anführen, sollen dich nicht irreführen. Dieser Text, von Gierhälsen im Klerus falsch verstanden, hat viele in die Hölle gestürzt. Der Papst hatte dabei nicht in erster Linie gebildete oder edle Personen im Blick, das konnte er gar nicht, sondern die Diözesen[18] selbst. Daher hatte er nur die Absicht, Dispens zu gewähren, wenn jemand von solch hervorragender Bildung ist, dass man annehmen kann, er werde aufgrund seines vorbildlichen Lebenswandels und seines theologischen Wissens allein zwei Diözesen mehr Nutzen bringen, als wenn diese zwei anderen Personen als Hirten anvertraut würden. Denn er würde einer Diözese mehr nützen, wenn er dort sechs Monate weilte, als ein anderer, der das ganze Jahr über dort wäre. Wenn aber die Diözese nichts oder nur sehr wenig von seinem Wissen und seinem Geistes-Adel gewinnt – weil er nicht anwesend ist, oder nicht wachsam ist oder keine Almosen gibt –, warum sollte da jemand zum Schaden der Diözesen so ausgestattet werden? Ist denn nicht der Hirte für die jeweilige Kirche da, statt umgekehrt? Eine Diözese oder Kirche ist einem Kleriker nicht um seinetwillen zu übertragen, damit *er* davon etwas hat, sondern um des Gutes der betreffenden Kirche willen. Auch ein Hospital vertraut man einem Arzt nicht deswegen an, damit er davon einen Nutzen hat – obwohl das eine Folge sein kann – sondern um der Zielsetzung des Spitals willen. Wenn es sich also so verhält, wie

17 X, 3, 5, 28 (Corpus IC 2, 477f.).
18 Wörtl.: „Kirchen“. Ich habe im folgenden „Diözesen“ übersetzt.

kann man da jemandem eine Kirche anvertrauen, von dem man nicht hoffen braucht, dass er dort auch anwesend sein beziehungsweise dieser Kirche von Nutzen sein wird? Eine Kirche oder Diözese ist nicht deswegen einem Mann anzuvertrauen, weil dieser hochgelehrt oder heiligmäßig ist, auch nicht, weil er seiner Heimatdiözese schon vielfach gedient hat, sondern weil und wenn man überzeugt ist, dass er dieser Diözese, die ihm anvertraut wird, aufs Beste dienen wird. Genausowenig dürfte man dem Arzt im Spital den festgelegten Lohn deswegen geben, weil er woanders ausgezeichnete Dienste geleistet hat. Die Verdienste, die sich jemand in seinem bisherigen Leben erworben hat, können ein Beweggrund sein, ihm das Amt zu übertragen – weil man vermuten kann, dass er tatsächlich der Diözese in Zukunft Nutzen bringen werde –, aber sie können nicht die letzte Begründung oder das Ziel sein: Das Ziel sind die in der Zukunft erwarteten Früchte. Eine Pfründe *(beneficium)* wird nur gegeben, weil jemand eine Pflicht *(officium)* übernimmt. Die Pfründen der Kirche und was sie als Lebensunterhalt zur Verfügung stellt, werden nicht gegeben zur Belohnung guter Leute, sondern nur im Hinblick auf den für die Kirche ausgeübten Dienst. Das erweist des langen und breiten Soto.[19] Die Ungerechtigkeit und Blindheit vieler, wenn es Ämter zu verteilen gibt, wurzelt darin, dass sie in erster Linie den Personen etwas Gutes tun wollen, denen sie die Ämter geben, statt den jeweiligen Kirchen. Sie sollten aber als erstes an den Nutzen der Kirche und das Heil der Schafe denken, und nach dieser Regel vorgehen.

---

19 Bartholomäus bezieht sich hier auf das Buch von Domingo de Soto, *De iustitia et iure*, III, q.6, Lyon 1556.

Kenntnis des Klerus

Wie sorgsam hat sich Gregor der Große bemüht, aus allen Gegenden der Welt gute Kleriker zu bekommen – wie sich aus einem Brief[20] ersehen lässt: Als er hörte, in Syrakus gebe es einen Presbyter von erprobtem Lebenswandel, forderte er den dortigen Bischof auf, dies genauer zu prüfen, und falls es der Wahrheit entspreche, den Mann nach Rom zu schicken, damit Gregor ihn zum Bischof einer Diözese einsetze. Ebenso in einem weiteren Brief.[21]

Ein andermal[22] trug Gregor einem Bischof auf, er solle bei der Bischofswahl in einer anderen Stadt anwesend sein, und ermahnte seinen Mitbruder: Lass nicht zu, dass jemand aus einer anderen Diözese gewählt werde, außer es lässt sich unter der Klerikern dieser Diözese keiner finden, der des Bischofsamtes würdig ist – was Wir kaum glauben können. Und sorge vor allen Dingen dafür, dass nicht etwa Laien – welchen Lebenswandel oder Verdienste sie auch haben mögen – danach gieren. Du sollst als Bischof nach dieser Vorgabe handeln und sorgfältig Ausschau halten, welche Kleriker in deiner Diözese ein erprobtes Leben aufweisen, damit du diesen die Benefizien übertragen kannst.

Das freche, unverschämte Betragen der Kleriker, dessen Wurzelboden die Nachlässigkeit der Bischöfe ist, bringt Unordnung in die gesamte Kirche – so schreibt Bernhard.[23] Die Bischöfe geben „das Heilige den Hunden" – das bedeutet: Weihen und Benefizien

---

20 Gregor der Grosse, *Registr.* II, ep. 21 (CCSL 140, 108).
21 Ders., *Registr.* II, ep. 48 (CCSL 140, 139).
22 Ders. *Registr.* II, ep. 22 (CCSL 140, 108f.).
23 Bernhard von Clairvaux, *Ep.* 152 (II, 956).

–, „sie werfen Perlen vor die Schweine“ (Mt 7,6). „Und diese drehen sich um und treten sie mit Füßen“. Verdientermaßen müssen die Bischöfe dann diese Leute aushalten, die sie zuvor gefördert haben. Diese Kleriker bereichern sich an der Mühe anderer, ihre Ungerechtigkeit tropft von ihnen wie Fett![24] Der Geist eines Menschen, der sich an das Wohlleben gewöhnt hat, und niemals durch Zucht geformt wurde, zieht sich viel Schmutz zu. Wenn du dann versuchst, den tiefsitzenden Rost abzukratzen, dann lassen sie sich nicht einmal mit den Fingerspitzen anfassen. Sie verhalten sich, wie es in der Schrift steht: „Der so Geliebte wurde dick und fett und schlug nach hinten aus“ (Dtn 32,15).

Bernhard beschreibt in einem Brief an Papst Innozenz[25] glänzend die Übel unserer Zeit: Der Papst selbst verhindere, dass die Bischöfe ihres Amtes walten; er hebe auf, was sie an Richtigem getan hätten, und was sie zu Recht abgeschafft hätten, lege er wieder fest. Die Bischöfe könnten gegen die Untaten in ihren Diözesen nicht einschreiten, weil die Sache sogleich an die Kurie übertragen werde. Alle Übeltäter – aus dem Volk, dem Klerus oder den Klöstern – liefen zum Papst. Und wenn sie zurückkehrten, prahlten sie damit, Beschützer gefunden zu haben, obgleich sie sie besser als Rächer hätten spüren sollen. Das sei der Grund dafür, dass Recht und Gerechtigkeit in der Kirche niedergehe, dass die kirchliche Schlüsselgewalt zunichte werde und das Bischofsamt an Autorität verliere. Und so weiter.

---

24 Vgl. Ps 72,7.

25 Bernhard von Clairvaux, *Ep.* 178 (II, 1034–1040).

Sammlung im Gebet – trotz vielfältiger Sorgen

Gute Hirten dagegen wachen, schreibt Bernhard,[26] während die ihnen Anvertrauten schlafen können; sie sind sich bewusst, dass sie Rechenschaft geben müssen für die Seelen. Darum verbringen sie die Nächte im Gebet, erkunden wachen Geistes die Schliche der Feinde, erfassen im Voraus die Pläne derer, die Übles sinnen, sie entdecken die Fallstricke. Sie wachen in ihrem Herzen bis zum Morgengrauen, sie schauen aus nach Gott, der sie alle erschaffen hat; denn sie wissen, dass ihre Kraft zu gering ist, um die Stadt zu bewachen (vgl. Ps 126,1).[27]

Ihr alle, denen dieser Dienst zufiel, achtet auf euch und auf den kostbaren Schatz, der euch anvertraut ist:
Eine Stadt ist es – seid wachsam, beschützt sie und ihre Eintracht!
Eine Braut ist es – strebt danach, dass sie geschmückt sei!
Schafe sind es – müht euch um ihre Ernährung!

Und bedenkt wohl: Unter dem Gesichtspunkt der Ausführung von Gottes Aufträgen, wiegt ein einziger Tag eines Bischofs so schwer wie viele Tage einer Privat-

26 Ders., *Cant.* sermo 76, n.7 (VI, 530).

27 Im ersten Teil des *Stimulus* exzerpierte Bartholomäus Gregors Unterscheidung zwischen „Schlaf" und „Schlummer": „Ein Hirte ‚schläft', nach Gregor, wenn er die Sorge um die Anvertrauten gänzlich vernachlässigt, das heißt, wenn er gar nicht weiß, was sie tun, und sie auch nicht zurechtweist. Er ‚schlummert', wenn er zwar erkennt, was er tadeln müsste, aber aus Trägheit so tut, als wüsste er es nicht, und keine angemessenen Maßnahmen zur Besserung ergreift, weil er einfach keine Lust hat *(taedium)*. Gewöhnlich geht es dann so: Ein schläfriges Auge schließt sich bald ganz zum Schlaf; und ebenso führt das beharrliche Nicht-Einschreiten gegen ein Übel dazu, dass man die Übel bald nicht einmal mehr sieht." (aus: *Reg. Past.* III).

person. Daher soll er gewissenhaft darauf achten *(sollicitus esse)*, dass die Tage nicht fruchtlos entschwinden, sondern an jenes Wort aus Sirach (Eccli. 14,14) denken: „Lass die gute Gelegenheit eines Tages nicht vorübergehen“.

Wie soll man sich helfen, dass nicht der ganze Ansturm von Sorgen und Aufgaben einem die Tür des Herzens einrennt, und die Ruhe des Gebetes und der heiligen Vereinigung mit Gott stört?

Erstens: Das Herz von der weichlichen Liebe *(sensuali amore)* zum Geschaffenen abziehen. Treibe die Zuneigungen aus, dann werden dich Sorgen nicht durcheinanderbringen. Liebe nichts und wünsche nichts außer in Gott und um Gottes willen, und die Sorgen werden dich nicht quälen noch von Gott entfernen.

Zweitens: Dein Denken voll Vertrauen auf Gott werfen. Mach es wie Susanna, die selbst in unmittelbarer Todesgefahr Vertrauen auf Gott hatte. Welch zuverlässiger Helfer ist Gott für alle, die seinem Schutz aufrichtig vertrauen!

Es ist freilich die Eigenschaft einer weichlichen und zu empfindlichen Seele, auch die *notwendigen* Sorgen von sich zu schieben. Um die bedrängenden Sorgen nicht zu fühlen, tut sie so, als wüsste sie nichts davon.[28]

Doch lass dich nicht fixieren oder lähmen! Warum hältst du dir die Tage und Jahre der Mühe vor Augen, deren Zahl doch ganz unsicher ist? Stunde um Stunde vergeht, es vergeht auch die Pein. Die Tage und ihre Plage kommen nicht auf dich zu, vielmehr gehen sie einer nach dem anderen. Die Plage wird tropfenweise getrunken, langsam wird sie aufgezehrt, sie vergeht jede

---

28 Bernhard von Clairvaux, *Cant.* sermo 39, n.7 (VI, 58).

Minute. Ganz anders der himmlische Lohn: er kommt als ganzer auf einmal! Ein Sturzbach der Wonne, ein reißender Strom der Freude und Herrlichkeit! „Ein ewiges Gewicht an Herrlichkeit“, sagt der Apostel (2 Kor 4,17). Sieh doch, da wird die Herrlichkeit selbst versprochen, nicht ein herrliches Haus oder Kleid, sondern die Herrlichkeit![29] In der kleinen Last der gegenwärtigen Not liegt das ewige Gewicht der Herrlichkeit verborgen (2 Kor 4,17), wie eine Frucht im Samenkorn. Erwäge die Tiefe jener Worte: Er, der sprach: „Es ist meine Freude, bei den Menschen zu wohnen“ (Spr 8,31), sagt auch: „Ich bin bei ihm in der Not“ (Ps 91,15), und: „Nahe ist der Herr den Menschen mit bedrängtem Herzen“ (*tribulato corde:* Ps 33,19). Dann ist er für uns Emmanuel, dann wird zu uns das gesprochen, was zur Jungfrau Maria gesagt wurde: „Der Herr ist mit dir“ (Lk 1,28).

Es ist gut für mich, o Herr, in Bedrängnis zu sein, solange Du bei mir bist – besser als essen und trinken ohne dich! Lieber will ich Dich bei mir haben und in einem Feuerofen stecken, als ohne Dich im Himmel sein. Schau dir dazu Bernhards letzte *Predigt über Psalm 90* an![30]

Bernhard schreibt auch, dass der Mensch zu Mühen und Kummer geboren sei,[31] „denn du schaust auf Mühen und Kummer“ (Ps 9,35) – auf die Mühen in den Taten und den Kummer im Leiden. David sagte von sich, dass er zu beidem bereit sei – sich abzumühen im Tun: „Ich bin bereit und schwanke nicht, deine Gebote zu beachten“ (Ps 118,60), und Kummer zu erleiden: „ich bin bereit, auch wenn ich geschlagen werde“ (Ps 37,18).

29 Ders., *Div.* 1, n.8 (IX, 176.178).
30 Ders., *Qui habitat,* sermo 17 (VII, 704–718).
31 Ders., *Div.* sermo 2, n.1–2 (IX, 180.182).

Keines der Kinder Adams kann ohne Mühen und Leiden sein Leben zubringen, das gilt auch für diejenigen, von denen der Prophet sagt: „Sie haben keine Mühsal, sind nicht geplagt wie andere Menschen“; denn es folgt ja: „Der Hochmut hält sie gefangen“ – und der Hochmut ist eine schwere Mühsal *(gravis labor superbia)*! – , „sie sind bedeckt von ihrer Ungerechtigkeit und ihrer frevlerischen Gesinnung“ (Ps 72,5f.) – wahrlich schwer geschlagen! Denn „der Herr spricht: die Gottlosen haben keine Freude“ (Jes 57,21). Die Tatsache, dass sie gänzlich unempfindlich weder den Druck der Mühsal noch die Verletzung durch die Schläge spüren, lässt die Schwere des Leidens erkennen. Der Arme schwitzt äußerlich bei seiner Arbeit, doch ärgere Bedrängnis erleidet der Reiche innerlich bei seinen Gedanken. Daher, so Bernhard, wollen wir Mühen gehorsam auf uns nehmen und geduldig sein, wenn wir leiden müssen. „Die Völker sollen erkennen, dass sie nur Menschen sind“ (Ps 9,21), Menschen, dazu geboren, sich abzumühen und zu arbeiten, und Leiden ertragen zu müssen.

Die Schwere der echten Sorge

Es gibt keine schwerere Knechtschaft als das Amt des Vorstehers, wenn man es mit Sorge ausübt – so wie jener, der von sich sagte: „Obwohl ich frei war, habe ich mich zum Knecht aller gemacht, um einige zu gewinnen“ (1 Kor 9,19). Dieser Mann ließ sich nicht aus geringfügigen Gründen innerlich erschüttern. Die Sorge um alle Kirchen drückte und drängte ihn alle Tage, so dass er ausrief: „Wer ist schwach, ohne dass ich schwach werde mit ihm? Wer nimmt Ärgernis, ohne dass ich brenne?“ (2 Kor 11,29). Wer gerät in irgendeine Drangsal oder Anfechtung, ohne dass ich Bedrängnis fühle, weil ich von Herzen mit ihm leide? Wer erleidet durch die Sünde einen geistlichen Zusammenbruch, oder wer kommt in die Gefahr eines solchen Sturzes, ohne dass ich im Herzen einen Brand fühle?

In einer Predigt legt Augustinus die Worte des Propheten Jesaja aus: „Rufe, lass nicht nach!" (Jes 58,1). Da kann man furchteinflößende Warnungen für die Vorsteher in der Kirche lesen: Aus vielen Gründen seien die Bischöfe und alle, die ein Leitungsamt innehaben, in großer Gefahr; besonders aber deswegen, weil der Herr ihnen aufgetragen hat, freimütig Laster beim Namen zu nennen – eben mit den Worten: „Rufe, lass nicht nach!" *(clama ne cesses)*.[32] Und der Apostel Paulus verlangt von einem Bischof, dass er die gesunde Lehre vertreten kann, um diejenigen in die Schranken zu weisen, die widersprechen (Tit 1,9).

Betet für uns, dass der Herr uns befreie „aus der Schlinge des Jägers und vom bitteren Wort" (Ps 90,3). Die Hauptursache, warum ein Verkünder des Gotteswortes Widerwillen fühlt gegen die Zurechtweisung derer, die widersprechen, ist die Furcht vor „dem bitteren Wort". Solange wir uns fürchten vor den Schmähungen, dem Spott, den Vorwürfen hochmütiger Leute, oder solange wir fürchten, durch sie in irdischen Belangen geschädigt zu werden, verkündigen wir die ewigen Güter weniger feurig als angebracht; und die geistlichen Wunden bleiben ohne Heilmittel – und dafür werden wir einmal Rechenschaft geben müssen. Unter denen, „die widersprechen", sind nicht nur die gemeint, welche es mit Worten tun, sondern auch diejenigen, die uns durch ihr böses Leben widersprechen.

32 Augustinus zugeschrieben [sermo 287 (PL 39, 2287)].

Ein Hirte muss sich gegenüber den Schafen verhalten wie eine Henne zu ihren Küken. Denn Augustinus schreibt in der Auslegung zu Ps 58:[33] Die Henne zeigt mehr mütterliche Besorgnis um ihre Jungen als alle anderen Vögel; sie müht sich derart ab um sie, dass sie ganz krank wird. Die Stimme wird heiser, der Körper sieht verwahrlost aus, sie lässt die Flügel hängen, die Federn sind schlaff ... Ein Bischof muss jene Henne des Evangeliums sein: ernstlich besorgt, unter seinen Flügeln alle seine Jungen zu sammeln und zu hegen. Er muss alles tun, alles unternehmen, alles versuchen, sooft die Hoffnung aufleuchtet, einen Menschen zu Christus führen zu können: indem er sich selbst zurücknimmt *(submittendo)*, indem er seine Redeweise nach dem Vorbild des Paulus [an den Zuhörer] anpasst, indem er jede sich bietende Gelegenheit ergreift, eine fromme Gesinnung zu wecken und zu fördern, indem er „dranbleibt“, wo immer er den Funken einer guten Gesinnung entdeckt, indem er allen bereitwillig, freundlich und liebevoll antwortet – sei es eine einfache Frau, ein Mann aus niedrigem Stand, ein Heide oder ein Häretiker.

Der Hirte muss „ganz Stimme“ sein!

Der Täufer sagte von sich, er sei nichts als „Stimme“ – in dem Sinn, wie bei Terenz zu jemandem gesagt wird: *Tu quantus quantus es, totus es sapientia*. So bin ich, spricht der Täufer, ganz Stimme – meine ganze Größe ist es, Stimme zu sein; das heißt, ich habe keine andere Aufgabe, als zu verkünden, dass Christus gekommen ist. So muss auch der Bischof ganz Stimme

33 Augustinus., *En. Ps.* 58, sermo 1, n.10 (CCSL 39, 736).

sein, zur Ehre Gottes und zum Heil der Menschen. Das ist seine Aufgabe. So sagen wir von einem kleingewachsenen Menschen, der aber eine laute Stimme hat, er sei ganz Stimme. Und in einer Fabel wird erzählt, dass ein Wolf aufgrund der Stimme der Nachtigall schlussfolgerte, das sei irgendein großer Vogel; doch als er dann nur einen kleinen schmächtigen Körper vorfand, sagte er: Du bist ganz Stimme – und daher bist du nichts. – Ach wären wir doch Nachtigallen Gottes, wären wir doch nichts als die Stimme Gottes! Soll uns doch die Welt verachten, weil wir leiblich – das heißt: unter irdischer Hinsicht – unbedeutend und fast nichts sind, solange wir nur ganz Stimme Gottes sind, und nichts anderes!

Darum ist auch das Evangelium mehr dem gesprochenen Wort als dem geschriebenen anvertraut worden. Das Gesetz wurde auf Steintafeln geschrieben; Christus aber hat nichts geschrieben, sondern nur mit seiner Stimme gelehrt. Und die Apostel haben auch nicht viel geschrieben; denn in der Stimme der Person liegt Kraft, und die Stimme dringt frei in alle Ohren, auch in die Ohren derer, die ungebildet sind.[34] Daher müssen wir immerzu ein Trompetenschall Gottes sein *(tuba continua)*.

Contemplatio – actio

Es gibt einen Unterschied zwischen den irdischen Aufgaben und den kirchlichen *(negotia saecularia, ecclesiastica)*. Hat nicht Mose in dieser Welt gelebt, während er häufig im Offenbarungszelt ein- und ausging? Ihn, der im Inneren zur Beschauung erhoben war, drückten

34 Das heißt, die nicht lesen können.

draußen die Angelegenheiten der Schwachen. Innerlich überdachte er die Geheimnisse Gottes, im äußeren Leben trug er die Lasten irdisch gesinnter Menschen. So war es bei Paulus. So soll es auch bei einem Bischof sein.

Weil die Bischöfe und Oberen so sehr beschäftigt sind, entgeht ihnen vieles, was im Widerspruch zur Wahrheit unmerklich heranwächst. Daher schreibt Bernhard an Papst Innozenz:[35] Das Auge Eurer Gewissenhaftigkeit *(pietatis oculus)* sei hier wachsam; nehmt ein wenig Abstand von den Dingen, die Euch in Anspruch nehmen *(occupationes)*, und schaut, wie viel Euch entgangen ist.

Als er sich die Ärgernisse seiner Zeit vor Augen führte, besonders als in Frankreich der Irrlehrer Petrus Abaelard auftrat, sagte Bernhard: Ich wünschte, ich würde weggerafft – ich gestehe: Ich fühle mich verzagt, und hin- und hergeworfen. Die Heiligen begehrten, „aufgelöst zu werden“ (vgl. Phil 1,23), aus Sehnsucht nach der Gottesschau. Mich aber treiben dazu die Ärgernisse und die Belastungen. Und obwohl ich die Sehnsucht zu sterben fühle, fürchte ich mich dennoch davor, nicht wohl vorbereitet angetroffen zu werden. Ich habe keine Lust weiter zu leben, aber ich weiß nicht, ob es gut ist für mich, zu sterben.[36]

Leute in hoher Position sagen gewöhnlich: O, ich kann leider kein geistliches Leben führen, mit so viel Unausweichlichem *(necessitates)* bin ich beladen. Diesen Leuten antwortet Augustinus: Die unausweichlichen Dinge dieser Welt haben ein Ende, wenn man

35 Bernhard von Clairvaux, *Ep.* 179 (II, 1042).
36 Ders., *Ep.* 189, n.1 (III, 64.66).

seine Begierden besiegt.[37] Mit wie vielen Dingen er sich beschäftigen musste, kannst du im Brief 158 lesen:[38] „Zwischen Bergen von Aufgaben, eingespannt ins Geschirr *(angariatus)*[39] der Anliegen und Notlagen anderer Leute, finde ich kaum ein bisschen Zeit um zu diktieren." [...]

Sorge um die Sünder

O weh, wie sehr bleiben wir hinter unserer Pflicht zurück! Denn dazu gehört ja nicht nur die öffentliche Predigt, sondern auch die persönliche Ermahnung – wir sollten in den einzelnen Häusern die Sünder mit Tränen ermahnen, wie es nach eigener Aussage Paulus getan hat (Apg 20,19). Es kann nicht ausbleiben, dass wir in den Augen der Menschen als lästig, schwierig *(graves)*, ja unerfreuliche Zeitgenossen *(iniocundi)* erscheinen; denn wir können ihnen nicht Nutzen bringen, indem wir ihnen „schön tun", sondern indem wir sie „beißen". Augustinus bemerkt, dass Wahnsinnige sich nicht festbinden lassen wollen, und Leute mit der Schlafkrankheit nicht geweckt werden wollen. Genau dies aber erfordert die Liebe *(caritas)*.[40]

Christus selbst hat einen Blick besonderer Liebe und Sorge auf das Hirtenamt; darum spricht er: Wenn du mich liebst, weide meine Schafe (Joh 21,17). Das heißt: Daran habe ich höchstes Wohlgefallen, wenn du diejenigen, welche mich beleidigt haben, mit mir aussöhnst; denn deswegen habe ich mein Blut vergossen.[41]

---

37 AUGUSTINUS, *Ep.* 220, n.10 (PL 33, 996).
38 DERS., *Ep.* 139, n.3 (CCSL 31B, 293).
39 Lat. *angaria*: Frondienst.
40 AUGUSTINUS, *Sermo* 359, n.8 (PL 39, 1596).
41 JOHANNES CHRYSOSTOMUS, *De sac.* 2, n.1 (FIEDROWICZ, 153).

Welche Marter man fühlen sollte, wenn die Anvertrauten sündigen, liest man bei Chrysostomus: „Wenn jemand von euch in Sünde fallen sollte, möchte ich sterben, vor Schmerz starr und leblos, wie geschlagen, beraubt des Augenlichts. Was habe ich denn für eine Hoffnung, wenn ihr nicht Fortschritte macht?“[42]

Der Bischof soll nicht nur besorgt sein hinsichtlich des sittlichen Verhaltens seiner Kleriker, sondern auch hinsichtlich ihrer Kleidung, schreibt Bernhard an Eugen;[43] denn unschickliche *(deformis)* Kleidung lasse Rückschlüsse auf Sitten und Innenleben der Person zu. Bernhard beklagt, dass Bischöfe manches ungestraft durchgehen lassen; dieses Verhalten wurzele in törichter Unbekümmertheit und stelle den Nährboden für die Übertretung der Gebote. Wann, so fragt er, hatten wir einen seiner Pfründe verlustig gegangenen Kleriker zu betrauern oder einen seines Amtes enthobenen Bischof?

Es zerreißt mich die Sorge und Besorgnis um euch! Doch sind diese Sorgen süß; denn sie gleichen den Sorgen und Schmerzen einer Mutter für ihre Kinder. In ihrer Sorge um die Kinder ist sie von Herzen froh. Gut, mag die Sorge bitter sein – wenn sie für die Kinder ist, hat sie auch viel innige Freude bei sich!

Chrysostomus bittet alle, die gegen ihn eine Beschwerde vorzubringen hätten, sie sollten zu ihm kommen, damit er sich entschuldigen oder seine Fehler gut machen könne; denn wer so viele Menschen zu leiten habe, könne gar nicht vermeiden, oftmals aus Unwissenheit zu fehlen.[44]

---

42 Ders., *In Acta ap.*, hom. 3, n.5 (PG 60, 42).
43 Bernhard von Clairvaux, *Cons.* III, cap.5, n.20 (I, 734.736).
44 Johannes Chrysostomus, *In Ep. 2 Thess.*, hom. 4, n.4 (PG 62, 491).

Aus welchem Grund soll denn ein Hirte ein Lehrer sein – wie Paulus schreibt (vgl. Eph 4,11f.) – außer, damit er eben lehre? Es ist nicht genug, dass er durch das Beispiel seines Lebens lehre, nein, er muss sich auch mit Wort und Lehre abmühen. Wirklich, wenn ein Bischof nicht in reichem Maß die Gnade der Lehre *(gratia doctrinae)* besitzt, dann ist in vielen Bereichen ein Niedergang in der kirchlichen Lebenspraxis *(ecclesiastica disciplina)* zu befürchten.[45] Wie soll er eine Leuchte sein, wenn er nicht leuchtet? Leuchten ist wesentlich für die Leuchte! Wenn Gott ihm das Amt einer Leuchte gab, dann ist er verpflichtet zu leuchten. Ich sage es noch einmal: Er ist verpflichtet, auf dem hohen Leuchter zu stehen, nicht unter dem Scheffel, denn er ist verpflichtet, allen zu leuchten, die im Haus sind (Mt 5,15).

Rechtspflege und andere äußere Aufgaben

Auch wenn der Einsatz in der Verkündigung den ersten Platz unter den Sorgen des Hirten einnehmen muss, so heißt das nicht, dass er sich von Rechtsgeschäften ganz und gar frei halten solle. Durch sie wurden ja viele heilige Männer geplagt. Possidius erzählt in seiner Augustinus-Biographie, dass dieser manchmal bis zum (Mittag-)Essen, manchmal den ganzen Tag nüchtern verbrachte, beschäftigt mit dem Anhören und Entscheiden von Rechtsangelegenheiten der Christen. Während dessen gab er ihnen Mahnungen zum christlichen Leben, stellte Fragen, um zu erfahren, ob jemand Fortschritte gemacht oder zurückgefallen sei. Sünder wies er vor allen zurecht. Doch er hielt diese Amtsgeschäfte für einen Frondienst *(angaria)*, weil sie ihn von Besse-

45 Ders., *Ep. 1 Tim.*, hom. 15, n.2 (PG 62, 581).

rem abhielten.[46] Augustinus bestätigt anderswo, dass oftmals Leute zu kamen, um ganz irdische Dinge von ihm entscheiden zu lassen: Es ging um Gold und Silber, Grundbesitz oder Vieh.[47]

Im Buch *Über die Handarbeit der Mönche* spricht er zu den Mönchen ganz offen von sich selbst. „Ich nehme den Herrn Jesus zum Zeugen: Wenn es nach mir und meinem Wohlbefinden ginge, würde ich viel lieber einige festgesetzte Stunden des Tages mit den Händen arbeiten (so wie es die Regel gut geführter Klöster vorsieht), und die übrigen Stunden zum Lesen und Beten, oder für die göttliche Wissenschaft *(divinis litteris)* frei haben, als die verwickelten, oft mit gewaltigen Aufregungen verbundenen Rechtsstreitigkeiten fremder Leute zu ertragen und weltliche Angelegenheiten entweder durch ein Urteil zu schlichten oder durch ein Eingreifen meinerseits zu beenden. Ich ertrage diese Lasten, weil der Apostel es so wollte, dass auch weniger kompetente Personen – wie ich es bin – die Streitfälle von Christen schlichten sollten; denn das sei besser, als diese Angelegenheiten vor einen weltlichen Gerichtshof zu tragen (vgl. 1 Kor 6,5). Ich habe diese Mühsal freilich nicht auf mich genommen ohne den Trost des Herrn, um der Hoffnung auf das ewige Leben willen, um Frucht zu bringen mit Geduld (Lk 8,15). Wir sind Knechte Seiner Kirche, und ganz besonders für die schwächeren Glieder. Ich lasse jetzt die unzähligen anderen Sorgen um kirchliche Angelegenheiten beiseite – das würde sowieso wohl niemand glauben, außer er hat damit eigene Erfahrung.“[48]

46 Possidius, *Vita Aug.* 19 (Opera, 64.66).
47 Augustinus, *Ep.* 33, n.5 (CCSL 31, 123).
48 Ders., *Op. mon.*, cap.29 (CSEL 41/5, 586–588).

Dort schreibt er auch, dass man vom Apostel Paulus zwar liest, dass er hierhin und dorthin unterwegs war um zu predigen, nicht aber, dass er sich um die Schlichtung von Rechtsgeschäften gekümmert habe. Doch habe er den Christen vor Ort diese Aufgabe auferlegt, sogar geringer geachteten, wenn weise Personen fehlten. Schau auch in das Buch der *Confessiones,* wo Augustinus über Ambrosius schreibt.[49] Dieser sei ständig von einer Schar Leute umgeben gewesen, die irgendwelche Angelegenheiten vorbringen wollten, und er sei ihren Schwächen zu Diensten gewesen – so sehr, dass Augustinus ihn nie allein und unbeschäftigt antreffen und seine eigenen inneren Stürme ihm eröffnen hätte können.

Augustinus sagt, wenn er den Streitfall zweier Leute anhöre, die von ihm Schlichtung erwarteten, dann werde er, falls die Entscheidung zu Ungunsten der Person falle, die zufällig arm ist, von diesem geschmäht: Er habe etwas von dem Gegner bekommen, habe gefürchtet, diesen zu beleidigen, habe den Reichen begünstigt. Und er betrachte den Richter nach dem Urteilsspruch mit schiefem Blick. Wenn er, Augustinus, aber ein Urteil zugunsten des Armen und gegen den Reichen abgebe, dann schmähe ihn dafür der Reiche und sage: Augustinus habe bei seinem Schiedsspruch das Recht um seines eigenen Rufes willen gebeugt; denn er habe sich gefürchtet, angegriffen zu werden, er habe etwas gegen den Armen unternommen. – Da siehst du, wieviel Last die weltlichen Machthaber mit dem Schlichtungsverfahren auf die Kirche gehäuft haben; sie wollten näm-

49 DERS., *Conf.* VI, cap.3, n.3 (CCSL 27, 75).

lich nicht, dass vom Urteil der Kirche an sie appelliert werde.[50]

* Augustinus beschreibt sehr gut, wie Bürger Babylons die Tätigkeiten Jerusalems betreiben – wie es bei den irdisch gesinnten Bischöfen der Fall ist –, und umgekehrt Bürger Jerusalems sich mit den Dingen beschäftigen, welche eigentlich zu Babylon gehören, zum Beispiel Verwaltungsämter, weltliche Geschäfte. Sie tragen diese gleichsam als Last, ihre Sehnsucht ist aber nur auf Jerusalem gerichtet.[51] *

In seiner Auslegung des Psalmverses: „Ich habe vor seinem Angesicht gefleht", mahnt Ambrosius, man solle mit denen, die sich etwas zuschulden kommen lassen, nicht zu locker verfahren: In der Kirche – die vor allem Ort des Erbarmens ist – müsse man auch die Gerechtigkeit wahren, und zwar so hoch wie möglich. Es dürfe nicht sein, dass jemand, der von der Sakramentengemeinschaft ausgeschlossen worden sei, mit einem kurzen, gelegentlichen Tränlein oder auch mit ausgiebigerem Weinen[52] die Kommunion, um die man lange Zeit bitten müsse, dem Priester so leichthin abpresse. Denn wenn er mit dem einen Unwürdigen Nachsicht zeigt, wird er dann nicht sehr viele dazu verleiten, ebenfalls zu sündigen? Wenn man so leicht Verzeihung gewährt, gibt man dem Fehlverhalten Zündstoff.[53]

Du willst inmitten der andrängenden Geschäfte *(negotia)* predigen und dich allein der Beschäftigung mit der Heiligen Schrift hingeben? Dann sage den Geschäf-

50 Ders., *En. Ps.* 25, en. 2, n.13 (CCSL 38, 150).
51 Ders., *En. Ps.* 51, n.4 (CCSL 39, 625).
52 Der lat. Text hat *flectibus,* vermutlich eine Verschreibung von *fletibus.*
53 Ambrosius, *Expos. Ps. 118,* cap.8, n.26 (CSEL 62/5, 165).

temachern etwas über Gott. Daher schrieb Augustinus in der Auslegung des Psalms „Lasst ab von mir, ihr Bösen“ (118,115), er habe die geschäftige Leute, die zu ihm kamen, gemahnt: „Du Tor, noch heute Nacht wird man dein Leben von dir fordern“ (Lk 12,20).

… schwere Lasten, zudringliche Leute

Unter der Last seiner Aufgaben stöhnte Bernhard:[54] „Ich unglücklicher Mensch, geboren für die Mühsal, ein federloses Vöglein, fast immer außerhalb des Nestes, dem Sturmwind ausgesetzt! Man kennt mich wie einen Trinker. All meine Wissenschaft ist aufgezehrt. Selig seid ihr, die der Herr in seinem Zelt birgt am Tag des Unheils (Ps 26,5), die er hütet unter dem Schutz seiner Flügel (Ps 56,2)“.

Chrysostomus schrieb über die Lasten im Leben eines Bischofs:[55] Entweder bin nur ich besonders elend und unglücklich dran, oder es ist einfach so, dass das Innenleben eines Bischofs einem Schiff gleicht, das von den Fluten hin- und hergeworfen wird. Die Lasten aller muss er tragen! Wenn andere in Zorn geraten, so sieht man es ihnen nach – ihm niemals! Wenn andere einen Fehler machen, gibt es eine Entschuldigung – für ihn nicht! Allen Zungen ausgesetzt, jedermann zur Beurteilung freigegeben – ob derjenige nun etwas versteht oder nicht! Ständig gemartert von Sorgen, bei Tag und bei Nacht – ich spreche jetzt von solchen, die um der Seelen willen wach sind, nicht von solchen, welche die bischöflichen Aufgaben übernehmen, als könnten sie sich zur Ruhe setzen! Wer könnte die Sorgen ausdrü-

---

54 Bernhard von Clairvaux, *Ep. 12* (II, 364).
55 Johannes Chrysostomus., *In Acta ap.*, hom. 3, n.4 (PG 60, 39f.).

cken, die man sich macht, wenn man sprechen und lehren muss, oder die Schwierigkeiten, wenn man Leute [für Ämter] auswählen muss? Ein Bischof hat mehr Sorgen als der Kaiser! Zwischen dem einen und dem anderen ist ein Unterschied wie zwischen dem Wasser eines Flusses, das vom Wind bewegt wird, und dem Meer, das anschwillt und tobt – denn der Kaiser hat mehrere Leute, die ihn unterstützen, dass alles nach Recht und Gesetz geschieht; der Bischof aber hat niemanden desgleichen, und es ist ihm auch nicht erlaubt, einfach nur einen Machtbefehl ergehen zu lassen. Wenn ein Bischof temperamentvoll reagiert, heißt es: er ist roh. Wenn zu wenig temperamentvoll, sagt man: er ist nachlässig, kaltherzig. Dabei muss doch beides zusammenkommen, damit er weder verachtet noch verabscheut wird. Ob er will oder nicht, er wird vielen Leuten ein Anstoß sein und sie zurechtweisen müssen. – Ich will sagen, was ich denke: Ich glaube nicht, dass unter den Bischöfen[56] viele gerettet werden, sondern dass viel mehr verderben. Denn die Aufgabe erfordert eine edle, hochstehende Seele, doch er hat viele Angelegenheiten zu tun, die ihn von seinem gewohnten Verhalten wegtreiben. Er bräuchte überall unzählige Augen; weil die Fehler und Sünden anderer ihm angerechnet werden. Denn wenn einer seiner Presbyter oder Diakone sündigt, fällt das Vergehen auf das Haupt dessen zurück, der sie erwählt hat.

---

56 Im Lat. steht „sacerdotes"-Priester; aus dem Zusammenhang scheint jedoch klar, dass es sich um die Bischöfe handelt. Beispielsweise richtet sich auch die Schrift „De sacerdotio" des Johannes Chrysostomus an Bischöfe.

Der gleiche Autor äußert sich auch hinsichtlich der Sorge für Verwandte:[57] Wenn jemand, fragt er, hart ist gegenüber denen, die ihm nahestehen, bzw. mit ihm verwandt sind, wie kann er gütig sein gegenüber Fremden? Alle könnten ihn dafür verurteilen, dass er Fremde mit Wohltaten überhäuft, die ihm Nahestehenden aber grausam und unmenschlich verachtet. Sie werden sagen, er sei herzlos. Und Chrysostomus fügt jenes Wort aus Jesaja hinzu (58,7): „Verachte nicht dein eigenes Fleisch und Blut", das heißt: deine Verwandten. Gott nämlich hat die Bande der Verwandtschaft geknüpft, um uns Gelegenheit zu gegenseitiger Liebe und wohltätiger Unterstützung zu geben.

Geduld

O wie dringend braucht der Hirte den festen Schild der Geduld, wie viel Unbeugsamkeit zusammen mit Güte und freundlicher Milde muss er besitzen, wenn er unablässig und auf verschiedenste Weise von der Zunge der Menschen gepeinigt wird, der Zudringlichkeit ausgesetzt, gleichsam eine Zielscheibe für Pfeilschützen! Er muss ihnen trotzdem die weite Brust einer Mutter zeigen; und er muss sich davor hüten, sie Härte und Schroffheit fühlen zu lassen, mag diese auch seiner Lage entsprechen. Denn er ist ja eher dazu eingesetzt, selbst die harten, belastenden Verwicklungen aller anderen zu tragen und sich allen anzupassen.

Vor allem muss der Hirte dafür Sorge tragen, sein Herz nicht gänzlich von Geschäften und weltlichen Sorgen in Beschlag nehmen zu lassen. Vielmehr soll er versuchen, inmitten dieser Sorgen die Freiheit des

57 Ders., *Ep. 1 ad Tim.*, hom.14 (PG 62, 570f.).

Geistes *(animi libertas)* zu wahren und eine dürstende Sehnsucht nach Gott und den geistlichen Gütern. Tauler[58] ist überzeugt, dass ein Mensch, im geistlichen Leben eingeübt, so weit gelangen könne, dass ihn keine Geschäfte, weder Gesprochenes noch Gehörtes noch Geschehenes, noch sonst etwas, was ihm begegnet, an dem einfachen Hinblick auf Gott hindern können. Denn solch ein Mensch liebt in allem allein Gott und hat ihn allein im Blick. Auch wenn er ganz absurde Dinge hörte oder sähe, er wendet sich [und das Gesehene] blitzschnell auf Gott hin – ähnlich wie für einen Menschen, der eine Weile in die Sonne geschaut hat, alles andere, was er später erblickt, gewissermaßen die Besonderheit der Sonne wiederzugeben scheint. Bitte, lies dazu Bernhards Brief 140![59] Da wirst du sehen, in wie vielen verschiedenen Geschäften dieser Welt der heilige Abt engagiert war – und doch brannte und leuchtete er ständig im Licht der Kontemplation. Gerade wenn es in diesen weltlichen Angelegenheiten ganz heiß hergeht, muss man erst recht das Herz zu Gott erheben. Man muss Gottes Hilfe erflehen, um zu entwirren, was die Menschenkinder mit viel Schweiß und Pein weben, indem sie sich auf endlose und sinnlose Fragen einlassen.

Wenn du fühlst, dass dir die Vielzahl der Aufgaben und das Übermaß der Arbeitslast den Kopf schier zerspringen und dein Herz hart und trocken werden lässt, dann nimm baldigst Zuflucht zur Lesung eines geistlichen Buches. Solch ein Buch solltest du immer

58 In der Ausgabe wird angegeben: Sermo zum Sonntag nach Epiphanie; dem Sinn nach findet sich der Text in der Predigt „Surge et illuminare Ierusalem“: JOHANNES TAULER, *Predigten*, übertragen und herausgegeben von Georg Hofmann, Bd.1, Einsiedeln [3]1987 (CMe 2, 37–39).

59 BERNHARD VON CLAIRVAUX, *Ep.* 140 (II, 336.338).

zur Hand haben. Lass die Gedankenbilder zur Ruhe kommen, und erhebe auf diese Weise deinen Geist. Es ist grundfalsch, zu glauben, dass die Glut der innigen Gottesliebe *(devotio)* inmitten der pastoralen Beanspruchung nicht bewahrt werden könne. Hat sie etwa Bonaventura als Generalminister, als Kardinal und Bischof nicht bewahrt, und ebenso andere?

Wenn dein Kopf und deine Sinne schon erschöpft sind, weil so viele Leute etwas von Dir wollten *(negotiatores)*, und dann noch einer kommt – dann darfst du ihn nicht wegschicken oder ihm eine schroffe Antwort geben, nein!, auch nicht durch eine Geste Ungeduld zeigen oder abweisend sein. Gerade dann musst du dich mit Geduld und Sanftmut wappnen. Das ist die Ausübung der Tugenden!

Visitation

Unter den Hirten-Pflichten nimmt die Visitation der Diözese einen herausragenden Platz ein. Die Visitation ist so etwas wie die Seele der bischöflichen Leitung. Mittels der Visitation breitet sich die Sorge des Hirten auf alle Pfarreien aus, sie umfasst alle Schafe, deren Nutzen und Wohlergehen. Ein echter Bischof bei der Visitation seiner Pfarreien gleicht der aufgehenden Sonne, die die Erde erhellt; denn er soll anlässlich der Visitation die drei hierarchischen Akte ausüben:[60] rei-

60 Lat. *actus hierarchici*: *purgare, illuminare, perficere* – Reinigung, Erleuchtung, Vollendung. Sie werden „hierarchisierend“ genannt, weil sie die menschliche Person, wie auch die Gemeinschaft der Kirche, in die rechte „heilige Ordnung“ bringen: die Angleichung an Gottes Heiligkeit, Wahrheit und Liebe. Der Dreischritt spielt nicht nur in der Ekklesiologie des Dionysius Ps.-Areopagita eine große Rolle, sondern ist auch ein wichtiges Gliederungsprinzip in der mystischen Theologie.

nigen, erleuchten und zur Vollkommenheit führen. Er bricht auf, um aufzumuntern, zu verkünden, zu ermahnen und zurechtzuweisen, und um die Stärkung des heiligen Chrisams mitzuteilen. Er soll prüfen, wie es mit der Sakramentenspendung aussieht, ob mit gebührender Ehrfurcht und Reinheit das göttliche Opfer gefeiert wird. Er soll die Niedergedrückten und Notleidenden trösten, sich um geistliches wie zeitliches Wohl kümmern. Unzählbar sind die Früchte, die aus der persönlichen Visitation des Bischofs erwachsen. Nicht die geringste davon ist es, durch seine Gegenwart Krankheiten der Sünde zu heilen. Ein von ihm beauftragter Visitator vermag solches nicht mit der gleichen Wirksamkeit zu erreichen. Derartige Heilung geschieht nicht nur mittels Ausschluss von der Kirchengemeinschaft oder andere Strafen; ein wichtigeres Mittel sind vielmehr Worte, erfüllt von Autorität und Liebe, manchmal scharf, manchmal mild. Und es gibt noch tausend andere Heilmittel, die ein echter Hirte und Bräutigam seiner Diözese ersinnt; denn er liebt seine Herde wie seine Braut. Ein bezahlter Visitator kümmert sich nicht in gleicher Weise. Auch kommt es häufig vor, dass seine Untergebenen, Männer wie Frauen, bestimmte reservierte oder gefahrvolle Angelegenheiten gern vertrauensvoll ihrem eigenen Hirten mitteilen wollen, und nicht anderen Leuten.

Du sollst stets an jene Stelle im Lukas-Evangelium denken: „Der Herr sandte seine Jünger in alle Städte und Ortschaften, wohin er selbst kommen wollte“ (Lk 10,1). Es genügt also nicht, dass der Bischof bewährte Männer zur Visitation *(ad illustrandas parochias)* in die Pfarreien sende, er muss vielmehr auch selbst dorthin gehen.

2. KAPITEL

Würde im Auftreten, verbunden mit freundlicher und umgänglicher Art

[Gravitas simul et affabilitas atque suavitas a Pastore observandae]

In diesem Kapitel geht es um Kommunikation, Umgang mit anderen Menschen, im eigenen Haus, mit Bittstellern.

Bernhard schreibt: Sei von reifer Würde, aber nicht verschlossen und unzugänglich. Sei nicht unbeherrscht und ausgelassen, aber auch nicht hart und streng. Wahre in diesen Dingen die Mitte, damit du den anderen nicht mit deiner Strenge zur Last fällst, noch wegen deines vertrauten Umgangs ihre Achtung verlierst. Verschlossene Strenge verscheucht schwächere Personen, ein würdevolles Verhalten aber zeigt den allzu Leichtfertigen ihre Grenzen. [...][61]

Wie man sich rechtfertigen soll – Umgang mit Mitarbeitern

Gregor lehrt, dass ein Hirte, wenn er von den Untergebenen in einer Angelegenheit getadelt wird, nicht aus seiner Machtposition *(ex potestate)* heraus antworten sollte, sondern sanft und ruhig die Gründe für sein Handeln angeben sollte. Gregor spielt hier auf das Verhalten des Petrus an (Apg 11,4): Als er von einigen Leuten angegriffen wurde, weil er das Haus des Heiden Kornelius betreten hatte, antwortete Petrus bescheiden und gab die Gründe an. Er sagte nicht: Ich bin euer

61 Bernhard von Clairvaux, *Cons.* IV, cap.6, n.22 (I, 770).

Hirte und weiß, was ich tue. Hätte er auf die Beschwerde der Gläubigen hin lediglich ein Machtwort gesprochen, dann wäre er wahrlich kein Lehrer der Sanftmut gewesen.[62] Wir müssen also unsere Tadler mit einer bescheidenen, vernünftigen Erklärung zum Frieden führen.[63]

Gregor sagte auch: Ich möchte nicht mir zur Ehre anrechnen, worin ich meine Brüder ihrer Ehre beraubt sehe.[64] Ein Bischof muss seinen Priestern Ehre erweisen, sonst könnte ein Presbyter ihm zu Recht entgegenhalten: Warum soll ich dich zum Fürsten haben, wenn du mich nicht als deinen Ratsherrn haben willst?[65]

Sei bescheiden; denn wer Verachtung zeigt, der wird Verachtung ernten; vergebens fordert jemand die

---

62 Vgl. 1 Petr 3,15f.: „Seid stets bereit, jedem Rede und Antwort zu stehen, der von euch Rechenschaft fordert über die Hoffnung, die euch erfüllt; antwortet aber bescheiden und ehrfürchtig, denn ihr habt ein reines Gewissen, damit jene, die euren rechtschaffenen Lebenswandel in Christus in schlechten Ruf bringen, wegen ihrer Verleumdungen beschämt werden."

63 Gregor der Grosse, *Registr.* XI, ep. 27 (CCSL 140A, 907f.).

64 Ders., *Registr.* VIII, ep. 29 (CCSL 140A, 552).

65 Decr. I D. 95 c. 7 §2 (Corpus IC 1, 334). – Vgl. II. Vatikanisches Konzil, CD 16: „Mit besonderer Liebe seien sie jederzeit den Priestern zugetan, die ja für ihren Teil die Aufgaben und Sorgen der Bischöfe übernehmen und in täglicher Mühewaltung so eifrig verwirklichen. Sie sollen sie als Söhne und Freunde betrachten (vgl. Joh 15,15). Deshalb sollen sie sie bereitwillig anhören und sich durch ein vertrauensvolles Verhältnis zu ihnen um den Fortschritt der gesamten Seelsorgsarbeit in der ganzen Diözese bemühen." CD 28: „Die Beziehungen zwischen dem Bischof und den Diözesanpriestern müssen vor allem auf den Banden der übernatürlichen Liebe aufbauen, und zwar so, dass die Einheit des Willens der Priester mit dem Willen des Bischofs ihre Seelsorgsarbeit fruchtbarer werden läßt. Um den Dienst an den Seelen mehr und mehr zu fördern, möge daher der Bischof die Priester, auch gemeinsam, zu Gesprächen, besonders über Seelsorgsfragen, einladen, nicht nur gelegentlich, sondern wenn möglich auch zu fest bestimmten Zeiten."

Pflicht von anderen ein, der nicht bereit ist, die seine zu tun. Es ist auch kein Wunder, wenn man jemandem die Treue nicht hält, der sie selbst nicht hält. Gewiss, rechtmäßige Autorität und entsprechende Ehrerbietung sind notwendig, aber du sollst nicht wegen Arroganz Scheu und Achtung erfahren, sondern wegen deiner unbeugsamen Gerechtigkeit; nicht der äußere Aufwand macht dich verehrungswürdig, sondern die Würde, die Beherrschtheit und die Freiheit des Geistes. Den geringen und einfachen Leuten gegenüber benimm dich schlicht und zugänglich. Ahme das Vorbild des Papstes Silvester nach, von dem es heißt, er habe jede Person nach der Heiligmäßigkeit ihres Lebens hochgeschätzt, so wie er davon erfahren hatte. Und er habe nicht auf Stand oder Einfluss, sondern auf den Adel der Sitten geschaut.

Wenn Leute – vielleicht sogar mit starkem Drängen – von dir Dinge erbitten, die nicht rechtens sind, oder etwas wollen, was einfach nicht zugestanden werden darf, dann antworte nicht hart und scharf, sondern mit einem leichten Wort – willfahre aber dem Ansinnen keinesfalls. Denn die Vollkommenheit gemäß dem Evangelium lässt sich, Kajetan zufolge, auf das Streben nach Demut und Sanftmut zurückführen. Durch die Demut werden wir weit für die Gaben und Gnaden Gottes; durch die Sanftmut werden wir weit und liebevoll gegenüber unseren Nächsten. Darum spricht der Herr: „Lernt von mir, denn ich bin sanft und demütig von Herzen“ (Mt 11,29).

„Ein gutes Wort vermehrt die Zahl der Freunde und besänftigt die Feinde, ein guter Mensch führt eine liebenswerte Sprache“ (Eccli. 6,5). Und im Römerbrief wird empfohlen: „Wenn möglich, soweit es an euch liegt, haltet mit allen Menschen Frieden“ (Röm 12,18), und im Jakobusbrief heißt es: „Die Weisheit von oben ist zuerst keusch, dann friedfertig, etc.“ (Jak 3,17).

Innere Haltung: „caritas“

Was die Güte und Freundlichkeit eines Hirten betrifft, findest du wundervolle Worte bei Bernhard:[66] Die Liebe *(caritas)* ist geduldig, sie ist gütig. Geduldig ist sie, wenn sie Fehler übersieht, wenn sie [auf Besserung] hofft, wenn sie denjenigen erträgt, der Fehler begeht. Gütig ist sie, wenn sie zum Guten bewegen will, wenn sie zum Guten zieht, wenn sie glühend liebt. Die *caritas* weint, aber aus Zuneigung *(amore)*, nicht aus Trauer; sie weint aus Sehnsucht, sie weint mit den Weinenden. Welch gute Mutter ist die *caritas*! Sie hegt die Schwachen, sie fördert die Fortgeschrittenen, sie weist die Unruhigen zurecht, je nach ihrer Art wendet sie sich den einzelnen Menschen unterschiedlich zu, sie liebt alle als ihre Kinder. Wenn sie dich zurechtweist, ist sie dennoch milde; wenn sie dich lobt, geschieht es ungeheuchelt. Wenn sie zornig ist, so ist sie es dennoch voll Erbarmen; wenn sie dich liebkost, so ist dabei kein Hintergedanke. Sie versteht es zu zürnen, ohne die Geduld zu verlieren, sich zu empören, und dabei demütig zu bleiben. Wenn sie verletzt wird, reagiert sie nicht herausfordernd, und selbst wenn sie zurückgewiesen wird, lädt sie weiterhin zu sich ein.

Überlege im Herzen, was beim Propheten Jesaja (42,3f.) über den Herrn gesagt wird: „Nicht wird er traurig sein, noch aufgeregt, das geknickte Rohr wird

66 Bernhard von Clairvaux, *Ep.* 2 (II, 264.266).

er nicht zerbrechen, den glimmenden Docht nicht auslöschen."

Nochmals Bernhard über die Güte der Hirten:[67] Warum ladet ihr euer Joch denen auf, deren Lasten – eher umgekehrt – ihr tragen müsstet? Warum scheut das Kind, das von der Schlange gebissen wurde, davor zurück, dass es der Priester erfährt – während es doch zu ihm flüchten sollte, wie an die Brust der Mutter? Der gute Hirte passt sich allen an; er überträgt die seelische Befindlichkeit *(affectus)* aller auf sich. Er erweist sich nicht weniger als Mutter für diejenigen, die zurückbleiben, als für die, welche gute Fortschritte machen. Wir sehen viele, die gern akzeptieren, was fett und stark ist, aber von sich stoßen, was schwach ist. Warum sucht der Arzt die Gesunden auf und nicht vielmehr die Kranken? Wen willst du denn unterweisen, guter Lehrer, wenn du alle Ungelehrten zurückweist? An wem willst du deine Geduld unter Beweis stellen, wenn du nur die Sanftmütigen an dich heranlässt, die Unruhigen aber ausschließt? Ein guter und getreuer Vorgesetzter weiß, dass ihm die Sorge für kranke Seelen übertragen worden ist, nicht Glanz und Gloria. Wenn er das innere Murren einer solchen Person an ihren Klagen und Beschwerden merkt, dann erkennt er, dass er für sie als Arzt da sein muss, nicht als Herrscher, selbst wenn diese sich zu Schmähungen und Beschimpfungen hinreißen lassen; gegen die geistlich-seelische Verwirrung wird er sogleich ein Heilmittel zubereiten, nicht Rache nehmen.[68]

---

67 Ders., *Cant.* sermo 23, cap.1, n.2 (V, 328).
68 Ders., *Cant.* sermo 10, cap.2, n.2 (V, 146).

Weder Unterwürfigkeit noch Arroganz

Ein guter Vorgesetzter muss auf eine Weise demütig und umgänglich sein, dass er dennoch von seinen Untergebenen geachtet wird. Überleg einmal, dass die Apostel es nicht wagten, den Herrn zu fragen, weshalb und worüber er mit der Samaritanischen Frau gesprochen habe. Man wagte auch nicht, den Bischof Ambrosius zu wecken, als er neben dem Altar eingeschlafen war. [...] Gregor der Große zitiert Paulus, der an einer Stelle schreibt: „Solange ich Apostel der Heiden bin, werde ich mein Amt ehren“ (Röm 11,13), und an einer anderen Stelle: „Wir sind klein geworden in eurer Mitte“ (vgl. 1 Thess 2,7). Er gibt damit den Bischöfen ein Beispiel: Wir sollen in unserem Herzen die Demut festhalten und zugleich die Würde unseres Standes wahren. Weder ängstliche Bescheidenheit, noch stolze Würde.[69]

Maßvoll im Wort

Gregor[70] schreibt an Leander: In deinen Briefen, in der bescheidenen Art deiner Sprache werden der Adel deines Herzens und die Glut deines Geistes offenbar! Wenn Fackeln nicht zuerst selbst brennen, dann können sie andere nicht in Brand stecken! Als Wir deine Briefe lasen, sahen Wir, von welch glühender Liebe dein Geist entflammt ist, dass du andere derart zu entflammen vermochtest. Das Herz eines Bischofs ist eine Bundeslade, die das süße Manna der Liebe, die Weisheit des Gesetzes und die aufrichtige Gerechtigkeit – symbolisiert durch den Stab Aarons – enthält.

---

69 Gregor der Grosse, *Registr.* V, ep. 41 (CCSL 140, 320).

70 Ders., *Registr.* IX, ep. 228 (CCSL 140A, 802f.).

Ein Bischof oder kirchlicher Vorgesetzter muss sich vor Härte in seinen Worten in Acht nehmen – außer wenn solches im Hinblick auf die Disziplin unbedingt nötig ist –, auch vor Worten, die ihm persönlich vielleicht nicht so schwerwiegend erscheinen. Denn, so Bernhard, was du für leicht hältst und daher zu leichtfertig hinaussagst, nimmt ein anderer sehr oft anders auf – wie ein Mensch, der einem anderen ins Gesicht schaut und nach der Miene urteilt, bereit, hinter einem Splitter einen Balken zu argwöhnen und einen Funken für einen Feuerofen zu halten.[71]

Nicht alle haben die Liebe, die alles glaubt! Das Empfinden und die Gedanken der Menschen sind mehr dazu geneigt, Böses zu vermuten als Gutes zu glauben. Das gilt vor allem dann, wenn das einzuhaltende Schweigen dir (um den es jetzt geht) nicht erlaubt, dich zu entschuldigen, noch dem anderen, die Wunde des Argwohns aufzudecken, an der er leidet; und so wird die Heilung behindert. Die Wunde brennt in ihm und er geht an dieser eingeschlossenen, tödlichen Verletzung zugrunde; er seufzt nur im Inneren, ganz dem Groll und Unfrieden ausgesetzt *(ira et disceptatio)*, im Schweigen-Müssen kommt kein anderer Gedanke mehr auf als nur die Erinnerung an das erlittene Unrecht. Er kann nicht beten, nicht lesen, nichts Heiliges oder Geistliches betrachten. Dadurch wird die Seele vom Geist des Lebens abgeschnitten, verliert ihre Nahrung und geht zugrunde – die Seele, für die Christus gestorben ist! Und wie ist dir unterdessen zumute, frage ich? An welchem deiner Gebete oder deiner Werke, die du inzwischen vollbracht hast, findest du Freude,

---

71 Bernhard von Clairvaux, *Cant.* sermo 29, cap.2, n.4 (V, 458.460).

während Christus aus der Brust deines Bruders, den du in Trübsal gestürzt hast, angstvoll die Klage ruft: „Der Sohn meiner Mutter hat gegen mich gekämpft“ (Hld 1,5); „der zusammen mit mir die süße Speise gegessen hat, hat mich mit Bitterkeit erfüllt“ (Ps 54,15; Klgl 3,15). Wenn du einwendest, dass jener über eine solche Kleinigkeit sich nicht so schwer aufregen hätte dürfen, dann antworte ich: Je geringfügiger die Sache war, desto leichter wäre es für dich gewesen, sie zu unterlassen.[72] [...]

Das sollen diejenigen Vorgesetzten hören, die immerzu von ihren Untergebenen gefürchtet sein wollen, selten aber ihren geistlichen Nutzen vor Augen haben. „Lasst euch belehren, ihr Richter auf Erden!“ (Ps 2,10). Lernt, dass ihr Mütter für eure Untergebenen sein müsst, nicht Herrscher; bemüht euch darum, mehr geliebt als gefürchtet zu werden. Und wenn es zuweilen Strenge braucht, dann sei es die Strenge eines Vaters, nicht die eines Gewaltherrschers. Erweist euch als Mütter, indem ihr die euch Anvertrauten hegt, als Väter, indem ihr sie zurechtweist. Seid sanftmütig, legt die Wildheit ab, lasst ab von Schlägen, reicht die Brust: Die Brust soll voll und reich sein an Milch, nicht geschwollen von Fieber *(typho)*.[73] [...]

Wenn ihr geistliche Menschen seid, dann „weist im Geist der Milde zurecht; ein jeder soll Acht geben auf sich selbst, damit er nicht selbst in Versuchung gerät“ (Gal 6,1).

---

72 DERS., *Cant.* sermo 29, cap.2, n.5 (V, 460).
73 DERS., *Cant.* sermo 23, cap.1, n.2 (V, 328).

3. KAPITEL

Erbarmen und Freigebigkeit

[Misericordia et largitas]

Thema: Armenfürsorge, gewissenhafte Ausspendung der Mittel, Warnung vor Eitelkeit

Zu diesem Thema findet man herrliche Worte im *Decretum*:[74] Der Bischof solle eine offene Hand haben, den Bedürftigen zu Hilfe kommen, die Notlage anderer als seine eigene betrachten; wenn er sich nicht so verhalte, trage er den Namen Bischof zu Unrecht. Es ist jedoch in der Freigebigkeit auch das rechte Maß anzuwenden, sowohl hinsichtlich der Dinge wie der Personen: Man darf nicht alles einem einzigen geben, sondern jedem einzelnen bestimmte Dinge, damit wir möglichst mehreren nützen können (wie es im Psalm 111,9 heißt: „Er verteilte an die Armen Geschenke"), und man muss in erster Linie den gerechten Leuten etwas geben.[75]

Im Kapitel *„Non satis"* und den folgenden Kapiteln (can. 14–18) werden trefflich auch die Umstände beschrieben. Wenn du Freigebigkeit übst, dann überlege folgende Kriterien: Glaube, Ursache, Ort, Zeit, Art und Weise, Notwendigkeit, Alter, Schwäche, Stand. Es wäre schwer schuldhaft, wenn ein gläubiger Mitchrist Not litte, obwohl du davon weißt, vor allem wenn es jemand ist, der sich seiner Armut schämt. Auch die Freigebigkeit gegenüber deinen Blutsverwandten ist zu billigen, du sollst sie nicht verachten, wenn sie sich schämen,

---

74 Decr. I D. 86 c. 6–7 (Corpus IC 1, 299).

75 Gregor der Grosse, *Registr.* VI, ep. 30 (CCSL 140, 406f.).

von fremden Leuten Hilfe zu erbitten; freilich sollst du sie dabei nicht reich machen, sondern ihrer Bedürftigkeit abhelfen. Bedenke auch das Alter einer Person: den Greisen gib mehr, denn sie sind nicht mehr in der Lage, sich den Lebensunterhalt zu erwerben. Erwäge auch, ob Schwäche oder Krankheit vorliegt, und bedenke die Scham, die gerade Personen von edler Abkunft empfinden.

Der Herr will nicht, dass alle Mittel auf einmal ausgegeben werden, sondern dass sie geordnet verteilt werden, dass man maßvoll ist mit den Gaben, um für viele etwas zu haben. Wenn man weniger gibt, können mehr Leute etwas bekommen. Almosen soll man aus reinem Herzen geben, man soll nicht über das Maß großzügig geben, nur um die Gunst der Leute zu gewinnen. Alle diese Ratschläge gehen auf Ambrosius zurück.[76]

Von ihm stammt auch folgender Rat:[77] Die Kirche besitzt Gold nicht dazu, um es zu horten, sondern um es auszugeben und Notlagen abzuhelfen.[78] Besser ist es, die lebendigen Gefäße zu bewahren als die aus Metall.

---

76 Ambrosius, *Offic.* 2, cap. 21, n.110 (CCSL 15, 137).

77 Decr. I C. 12 q. 2 c. 70 (Corpus IC 1, 710).

78 Vgl. II. Vatikanisches Konzil, PO 17: „Denn die Priester, deren ‚Anteil und Erbe' der Herr ist (Num 18,20), dürfen die zeitlichen Güter nur in dem Rahmen gebrauchen, der ihnen durch die Lehre Christi des Herrn und von der Weisung der Kirche gesteckt ist. Die Kirchengüter im eigentlichen Sinne [...] sind stets nur für die Zwecke zu verwenden, um deretwillen die Kirche zeitliche Güter besitzen darf, nämlich für den rechten Vollzug des Gottesdienstes, für den angemessenen Unterhalt des Klerus und für die apostolischen und caritativen Werke, besonders für jene, die den Armen zugute kommen. Was die Priester, nicht anders als die Bischöfe, anläßlich der Ausübung eines kirchlichen Amtes erhalten, haben sie, [...] in erster Linie für ihren standesgemäßen Unterhalt und für die Erfüllung ihrer Standespflichten zu verwenden; was aber davon übrigbleibt, mögen sie dem Wohl der Kirche oder caritativen Werken zukommen lassen. Sie dürfen das kirchliche Amt weder

Darauf könntest du einwenden: Ich fürchte, dass es dem Gotteshaus dann an Schmuck und Ausstattung fehlt. Ich sage dir aber, dass die Sakramente kein Gold nötig haben; durch Gold wird nicht wohlgefälliger, was durch Gold nicht erkauft werden kann. Der Schmuck des Heiligtums *(ornatus sacrorum)* ist der Loskauf der Gefangenen.[79] Er gesteht auch, dass er sich zuweilen den Ärger der Leute zugezogen habe, weil er die gottesdienstlichen Geräte aufgeteilt habe, um die Gefangenen loszukaufen – wie man es in der *Distinctio 86, can. „Pulchra"*, lesen kann.[80]

Wie wirksam Almosen und Werke der Barmherzigkeit dazu beitragen, die Gnade der innigen Gottesliebe und geistliches Licht zu erlangen, kannst du bei Jesaja lesen (58,10–11): „Wenn du für den Dürstenden deine Seele ausgießt – nämlich durch das Mitleiden – und einen betrübten Menschen beschenkst – indem du seiner Notlage abhilfst –, dann wird in der Dunkelheit dein Licht aufgehen, deine Finsternis wird sein wie der Mittag und der Herr wird deine Seele mit Glanz erfüllen."

Chrysostomus schreibt, dass eine freigebige Seele die Lampe nicht verlöschen lässt, und dass das Gewand der Seele, selbst wenn es vorher rot wie Scharlach war, durch Freigebigkeit weißer als Schnee wird. Die Freigebigkeit bewahrt dir für die Ewigkeit das, was du hier besitzt. Sie verleiht dem Menschen Ruhm im irdischen

---

als Erwerbsquelle betrachten noch die Einkünfte daraus für die Vermehrung des eigenen Vermögens verwenden. Die Priester sollen darum ihr Herz nicht an Reichtümer hängen (vgl. Ps 61,11), jede Habgier meiden und sich vor aller Art weltlichen Handels sorgfältig hüten. Sie werden vielmehr zur freiwilligen Armut ermuntert, in der sie Christus sichtbarer ähnlich und zum heiligen Dienst verfügbarer werden."

79 Ambrosius, *Offic.* 2, cap.28, n.137 (CCSL 15,146f.).

80 Decr. I D. 86 can. 18 (Corpus IC, 301f.).

wie im zukünftigen Leben. Besser ist es, den Ruf der Barmherzigkeit, Menschlichkeit und Güte zu haben als den Ruf eines herausragenden Redners.[81]

Barmherzigkeit ist mehr als Freigebigkeit

Denk aber daran, mehr die Barmherzigkeit als die Freigebigkeit zu üben, Werke des Erbarmens, nicht eitle Freigebigkeit.

Gregor empfiehlt: Klugheit beim Verschenken.[82] Erstens: Gib Acht, dass du nicht zu spät gibst, was schnell gegeben werden muss; es heißt in der Schrift: „Sag nicht zu deinem Freund: ‚Geh und komm morgen wieder, dann werde ich dir etwas geben', wenn du ihm sofort etwas geben kannst" (Spr 3,28).

Zweitens: Man soll nicht unter dem Anschein der Freigebigkeit unüberlegt und ziellos weggeben, was man hat; noch soll man viel geben, wenn wenig angebracht ist. Es heißt in der Schrift: „Nicht so, dass anderen Erleichterung, euch selbst aber Schwierigkeiten erwachsen" (2 Kor 8,13).

Drittens: Man schicke einen Armen, dem man wenigstens eine kleine Gabe geben sollte, nicht ohne irgendein Almosen weg. Es heißt in der Schrift: „Jedem, der dich bittet, gib" (Lk 6,30).

Viertens: Leuten, denen man schlichtweg nichts geben darf, wie einem Schauspieler, gib auch nichts.

Gregor empfiehlt in einem Brief dem Bischof Dominikus eine bestimmte Witwe, mit den Worten: Es gehört zu den Aufgaben des Priesters, Witwen, für die kein Ehemann mehr sorgt, in ihrer Verlassenheit Trost

---

81 Johannes Chrysostomus, *In Matth.*, hom. 52 (PG 58, 522).
82 Gregor der Grosse, *Reg. Past.* III, cap.20 (SC 382, 382–392).

und Hilfe zukommen zu lassen. Sie, die in dieser Welt des menschlichen Trostes beraubt sind, sollen durch die Fürsorge des Priesters Hilfe erfahren.[83] Und in einem anderen Fall legt er mit folgenden Worten Fürsprache für eine Witwe ein: Wenn wir Mitleid haben mit der Not unserer Mitmenschen und ihnen gütig entgegenkommen, dann werden wir zweifelsohne auch den Herrn unseren Bitten gegenüber als gütig erfahren.[84] Er ordnet an, dass der Witwe eine bestimmte Summe zur Unterstützung gegeben werde, wie er es in zahlreichen Briefen tut. [...]

Nachdem Gregor in einem Brief an Bischof Bonifatius diesen gelobt hatte, weil er sich mit ganzer Kraft den Werken der Barmherzigkeit widmete, fügt er hinzu: Doch ich gestehe, es lässt mir keine Ruhe, dass Ihr von eben diesen Werken zu vielen Leuten gesprochen habt. Daraus schließe ich, dass Ihr nicht darauf bedacht seid, den Augen Gottes, sondern dem Urteil der Menschen zu gefallen. Geliebter Bruder, es ist notwendig, bei all diesen äußeren Werken innerlich sehr wachsam darauf zu achten, dass sich nicht das Verlangen einschleicht, den Menschen zu gefallen, und die ganze Mühe des guten Werkes zunichte macht.[85]

Als ihm jemand Geld geschickt hatte, damit er es als Almosen gebe, antwortete er, dass ihn das bedrücke; denn er trage bereits die Last der Verantwortung gegenüber Gott, wie er die Einkünfte der Kirche verwalte, und nun komme dazu noch eine weitere Last, nämlich fremdes Geld auszuspenden. Und Gregor schrieb ihm: Betet für mich, damit ich es mit kluger Unterscheidung

83 Ders., *Registr.* I, ep. 13 (CCSL 140, 14).
84 Ebd, ep. 61 (CCSL 140, 72f.).
85 Ders., *Registr.* III, ep. 4 (CCSL 140, 149f.).

als Almosen gebe. Nicht soll, was Eure Sünden mindert, die meinen vermehren.[86]

Und in einem anderen Brief ganz ähnlich:[87] Betet, dass der Herr mir gewähre, das gespendete Geld ohne Sünde weiterzugeben, damit nicht ich eine Verfehlung begehe mit dem Geld, mit dem Ihr eure Sünden tilgtet.

Einer bestimmten Person, die unter dem Vorwand, es handle sich um ein Gastgeschenk, etwas aus einem Kloster mitgenommen hatte, schrieb Gregor:[88] Gib das unverzüglich zurück, damit du nicht die Sünde der Habgier auf dich lädst! Du solltest ganz im Gegenteil aufgrund deiner Stellung als Bischof freigebig sein und dich als Wohltäter erweisen.

Und noch einmal Gregor:[89] Du solltest dich so um die Werke der Barmherzigkeit entsprechend deinem Vermögen bemühen, dass es dich danach verlangt, sogar noch mehr zu tun als du vermagst. Gregor tadelt in diesem Zusammenhang jemanden dafür, dass er die unter seinem Vorgänger üblichen Almosen mit der Begründung eingestellt hatte, er wolle für die Zukunft Vorsorge treffen. Gregor sagte dazu, es sei zwar lobenswert, an die Zukunft vorsorgend zu denken, doch eine Vorsorge, die nicht von erbarmender Liebe gestützt sei, sei schwach. Vor allem aber sei das, was den Armen gegeben werde, kein Geschenk, sondern ein wechselseitiger Tausch; denn man werde das Gegebene ohne Zweifel mit vielfacher Frucht zurückerhalten.

---

86 Ders., *Registr.* VII, ep. 25 (CCSL 140, 481).
87 Ders., *Registr.* VIII, ep. 22 (CCSL 140A, 542).
88 Ebd., ep. 32 (CCSL 140A, 556).
89 Ders., *Registr.* X, ep. 8 (CCSL 140A, 833f.).

Den Armen gehören die Güter der Kirche

Ja, es soll ein „anvertrautes Gut" sein. Man soll mit dem Apostel sprechen: „Ich weiß, wem ich vertraut habe, und ich bin gewiss, er ist mächtig genug, das anvertraute Gut zu bewahren bis zu jenem Tag" (2 Tim 1,12). Das gilt vor allem für einen Bischof: Er gibt ja nicht aus, was er erworben oder geerbt hat, sondern was ihm gegeben wurde, damit er es weitergebe.

Einem Abt, der es lange hinausgeschoben hatte, um die jährliche Unterstützung für sein Kloster zu bitten – aus Scham, wie er gestand – machte Gregor ernstlich Vorwürfe: Erstens, weil weniger Liebe vorhanden sei, wo so viel Scham sei; zweitens, weil er, Gregor, ja nicht seine eigenen Güter zu verteilen habe, sondern die der Armen! Und er sagt in diesem Zusammenhang: Sich zu schämen, eine Bitte an jemanden zu richten, der einem doch in Liebe zugetan sei, und der außerdem in der Position sei, den Armen zu geben, was ihnen eigentlich gehöre, sei zu tadeln. [...]

Kein Wunder also, dass die Armen den ganzen Tag das Haus des Bischofs belagern – es ist ja das Haus dessen, der ihnen ihre Güter zuteilen soll! Sie könnten an den Türen rufen, ihr Rufen könnte bis ins Schlafgemach dringen: Gib uns, was uns gehört, ansonsten rufen wir denjenigen an, der Herr über die Güter ist, die er dir zur Austeilung anvertraut hat: Herr, er will uns nicht geben, was du ihm gegeben hast, damit er es uns gebe! Bernhard[90] schreibt an Bischof Heinrich, die Armen riefen den Bischöfen laut zu: Warum verbraucht ihr in eurem Überfluss unsere Güter, die wir bitter nötig hätten? [...]

---

90 Bernhard von Clairvaux, *Ep.* 42, cap.2, n.7 „De moribus et officiis episcoporum" (II, 452).

Woher, meinst du, kommt dieser Überfluss an Gütern, die kostbaren Kleider, die erlesene Tafel und so weiter? Doch von den Gütern der Braut. Darum bleibt diese arm, bedürftig und nackt zurück, von erbärmlichem Aussehen, vernachlässigt, struppig, blutleer – während es doch die Aufgabe der Bischöfe wäre, sie zu behüten und zu schmücken. Nein, in dieser unserer Zeit geht es nicht darum, sie zu schmücken, sondern auszubeuten, nicht sie zu behüten, sondern zu verderben, nicht sie aufzubauen, sondern preiszugeben, nicht zu weiden, sondern zu schlachten und zu verschlingen. Von solchen Leuten sagt der Herr: „Sie verschlingen mein Volk" (Ps 13,4). Sie haben einen wachen Blick dafür, den Leuten das Geld aus der Tasche zu ziehen – viel mehr als darauf, die Laster auszurotten. Sie sind in den Tiefschlaf des Vergessens gesunken, wachen von keinem Donnergrollen göttlicher Drohung auf, um die Gefahr zu erkennen, in der sie sich befinden. Daher kennen sie keine Schonung für die Ihrigen, denn sie kennen auch keine Schonung für sich selbst, sie richten andere zugrunde und gehen selbst zugrunde.[91]

Für Personen, die das Ordensleben erwählen, so Gregor,[92] müssen wir entsprechend Sorge tragen, damit nicht etwa eine Notlage diese Personen nachlässig macht oder ihr gottgeweihtes Leben irgendwie beeinträchtigt. Auch Bernhard[93] erinnert daran, dass man vor allem für die Bedürftigen und die Gefangenen sorgen müsse. Almosen, so schreibt er an den König von

91 Ders., *Cant.* sermo 77, cap.1, n.1 (VI, 262).
92 Decr. II C. 12 q. 2 c. 75 (Corpus IC I, 712); vgl. *Registr.* III, ep. 17 (CCSL 140, 163).
93 Bernhard von Clairvaux, *Ep.* 206 (II, 170).

Sizilien,[94] müssen den Armen gegeben werden, nicht den Gierigen; denn es steht geschrieben: „Selig derjenige, der sich kümmert um den Armen und Elenden" (Ps 40,2); es heißt nicht: um den Gierigen. Unter „arm" verstehe ich jemanden, der nicht gern bettelt, der mit Scham etwas annimmt, und für das Empfangene seinen Vater im Himmel preist.

[...]

In Predigt 52, der vorletzten, unzweifelhaft von Augustinus stammenden Predigt,[95] heißt es, dass der Bischof beständig seine Menschenliebe denen erweisen müsse, die kommen oder vorübergehen; andernfalls sei er unmenschlich *(inhumanus)*. [...]

Ihr, die ihr so gewissenhaft den Zehnten, die Erstlingsgaben, Gelöbnisse eintreibt, aber so nachlässig das Wort Gottes ausspendet, sagt an: Wie wollt ihr mit glaubender Zuversicht auf dem Sterbebett eure Seele Gott übergeben, da ihr ihm in diesem Leben nicht einmal diesen schäbigen Leib anvertrauen wollt, dass er für ihn sorge? [...] Die ganze Sorge richtet sich darauf, dass die Einkünfte der Kirche nicht gemindert werden; keinerlei Beunruhigung aber kommt auf, dass Glaube und Liebe schwinden.

94 Ders., *Ep.* 207 (II, 172.174).
95 Augustinus, *Sermo de div.* 355, n.1 (PL 39, 1569).

4. KAPITEL

Liebe zum Gebet, zur Betrachtung und zur Feier der Heiligen Messe

[Diligentia episcopi in oratione, contemplatione ac sacrificii oblatione]

Unbedingt notwendig: Lebendige Liebe zu Christus (devotio), innere Wärme und Bereitwilligkeit, den Hirtendienst auszuüben

Ein Bischof sei jedem Einzelnen in brüderlichem Mitgefühl Gefährte; in der geistlichen Betrachtung *(contemplatio)* stehe er über allen. Seine Sorge um das innere Leben werde nicht geringer durch die Beanspruchung durch äußere Sorgen, und umgekehrt vernachlässige er nicht die kluge Sorge um die äußeren Dinge aus lauter Achtsamkeit auf das Innere.[96] Bedenke gut die Worte des hl. Thomas von Aquin, die er von Augustinus übernommen hat: Man soll auch inmitten der Belastungen des Hirtenamtes die Freude an der Kontemplation nicht fahren lassen.[97]

Wehe dir, Bischof, wenn die Quelle der innigen Gottesliebe *(devotio)* in dir austrocknen sollte! Was ist diese denn anderes als eine Quelle lebendigen Wassers, wodurch all unser tugendhaftes Handeln bewässert wird; und was ist all unser Tun ohne sie – wenn doch ohne sie unser Tun bald vertrocknet? Sie ist himmlischer Wein, der das Herz des Menschen erfreut, Balsam, der alles Leid zu heilen vermag, Speise für die Seele, die Spra-

---

96 Gregor der Grosse, *Reg. Past.* II, cap.5 (SC 381, 196–202).

97 Thomas von Aquin, Sth II II q. 185 ad 2; Augustinus, *Civ. Dei* XIX, cap.19 (CCSL 48, 687).

che, in der wir mit Gott reden – wer sie nicht hat, dem fehlt die Zunge, um mit Gott zu reden (wie der hl. Bernhard sagt[98]) –; sie ist Manna vom Himmel. Sie selbst spricht: „Mein Geist ist süßer als Honig" (Eccli. 24,27).

Dieses innige Empfinden wird nicht denen geschenkt, die auf irdische Tröstungen aus sind, auf Gelage oder Ehren, etc. Ebenso wurde auch das Manna erst gegeben, als das Volk die Fleischtöpfe und den Knoblauch Ägyptens aufgegeben hatte. Den süßen Honig der *devotio* können Schweine nicht zubereiten; das tun die Bienen, die darauf bedacht sind, die Blüten des Lebens Christi anzufliegen. Die Süße der geistlichen Übungen ist eine Speise für die Seele, die sie stark werden lässt, um im Weinberg des Herrn zu arbeiten und die Last und die Hitze der äußeren Aufgaben zu tragen. Auch mitten in der Anspannung weltlicher Angelegenheiten soll immer eine Kerze in deiner Brust angezündet sein. Wenn die Anspannung aufhört, mach es wie der hl. Gregor: Nimm Zuflucht zum Gebet, um dort Erleichterung zu finden, wirf dich in deinem Oratorium zu Boden. Und nimm Zuflucht zum geistlichen Austausch mit vertrauten Personen.

Daher schreibt Gregor in der *Regula Pastoralis*:[99] Das ständige Gespräch mit den Menschen bewirkt, dass das Herz die Sammlung verliert; es verdirbt die kraftvolle, besonnene Achtsamkeit auf das himmlische Leben. Daher muss das Herz seine Kraft immer wieder neu gewinnen durch Lesung und Betrachtung der Heiligen Schrift. In der Gesellschaft weltlicher Menschen neigt man stets dazu, sich wieder auf die Wege des früheren, des alten Lebens!, zu begeben; durch die Liebe zur

98 Bernhard von Clairvaux, *Cant.* sermo 45, cap.5, n.7 (VI, 122).
99 Gregor der Grosse, *Reg. Past.* II, cap. 11 (SC 381, 252.254).

himmlischen Heimat aber, nach der man aus tiefstem Herzen seufzt, findet man Erneuerung. Es ist eine altbekannte Tatsache, dass das Herz durch den Ansturm äußerer Beschäftigungen sich seiner selbst entfremdet und sozusagen fällt, und daher auch ohne Unterlass danach streben muss, sich durch Beten und Betrachten wieder zu erheben. Daher sagte der König David: „Wie lieb ist mir dein Gesetz" (Ps 118,27). Niemals darf jemand, der als Seelsorger Verantwortung hat, die geistliche Lesung unterlassen. Im Buch der Sprichwörter heißt es: „Trinke Wasser aus deiner Zisterne" (Spr 5,15), und etwas später: „Die Ströme verbreitern sich in der Ebene". Das soll nach Gregor bedeuten, dass ein Prediger zuerst selbst von der ihm geschenkten Weisheit trinken und sie dann anderen weitergeben soll.[100]

Ach, ich armer Mensch! Während ich glaubte, wenigstens zur Nacht in den Umarmungen Rachels, des kontemplativen Lebens, mich ausruhen zu können, wird mir heimlich, gegen meinen Willen, Lea zugeführt: die Sorgen und Gedankenbilder von den Geschäften des Tages. Gregor schreibt an den Bischof von Karthago: Wenn wir gezwungen sind, unsere Aufmerksamkeit irdischen Angelegenheiten zu widmen, dann soll dennoch unser Geist *(mens)* nicht zerfließen in dem ständigen Wechselspiel dieser Welt. Er soll vielmehr als ganzer dem einen Ziel zustreben, von dem David sagt: „Eines nur erbitte ich vom Herrn" (Ps 26,4). Daran soll sich unser Geist ganz und gar festmachen. Denn dann neigen wir uns wirklich und wahrhaft gut zu den Werken der Nächstenliebe, wenn wir mit gan-

100 Ders., *Reg. Past.* III, cap.24 (SC 382, 424.426).

zem Herzen und all unseren Kräften in der glühenden Liebe zu Gott bleiben.[101]

Bernhard von Clairvaux schrieb an Papst Eugen: Ich habe Angst um dich, dass die Vielzahl der Aufgaben, die dich ohne Unterbrechung in Anspruch nehmen, dein Herz hart werden lassen könnte – wenn du Gebet und Betrachtung unterlässt: hart, so dass es nicht mehr durch innige Zuneigung zu Gott erwärmt wird, nicht durch Mitempfinden weich wird, sich durch Zerknirschung nicht mehr erschüttern lässt, vor sich selbst nicht mehr erschrickt, weil es das Gefühl für sich selbst verloren hat.[102]

Die einzige und einzigartige Erquickung in all der Mühe der bischöflichen Aufgaben besteht darin, sich dann und wann in die Einsamkeit zu flüchten, zu Gebet und Betrachtung. Darum liest man bei Markus: Als die Apostel dem Herrn alles berichtet hatten, was sie getan und gelehrt hatten, sagte der Herr zu ihnen: „Kommt mit an einen einsamen Ort und ruht ein wenig aus" (Mk 6,31).

Die Eucharistiefeier als Wärme-Quelle

Die Aufgabe eines Priesters besteht darin, zu heiligen [oder: das Opfer darzubringen], zu beten, zu lehren und nach dem Rechten zu sehen *(visitare)*, sofern er Bischof ist.[103] Was gibt es Größeres oder für die Schafe Nützli-

101 Ders., *Registr.* VI, ep. 63 (CCSL 140, 439).

102 Bernhard von Clairvaux, *Cons.* I, cap.2, n.2 (I, 630).

103 Vgl. II. Vatikanisches Konzil, CD 15: „Bei der Erfüllung ihrer Aufgabe zu heiligen sollen die Bischöfe bedenken, dass sie aus den Menschen genommen und für die Menschen bestellt sind in ihren Angelegenheiten bei Gott, um Gaben und Opfer für die Sünden darzubringen. [...] Unablässig sollen sie sich daher bemühen, dass die Gläubigen durch die Eucharistie das österliche Geheimnis tie-

cheres, als dass der Hirte täglich für sie das Leben und Leiden Christi Gott darbringt? „Gepriesen sei der Herr, denn er hat mein Gebet nicht verworfen“ (Ps 65,20), das heißt, er wird auch sein Erbarmen nicht verschließen, solange ich mein Beten nicht aufgebe.

Was für ein Feuer muss jemand in sich haben, der kalte Menschen kraft seines Feuers erwärmen muss? Niemand ist zum Martyrium bereit, wenn er nicht durch die Eucharistie die Waffen zum Kampf erhält; der menschliche Geist hat nicht die Kraft dazu, wenn ihn nicht der Empfang der Eucharistie aufrichtet und entflammt.[104]

Der heilige Makarius von Ägypten sagte: Im Gebet beharrlich zu bleiben, ist das Wichtigste bei jedem guten Unternehmen, es ist der Gipfel alles ehrenhaften Tuns; durch das Gebet erlangen wir vom Herrn die übrigen Tugenden.[105]

Die Klöster sind die Werkstätten der Tugenden; viele Mönche, die aus den Klöstern heraus auf den Bischofs-

---

fer erkennen und leben, so dass sie einen festgefügten Leib in der Einheit der Liebe Christi bilden. ‚Dem Gebet und dem Dienst am Wort sollen sie obliegen‘ (Apg 6,4) und sich darum bemühen, dass alle, die ihrer Sorge anvertraut sind, in einmütigem Gebet verharren (vgl. Apg 1,14; 2,46), durch den Empfang der Sakramente in der Gnade wachsen und dem Herrn treue Zeugen sind.“

104 Vgl. II. Vatikanisches Konzil, PO 14: „Die Priester werden also ihrem Leben eine einheitliche Linie geben, wenn sie sich mit Christus vereinigen im Erkennen des väterlichen Willens und in der Hingabe für die ihnen anvertraute Herde. [...] Diese Hirtenliebe erwächst am stärksten aus dem eucharistischen Opfer. Es bildet daher Mitte und Wurzel des ganzen priesterlichen Lebens, so daß der Priester in seinem Herzen auf sich beziehen muß, was auf dem Opferaltar geschieht. Dazu gelangt er jedoch nur, wenn er sich selbst immer inniger in das Geheimnis Christi betend vertieft.“

105 Makarius, *Hom. spirit.* hom. 40 (PG 34, 763).

stuhl berufen wurden, erglänzten durch die Tugenden, die sie im Kloster eingeübt hatten.

Sorgfalt – nicht Ängstlichkeit

Mit gewissenhafter Sorgfalt sollen die Aufgaben durchgeführt werden, nicht aber ängstlich besorgt. Bedenke, dass alles dem Geist dienen muss. Du sollst die Füße nicht zum Haupt machen, noch das Ziel des Hauptes allein darin sehen, dass es den Füßen nütze.

Der Geist bleibe stets offen ausgespannt für die Lichtstrahlen des Herrn. Nach einem glutvollen Gebet soll glühende Asche übrigbleiben für die Zeit der Geschäfte. Das soll man am meisten erstreben und mit Seufzern aus tiefstem Herzen von Gott erflehen: dass in allem Wirbel der Aufgaben und Pflichten, mögen sie auch wie ein Sturzregen den Geist überschütten und besetzen wollen, dieser Geist doch immer in seiner Freiheit, Sicherheit und Größe für Gott bewahrt bleibe. Triff Anordnungen, was die Geschäfte betrifft, aber lass dich nicht von ihnen völlig in Beschlag nehmen; halte die Augen stets voll Vertrauen auf den Herrn gerichtet, und sprich im Innern diesen Psalm: „Ich hebe meine Augen auf …“ (Ps 120). Bedenke, was den Bischöfen in der Apostelgeschichte gesagt wird: „Habt Acht auf euch und die ganze Herde“ (Apg 20,28). Zuerst auf euch, dann auf die Herde.

In verwickelten Fragen, in gefährlichen Situationen, in schwierigen Rechtsfällen, wenn man dem Recht zur Geltung verhelfen muss *(criminibus curandis)*, oder bei der Übertragung von Ämtern oder Benefizien etc., nimm deine Zuflucht sogleich zum Gebet: zum Vater allen Lichtes, dem Gott allen Trostes (vgl. Jak 1,16; 2 Kor 1,3). Dass man ständig Veranlassung hat zu bitten, ist eine hervorragende Gelegenheit, Fortschritte zu machen. Sprich: Herr, Du weißt, dass ich in dieser Angelegenheit Dir allein gefallen will; also schenke mir Licht …!

Gefahr, sich häuslich einzurichten, und die Wachsamkeit zu verlieren

Wehe dir, wenn du das Gebet unterlässt und in der Folge die Erkenntnis deiner selbst verlierst, vor allem das Bewusstsein von deiner Verpflichtung und der dir übertragenen Last, und dann allmählich ohne heilige und vernünftige Besorgnis dahinlebst – während du doch in diesen Tagen inständig Licht vom Herrn erbitten müsstest. Vielleicht ist David deswegen zu Fall gekommen, weil er die geistlichen Tätigkeiten mehr und mehr vernachlässigt hat.

Wenn die Welt dir Gunst bezeigt, dich rundherum hegt und pflegt, dann ist es am meisten nötig, den Geist zur Höhe zu erheben, wie es Bernhard in dieser Situation tat. Er dachte daran, dass all das nur Traum und Schaum ist, Mücken *(culices)*, für Tod und Verwesung bestimmt. Es ist in einem solchen Fall absolut notwendig, gleichsam die Arche kräftig mit Pech abzudichten; denn durch die kleinen Öffnungen dringen Wind und Wasser.

Man hat dich ins Meer geworfen, dich geistlich in Lebensgefahr gebracht! Weh dir, wenn du beginnst dich über den Bischofsstuhl zu freuen und allmählich die Furcht zu verlieren – während du doch ohne Unterlass zum Herrn rufen müsstest: „Mich umzingelten die Leiden des Todes, die Gefahren der Unterwelt drangen auf mich ein" (Ps 15,5f.). Bis zum Ende, bis zum Tod musst du tun, was getan werden muss, durch viele Schwierigkeiten hindurchgehen, mit Seufzen und Trauern, in der

Überzeugung, dass der Herr dich in ein hartes Gefängnis geworfen hat – nicht an einen ruhigen, erholsamen Ort versetzt hat! Und dass der Herr dich erhoben hat, auf dass Furcht und Zittern über dich kommen, weil du an diesem Ort dem Sturm und Unwetter ausgesetzt bist.

Ein guter, erfahrener Mann sagte einmal: Was ein Bischof, der einigen Eifer für Gott hat, am meisten zu fürchten habe, sei die Gefahr, von Geschäften ganz in Beschlag genommen zu werden und innerlich auszudörren, so dass er nur mehr lauen Herzens betet, die geistlichen Übungen abkürzt, und schließlich auch nur mehr lauwarme, wenig nützliche Predigten hält, oder gar nicht mehr predigt. Auf diese Weise unterlässt er nämlich die für sein Amt wesentlichen Aufgaben – wegen weniger wichtiger Geschäfte – und gleitet Schritt für Schritt in Versagen und Laster. Ich sehe kein anderes Mittel dagegen, als über die täglichen Gebetszeiten hinaus – auch dann, wenn es bei den äußeren Beschäftigungen gerade ganz heiß hergeht – nicht das ganze Herz diesen Dingen zu überlassen, sondern mittendrin die sehnsuchtsvolle Liebe zu Gott zu bewahren.

Contemplativus in actione

Sag mir: Ist nicht in jeder Beschäftigung Gott, kann er nicht dort gefunden werde – als Ziel, als Handelnder, als Auftraggeber, als Mit-Wirkender und Ratgeber? Schau also auf Ihn, wenn eine Sache erledigt werden muss; dann wirst du innerlich ruhig werden, dein Herz wird weit und licht, und wird getröstet sein. Eben das sollst du mit innigem Seufzen von Gott erbitten.

Was sagst du? Es bleibt zu wenig Zeit für geistliche Beschäftigung? Hatten nicht auch in unseren Jahren viele heilige Bischöfe, wie etwa Antoninus [von Florenz, OP], nicht nur genügend Zeit zu beten und die heilige Messe zu feiern, sondern auch noch, um Bücher zu schreiben und zu predigen? Es ist doch unwürdig, wenn jemand, der in einer so hervorgehobenen Stellung ist, nicht auch an Heiligkeit und Wissen hervorragt.[106] Wenn es denn vorkommen sollte, dass jemand zum Bischof erwählt wird, der in der Heiligkeit noch nicht entsprechend diesem Amt erglänzte, solange er mit geringfügigigeren Dingen betraut war, dann ist er jedenfalls verpflichtet, dass seine Lebensführung seiner Bezeichnung und seinem Stand entspricht, nachdem er einmal auf den Leuchter gestellt worden ist.

Es gibt drei Zustände für den Geist des Menschen, der Gott sucht, wiewohl er in äußeren Aufgaben eingespannt ist. Erstens: Wenn er ein wenig freie Zeit hat, erhebt er sich mit ganzer Leidenschaft zu Gott. Er sucht entschieden zu verhindern, dass Bilder, die unser Herz, ob wir wollen oder nicht, belagern, das Herz mit sich fortziehen. Selbst wenn sie es umflattern, so bemüht er sich doch, den Geist *(mens)* in dem fest zu gründen, was alles Vergängliche übersteigt.

Zweitens: Wenn man mit Aufgaben zu tun hat, welche die gesamte Aufmerksamkeit beanspruchen, zum Beispiel wenn man etwas Schwerverständliches liest, oder eine verwickelte Sache vorgetragen bekommt, die man richtig verstehen muss, um ein Urteil zu sprechen. In dieser Situation kann zwar die Liebe zu Gott nicht als Akt fortdauern, noch der einfache Hinblick auf Ihn; doch es bleibt eine Art liebevoller Eindruck zurück, eine eingeprägte Spur der vollzogenen Zuwendung zu Gott.

---

106 Decr. II C. 1 q. 1 c. 45 (Corpus IC 1, 376).

Diese Spur gibt denen, die damit vertraut sind, großen Frieden und Ruhe. Dieser Frieden geht auch mitten im Wirbel der Beschäftigung nicht verloren; und wenn die Aufgaben erledigt sind, kehrt ein solcher Mensch aufgrund der verbliebenen Einprägung rasch zum Mittelpunkt, zu seinem Schatz zurück und sendet Pfeile der Liebe zum Himmel.

Drittens: Wenn man mit gewöhnlichen Dingen zu tun hat, welche nicht sehr große Aufmerksamkeit beanspruchen. Diesen Dingen soll man nicht das ganze Herz hingeben, es genügt ein Teil.

Was kann man denn noch Dümmeres sagen als dass man nicht täglich zelebrieren brauche, weil das Hirtenamt so viele Aufgaben mit sich bringt!? Im Gegenteil! Gerade weil es so ist, muss man die Zeit der Messfeier für den Herrn reservieren, um einen Schutzwall gegen die Anfechtungen zu bekommen, Erleuchtung für die jeweiligen Aufgaben, Trost inmitten von so vielem, was einem zu schaffen macht. Wenigstens da sollst du aufatmen können.[107]

Inmitten der Drangsal: Gnade

Im Beruf des Seelsorgers gibt es vieles, was die innige Zuneigung zu Gott fördert: dass man nie Ruhe hat und ständig bedrängt ist *(continuae vexationes et angustiae)*. Johannes sah, während er auf Patmos verbannt war, die Geheimnisse des Himmels. Dem Stephanus erschien

107 Vgl. II. Vatikanisches Konzil, PO 18: „Zur treuen Erfüllung ihres Dienstes soll ihnen die tägliche Zwiesprache mit Christus dem Herrn in Besuchung und persönlicher Andacht der Heiligsten Eucharistie Herzenssache sein. Gern sollen sie sich für Tage geistlicher Zurückgezogenheit frei machen und die geistliche Führung hochschätzen."

leuchtend die Herrlichkeit Gottes, als er von den Steinen getroffen wurde. Unsere Bedrängnis drängt uns, zu Gott zu rufen. „Er suchte dich heim mit Hunger, und gab dir als Speise das Manna" (Dtn 8,3). Die Apostel und Propheten brannten vor Gottesliebe inmitten der Drangsal dieser Welt.

Beachte, dass das Volk der Juden vom Manna nur so viel sammelte, wie für einen Tag notwendig und ausreichend war. Ebenso soll ein Mann, der untertags von den Geschäften in Anspruch genommen ist, so viel von der Nacht den geistlichen Übungen widmen, wie es nötig ist, um die Last seiner Pflichten um Gottes willen mit Freude zu tragen.

Augustinus erzählt, es sei nie genügend Zeit gewesen, dass er Ambrosius etwas in Ruhe hätte fragen können, weil die Leute scharenweise mit ihren Anliegen zu ihm kamen und er ständig damit beschäftigt war, ihnen zu helfen. Dann fügt Augustinus hinzu, dass er ihn des öfteren auch in seinem Gemach aufgesucht habe – denn es war nicht verboten einzutreten –: „Dort standen wir schweigend, während er still las – wer hätte ihn bei dieser Beschäftigung zu stören gewagt? Dann gingen wir weg mit dem Gedanken, es sei besser, ihn in dieser kurzen Zeit – die ihm zur Regenerierung seines Geistes abseits von den fremden Angelegenheiten gewährt war – nicht wieder mit etwas anderem zu beanspruchen." Um ihn nicht zu stören, gingen sie fort, ohne etwas zu sagen, obwohl er sie gesehen hatte.[108]

108 Augustinus, *Conf.* VI, cap.3, n.3 (CCSL 27, 75).

5. KAPITEL

Reinheit der Absicht, Verlässlichkeit, Treue zu heiligen Entscheidungen[109]

[Puritas intentionis, constantia et immutabilitas in sanctis decretis]

„Reinheit der Absicht": Blick auf das Urteil Gottes und geistige Unabhängigkeit

Die Reinheit der Absicht, so schreibt Bernhard von Clairvaux,[110] besteht darin, einzig Gottes Ehre und das Heil des Volkes zu suchen. Er selbst, der uns den Lohn geben wird, ist das Ziel, auf das wir unsern Blick richten müssen. In Zeiten wie diesen reicht es einfach nicht, dass jemand in den Augen der Menschen gut ist; er muss in den Augen Gottes gut sein. Es sterbe also in dir alles menschliche Sinnen, Wünschen und Handeln.

Papst Siricius (der auf Damasus folgte, ca. 388), will den Bischöfen, an die er seinen Brief IV richtet, durchaus einen Schrecken einjagen, wenn er Lk 12,48 zitiert: „Wem viel anvertraut ist, von dem wird auch viel gefordert".[111] Und jener Autor,[112] der dem Bischof oder Priester besondere Würde und besondere Nähe zu Gott zusprach, dachte dabei an einen Menschen, der in jeder Hinsicht erfahren sein soll in der heiligen Wissenschaft.

---

109 Gemeint sind Konzilsentscheidungen, Entscheidungen der Kirche.
110 Bernhard von Clairvaux, *Per annum,* sermo 3 in Vigilia Nativitatis, n.6 (VII, 168).
111 Siricius, *Ep.* 5 (PL 13, 1156B).
112 Dionysius Ps.-Areopagita, *Eccl. Hier.* I, cap.1 (CDion 2, 63f.).

Nicht was wir tun sollen, sondern warum wir es tun: das ist die letzte Frage in der Gewissensentscheidung![113] Im gleichen Text, Kap. 15, steht eine Definition der Gottesliebe: Gott lieben heißt, das Herz mit ihm beschäftigen, Verlangen danach zu bekommen, ihn selig zu schauen, Abscheu vor der Sünde und Überdruss an der Welt. [114]

Innere Unabhängigkeit

Du wirst immer unzählige Leute um dich haben, die dir übel nachreden, oder die dir schmeicheln. Letztere, so meint Bernhard,[115] sollst du ganz einfach vergessen, die anderen überhören. Wenn jemand in diesem Leben (so sagte ein Heiliger), hinterhältige Zungen beachtet, statt seine eigene Absicht und Einstellung im Blick zu haben, dann wird er niemals Gott dienen noch in der Welt etwas ausrichten.

Weh mir! Ich bin noch nicht wie Samuel (1 Sam 3,4) so recht vom Schlaf irdischer Neigungen erwacht, mein Mund ist noch nicht durch die glühende Kohle gereinigt wie Jesaja (6, 5–7), meine Zunge ist noch nicht von Gott berührt, wie die Zunge des Mönches Equitius. Von ihm erzählt Gregor in den *Dialogen:*[116] Dieser Mönch habe gespürt, wie seine Zunge von Gott berührt worden sei, so dass er sich ab diesem Zeitpunkt nicht mehr zurückhalten konnte, von Gott zu sprechen. Und doch bin ich dem Volk als Lehrmeister gegeben!

Leute von unedlem Charakter, so schreibt Gregor, legen keinen Wert darauf, sich bessere Menschen zum

---

113 Julianus Pomerius, *Vita cont.* III, cap.14, n.3 (PL 59, 495B).
114 Ebd., cap.15, n.1 (PL 59, 496C).
115 Bernhard von Clairvaux, *Cant.* serm. 63, cap.2, n.4 (VI, 340).
116 Gregor der Grosse, *Dial.* I, cap.4, n.1–2 (SC 260, 38).

Vorbild zu nehmen, im Vergleich zu denen sie nichts sind; sie schauen vielmehr auf diejenigen, die schlechter sind als sie, weil sie im Vergleich mit diesen etwas zu sein scheinen. Du aber sollst dich nicht zufrieden geben, bevor du nicht dem hl. Martin oder Ambrosius ähnlich geworden bist, wenigstens ein bisschen.

> * Bei allem Tun und Lassen, ob du etwas erlaubst oder verweigerst, erforsche die Zielrichtung deiner Absicht: ob es wirklich nur Gott ist, weswegen ich z.B. jemanden nicht aufnehme etc. Wenn du erkennst, dass etwas Gott entspricht, dann kümmere dich nicht darum, was andere sagen, sondern geh über all das hinweg, brich [Diskussionen] ab *(rumpens)* und vertraue Gott. *

Anschein der Heiligkeit: öffentlichkeitswirksame Taten – und wahre Heiligkeit

Bedenke, dass ein heiliger Mönch eine Leuchte unter dem Scheffel ist, ein Bischof aber auf einen hohen Leuchter gestellt ist, damit er durch seine Hochherzigkeit in Tat und Wort überall leuchte, aber auch wie Wachs durch die Arbeit und Mühen seines Amtes verzehrt werde. Wehe, wenn jemand auf einem solch erhabenen Platz nicht Strahlen ausschickt, sondern nur raucht – vor Lauheit, törichter Sorglosigkeit *(socordia)*, Geiz, Aufgeblasenheit und weichlichem Leben.

Das ist der Unterschied zwischen jenem, der wahrhaftig Heiligkeit erstrebt, und einem, der in erster Linie den Anschein und Ruf der Heiligkeit anstrebt: Der erste bemüht sich, Werke zu tun, von denen er weiß, dass sie Gott mehr gefallen – auch wenn sie in der Welt nicht in allzu hohem Ansehen stünden und auch nicht großartig erscheinen. Der zweite aber will in erster Linie Taten vollbringen, die in den Augen der Welt großartig erscheinen und sehr willkommen sind. Ein Beispiel: Angenommen, man hätte tausend Goldstücke auszugeben, und man hätte die Wahl, sie entweder zu verwenden für die gewöhnlichen Bedürfnisse der Armen – ich spreche jetzt nicht von extremen Notsituationen! – oder für etwas, was dem Heil der Seelen großen Nutzen brächte. Weil der erste Zweck vom Volk mehr geschätzt wird, wird die zweite Person dies tun, die erste Person aber wird das zweite wählen. Bemühe dich also nicht darum, für heilig gehalten zu werden, sondern heilig zu sein – gleichgültig, wie die Leute das einschätzen.

Was beschwerst du dich, dass das Amt eines Hirten ein Hindernis ist für das geistliche Leben? Was ist dieses Amt denn anderes als eine fortwährende Einübung und Ausübung der höchsten Tugenden: der Liebe, der Gerechtigkeit, des Erbarmens? Bemühe dich, noch ein paar innere und äußere Akte der Frömmigkeit hinzuzufügen, dann wird alles erfüllt sein. Welche geistliche Übung hat mehr Feuer als dies: das Herz auf Gott ausgerichtet in allen Richtungen unterwegs zu sein, um voll brennendem Verlangen nach dem Heil der Seelen sich dafür einzusetzen? Die Apostel und heiligen Väter bezeugen, dass es kein wirksameres Mittel gebe [zur Heiligkeit zu gelangen];[117] vor allem kommt dazu, dass

117 Vgl. II. Vatikanisches Konzil, LG 41: „Vor allem die Hirten der Herde Christi müssen nach dem Bild des ewigen Hohenpriesters, des Hirten und Bischofs unserer Seelen, heilig und freudig, demütig und kraftvoll ihr Amt ausüben, das auch für sie, wenn sie es so erfüllen, das hervorragende Mittel der Heiligung ist. Sie wurden zur Fülle des Priestertums erwählt und sind mit sakramentaler Gnade beschenkt, damit sie durch Gebet, Opfer und Verkündigung, durch jede Weise ihres bischöflichen Sorgens und Dienens vollkommen das Amt der Hirtenliebe ausüben, nicht fürchten, ihr Leben für

es ja vom eigenen Bräutigam und Hirten stammt. Es löscht die Innigkeit der Gottverbundenheit nicht etwa aus, wie du befürchtest, sondern vermehrt sie, vorausgesetzt, es sind die reine Absicht und Verachtung zeitlicher Wünsche gegeben. Das einzige Ziel, die einzige Absicht, der einzige Trost, die einzige Erquickung im Hirtenamt besteht darin, die Seelen zur Erkenntnis Gottes zu führen, wenigstens einige. Der Apostel Paulus nannte die von ihm Bekehrten „meine Freude und mein Ehrenkranz" (Phil 4,1). Für dieses Ziel müssen wir unser Herzblut geben, und dadurch wird uns der äußere, körperliche Einsatz leichter fallen.

Ach hätten wir doch dauerhaft diese Gesinnung! Mein Geist ist fest und sicher in Christus gegründet, sagte die heilige Agatha. „Ein törichter Mensch verändert sich wie der Mond, der Gerechte aber gleicht der Sonne" (Eccli. 27,12); ein solcher ist wie ein dauerhaftes Fundament, denn sein Herz ist gefestigt im Guten.

Maßstab des Handelns

In einem Brief an einen Bischof beklagt Gregor,[118] dass dieser bei Entscheidungen den Vorschlägen und Ratschlägen der Leute mehr Gewicht gebe als dem Studium der Heiligen Schriften. Die Vorbilder für unser Handeln müssen klar sein: Christus, die Apostel, die Heiligen. Über das, was von einem Bischof gemäß dem Evangelium verlangt ist, braucht man niemanden um Rat zu fragen. Handle einfach und rede nicht darüber.

---

ihre Schafe einzusetzen, und als Vorbild für die Herde (vgl. 1 Petr 5,3) die Kirche auch durch ihr Beispiel zu täglich größerer Heiligkeit voranführen."

118 Gregor der Grosse, *Registr.* VI, ep. 28 (CCSL 140, 400).

Sollte dir jemand das Gegenteil raten, denke dir, dass er einfach nicht recht bei Verstand ist. Solche Leute sollst du alle für urteilsunfähig halten, denn sie sind befangen wegen ihrer weltlichen Lebensweise. Denke an das Wort des Apostels Paulus: „Selbst wenn ein Engel vom Himmel euch ein anderes Evangelium verkündigte, etc." (Gal 1,8)!

Ach, wehe unserer Blindheit! Nicht nur, dass wir nicht mehr schaudern vor den schrecklichen Missständen bei anderen; denn wir haben uns daran gewöhnt. Nein, wir begehen solche Dinge sogar auch zuweilen selbst!

Schmeicheleien

> * Wehe den törichten Jungfrauen (sagt Augustinus[119]), welche ihr Öl (das bedeutet: ihre glanzvolle Ehre) nicht im Zeugnis ihres Gewissens verwahrten, sondern in der Anerkennung der Leute. O weh, die Prälaten heutzutage haben genügend Leute, die ihnen Federdecken und Kopfkissen stopfen, wie es bei Ezechiel heißt (13,18): „Sie [die falschen Propheten] reden ihnen Schmeicheleien vor, sagen, was ihnen gefällt, damit sie in ihrer Eitelkeit weiterschlafen!" *

Zittern lässt einen der Brief, den Bernhard von Clairvaux an einen gewissen Bruno, einen gelehrten Mann, schrieb.[120] Dieser hatte ihn gefragt, ob er die Wahl zum Kölner Erzbischof annehmen solle. Bernhard gab darauf keine Antwort, sondern schrieb nur, dass er für ihn bete. Als der andere das Amt dennoch angenommen hatte, schrieb ihm Bernhard in einem weiteren Brief

119 Augustinus, *In Ps.* 147, n.11 (CCSL 40, 2146f.).
120 Bernhard von Clairvaux, *Ep.* 8 (II, 334.336.338).

eine ernste Warnung, indem er die Wahl des Saul und des Judas erwähnt, und Bruno vor allem dringend die Demut ans Herz legt.

An den Magister Gottfried schrieb Bernhard: Du hast von Gott Wissenschaft erhalten, den Geist der Freiheit und die Gabe, lebendig, wirksam und mit Salz gewürzt zu reden. Darum darfst du dich dem Dienst für die Kirche, die jetzt unter dem Schisma leidet, nicht entziehen.[121]

Die Welt kann natürlich diejenigen nicht hassen, die ihr schmeicheln. Diejenigen aber, die sie tadeln, hasst sie notwendigerweise. Darum heißt es bei Joh 7,7: „Euch kann die Welt nicht hassen; mich aber hasst sie, weil ich bezeuge, dass ihre Taten böse sind." Weil die Bischöfe dieser unserer Zeit stumme Hunde sind, deswegen werden sie von den fleischlich gesinnten Leuten nicht gehasst.[122]

Erinnere dich stets an jenes nur allzu wahre Wort: dass das, was wahr ist und rechtschaffen, von den wenigsten Leuten hoch geachtet wird. Was die Masse gutheißt, ist irrig und unedel. Alle rufen: „Nicht diesen, sondern Barabbas!", das heißt: Barabbas ist besser als Christus! Johannes der Täufer spricht: „Sehet das Lamm Gottes." Sollen wir dem Einen glauben, oder der

---

121 Ders., *Ep.* 125, n.1 (II, 854.856).

122 Im ersten Teil des *Stimulus* findet sich das kräftige Wort: „Wo er [sc. der Bischof] nicht beißen darf, soll er wenigstens bellen." Bartholomäus zitiert es unter dem Namen Tauler; die Herausgeber führen es allerdings auf eine Predigt Heinrich Seuses (Sermo „Ego sum pastor bonus") zurück. Vgl. auch Gregor d. Gr., *In I Reg.* 2 n.115f. (CCSL 144, 182–183), der das „Stumm-Sein" von Vorstehern auf ihre innere Leere zurückführt: „Diese Vorsteher ersehnen nicht das Himmlische, von dem sie reden, sondern das Irdische, das sie tun. Sie sind gemeint in dem Wort von Jesaja 56,10: Stumme Hunde, die nicht bellen können."

ganzen Welt? Man soll nicht der allgemeinen Meinung folgen, sondern der, die dazu im Widerspruch steht *(paradoxas opiniones)*. Denn es geht darum, eine Sache nach ihrem Wesen zu beurteilen, nicht danach, wie es dem Brauch und der Meinung der verdorbenen Welt *(corrupti saeculi)* entspricht.

Der heilige Thomas schreibt in seinem Matthäus-Kommentar,[123] dass jemand, der sich um das Gerede der Menschen kümmert, niemals etwas Gutes vollbringen werde, und er zitiert jenes Sprichwort: Wer nur auf den Wind achtet, wird niemals säen gehen, und wer auf die Wolken achtet, wird niemals ernten gehen (Koh 11,4).

Abhängigkeit von „Freunden"

Sieh, wie Bischöfe sich nicht gerade selten verfehlen, indem sie weichlich und nachlässig sind und ihren Blutsverwandten, Freunden und sonstigen Bittstellern einfach nachgeben. Du aber erflehe dir von Gott einen unbeugsamen Geist, der nie von dem abweicht, was dem Willen Gottes entsprechend erforderlich ist. Weiche davon nicht ab, auch wenn die Leute, die dich durch Ratschläge oder Bitten beeinflussen wollen, noch so zudringlich sind. Du hast in dieser Welt nichts, was du verlieren könntest, niemanden, auf den du deine Hoffnung setzen, und niemanden, den du verdientermaßen fürchten solltest. Sei bestrebt, mit Standhaftigkeit und Klugheit in allen Dingen allein den Willen Gottes zu verwirklichen. Denn „Gott hat die Gebeine derer verstreut, die das Gefallen der Menschen besaßen" (Ps 52,6).

---

123 Thomas von Aquin, *In Matth.* XI lect. 2.

Personen, die lange ein Leitungsamt innehatten, verlieren oft die Spannkraft; sie legen sich gleichsam eine Hornhaut zu, damit ihnen die Dinge, die nicht in Ordnung sind, keine Pein bereiten. Was sie früher für unerträglich gehalten hatten, ertragen sie nun leichthin. O nein, o nein – das sei ferne! Wie lange dauert es noch, bis wir Rechenschaft ablegen müssen, wie können wir uns dieser Rechenschaft entziehen? Es gibt keine Entschuldigung dafür, dass der Eifer durch Nachlässigkeit in Schlaf verfällt, schreibt Bernhard.[124]

> * Sehr treffend sagte irgendein Heiliger, in diesen Zeiten könne ein Bischof nur dann Frucht bringen, wenn er nach außen hin so lebt, dass man ihn für einen Toren hält. Warum? Weil er nichts Gutes tun wird, solange er ängstlich darauf bedacht ist, dass man ihn für klug hält in Dingen, welche den Lebensstil betreffen. Er müsste in diesem Punkt der Welt gegenüber seine Stirn hart machen. Das gleiche gilt, wenn er bei der Ausübung seines apostolischen Dienstes ängstlich darauf bedacht ist, ob er verachtet wird oder nicht. *

---

124 Bernhard von Clairvaux, *Cons.* I, cap.2, n.2.3 (I, 630.632).

6. KAPITEL

Demut und Bescheidenheit des Bischofs hinsichtlich seines Standes und seiner Person

[Humilitas ac modestia praelatorum quoad statum et personam]

Mit einem Wort: Entweltlichung

Wer sagt, dass er in Christus bleibe, der muss auch leben, wie er gelebt hat (vgl. 1 Joh 2,6). Welches andere Vorbild wollt ihr euch für euren Stand nehmen, ihr blinden Hirten, als den Herrn Jesus selbst? Ja glaubt ihr denn, jene Weisung sei aufgehoben: „Die Könige unterdrücken ihre Völker, bei euch aber soll es nicht so sein" (Lk 22,25f.)? Kein Gewohnheitsrecht, keine Vorschrift kann diese göttliche Regel *(canon)* außer Kraft setzen! Erwägt jenes Wort in Lk 16,15: „Was bei den Menschen als hoch erhaben gilt, ist ein Gräuel in den Augen Gottes".

Klugheit der Welt – Torheit der Nachfolge Christi

Die Hirten unserer Gegenwart sagen: Wir können unsere Untergebenen nicht in Gehorsam und Pflichtbewusstsein halten, wenn wir unsere Autorität bei ihnen nicht zur Geltung bringen mittels eines standesgemäßen Lebensstils *(statu et pompa)*. – O Verblendung, schlimmer als bei den Juden! Die Diener Christi wollen klüger sein als Christus selbst!? Christus hat sich den Erdkreis unterworfen durch Menschen, die von seinem Geist erfüllt waren, das heißt, vom Geist der Demut und der Armut. Und auf diese Weise hat der Herr den Geist des Fleisches und der Welt ausgetrieben. Und jetzt sagt man, der Geist der Welt könne aus den Herzen der Anbefohlenen nicht anders ausgetrieben werden als durch den Geist der Welt – indem die Hirten sich bewaffnen mit dem Pomp und dem Glanz eines weltlichen Lebens! Kann man sich eine größere Torheit vorstellen? Der Satan kann mit Satan nicht ausgetrieben werden, sagt der Herr (Mk 3,23); ein Mensch mit dem Geist der Welt in seinem Herzen kann den Geist der Welt nicht aus anderen Menschen vertreiben.

Die Hirten, welche auf großartigen Lebensstil aus sind, zerstören jenes Lob auf die Kirche, das im Hohenlied gesungen wird: „Ich bin schwarz, doch schön. Schaut mich nicht so an, weil mich die Sonne verbrannt hat…" (Hld 1,4f.). „Die Sonne": das ist Christus. Versteht man das wörtlich, dann ist die Kirche äußerlich „schwarz", und zwar, weil sie die Abtötung der Kreuzesnachfolge lebt und äußeren weltlichen Glanz verachtet; innerlich aber ist sie schön. Ein Hirte, der aus Liebe zu Christus auf den äußeren Glanz verzichtet, kann wirklich sagen: Schaut mich nicht so an, weil ich verbrannt bin, weil die Sonne mich gefärbt hat. Das heißt: Wenn ich keinen äußeren Glanz aufzuweisen habe, dann kommt das von der Liebe zu Christus, weil ich Christus, dem Bräutigam, nachfolge. „Schwarz": unansehnlich nach äußerem Glanz und Schein, aber innerlich schön. Darum sagt auch der Herr: „Selig, wer keinen Anstoß nimmt an mir" (Lk 7,23), wer mich nicht zurückweist wegen dieser äußeren Schwärze und der Unansehnlichkeit des Zustandes, den ich angenommen habe.

Nachdem Bernhard von Clairvaux gegen den Glanz und königlichen Aufwand mancher Prälaten gewettert hatte, fügte er hinzu: In bitterem Frieden sitzt nun die Kirche, denn sie wird bekämpft durch Lebensführung ihrer Hirten. Sie kann diese nicht davonjagen, sie kann ihnen aber auch nicht davonlaufen – wie die frühe Kirche die Irrlehrer in die Flucht schlug, und wie sie vor den Herrschern dieser Welt floh, welche sie verfolgten. Darum haben diese Leute jetzt maßlos zugenommen und sind stark geworden. Bernhard schließt: Die Wunde der Kirche sitzt im Inneren und ist unstillbar.[125]

Die fleischlich gesinnten Bischöfe sagen: Ohne den standesgemäßen Glanz werden wir von den Weltleuten verachtet. – Wenn dieses Argument stimmte, warum kam dann der Herr in einem niedrigen Stand, wohl wissend, dass er von den Verworfenen verworfen werden müsse?

Augustinus schreibt im Kommentar über den Psalmvers: „Erbarme dich meiner, o Gott, denn die Menschen haben mich zu Boden getreten" (Ps 55):[126] Wenn du wirklich ein Christ bist, dann bereite dich darauf vor, getreten zu werden. Du bist in der Kelter; du wirst das Getretenwerden nicht vermeiden können.

Aber die Weltmenschen sagen: Wir „halten das Leben der Heiligen für Verrücktheit" (Weish 5,4). Wenn du dich also nicht für verrückt halten lassen willst, dann willst du nicht heilig sein!

Über den hl. Martin wird berichtet, dass er von seinen Klerikern in unverschämter Weise verspottet und geschmäht wurde, weil er, als Mönch zum Erzbischof von Tours erhoben, genauso blieb, wie er gewesen war: das gleiche schlichte Gewand, die gleiche Demut im Herzen. In der Kirche sah ihn niemand sitzen; und zuhause benützte er einen dreibeinigen Schemel. Und unter diesen Umständen war er dennoch so erfüllt von

125 Bernhard von Clairvaux, *Cant.* sermo 33, cap.7, n.16 (V, 536).
126 Augustinus, *En. Ps.* 55, n.4 (CCSL 39, 680).

Autorität und Gnade, dass er die Würde des bischöflichen Amtes hervorragend verwirklichte.

Jenes Wort des Apostels an Timotheus: „Niemand soll dich wegen deiner Jugend verachten“ (1 Tim 4,2), bedeutet nichts anderes als: Tu nichts, weswegen du dir Verachtung zuziehen könntest; deine Taten und Worte seien nicht leichtfertig. Wenn du ohne deine Schuld verachtet wirst, weil du der Lebensweise der Apostel folgst, dann sage Gott Dank, wie es die Heiligen taten, und singe frohen Herzens mit David: „Jung bin ich und verachtet, doch was du für gerecht erklärst, habe ich nicht vergessen (Ps 118,141). Herr, deinetwegen ertrug ich Schmähung, und Schande bedeckte mein Gesicht, ich wurde fremd meinen Brüdern“. Warum? „Denn der Eifer für dein Haus verzehrte mich, die Schmähungen derer, die dich schmähen, haben mich getroffen“ (Ps 68,8–10). Das heißt, der Eifer, für dich Menschen zu gewinnen, hat mich gezwungen, ein Leben wie die Apostel zu führen. Ich weiß, o Herr, dass du deine Weisheit und Herrlichkeit nicht aus dem Mund der Mächtigen, der Weisen und stolz Auftretenden vollkommen kundtun wolltest, sondern aus dem Mund der Kinder und Säuglinge, das heißt, der einfachen und verachteten Apostel.

Es gibt keinen kostbareren Stein im Ornat des Bischofs als die Demut, schreibt Bernhard. Je höher er über andere gestellt ist, desto mehr leuchtet seine Demut auf. Keine andere Tugend vermag es so wie sie, den tyrannischen Beherrscher des Menschengeschlechtes zu besiegen.[127] „Lernt von mir, denn ich bin sanft und demütig von Herzen“: Auf wen ist denn dieses

---

127 Bernhard von Clairvaux, *Cons.* II, cap.6, n.13 (I, 682).

Wort treffender gemünzt als auf den Diener Christi, der die Seelen zu Christus führen will? O weh, wohin ist es gekommen mit den Bischöfen unserer Zeit! Sie verschmähen heilige und geistliche Ehre, nach griechischen Ehrungen *(glorias graecas)* verlangt es sie, diese halten sie für das Beste – siehe dazu das 2. Buch der Makkabäer, 4. Kapitel.[128]

Was steckt in eurem Aufwand für ein Nutzen, ihr Verblendeten?! „An den Früchten werdet ihr sie erkennen" (Mt 7,20). Die Früchte sind: Karrieresucht, Habgier, lasterhaftes Leben eurer Kleriker, völliges Erlöschen des geistlichen Feuers. Eure Kanoniker, die in erster Linie eure Mitarbeiter und Helfer zu jedem guten Werk sein müssten, sind die ersten Feinde des geistlichen Lebens, der Demut, der Bescheidenheit und der Selbstbeherrschung – freilich, sie folgen ja ihrem Anführer.

Sagt mir, kann etwa ein ausschweifend lebender Bischof, in seiner Begierde gefangen, der Begierde seiner Untergebenen wehren? Bestimmt nicht. Er wird sie eher noch fördern. Wie also könnt ihr, da ihr solch verschwenderischen, nutzlosen Aufwand *(pompa)* treibt, aus der Welt diesen Aufwand und den Pomp des Teufels austreiben, dem wir in der Taufe widersagt haben? Es ist doch offenkundig, dass das Hirtenamt von Gott eingesetzt ist, um die Kirche von allen Lastern zu befreien. Ihr seid von Gott her dazu eingesetzt, die Gesetze und Gebräuche der Welt in Wort und Beispiel

---

128 2 Makk 4,14f.: „Schließlich kümmerten sich die Priester nicht mehr um den Dienst am Altar; der Tempel galt in ihren Augen nichts und für die Opfer hatten sie kaum mehr Zeit. Dafür gingen sie eilig auf den Sportplatz, sobald die Aufforderung zum Diskuswerfen erging, um an dem Spiel, das vom Gesetz verboten war, teilzunehmen. Die Ehren ihres Vaterlandes achteten sie für nichts, auf griechische Auszeichnungen dagegen waren sie ganz versessen."

kraftvoll zu bekämpfen, die David „hohle, sinnlose Vorspiegelungen und Verrücktheiten" nennt *(vanitates et insaniae falsae;* Ps 39,5).

Ihr könnt aber die wirklichen Verrücktheiten dieser Welt nicht austilgen, außer auf dem Weg der entschlossenen Nachahmung der Apostel, ihrer Lehre und ihres Beispiels – was die Welt zu Unrecht „Verrücktheiten" nennt. Ihr müsst ertragen, dass ihr um Christi willen „Verrückte" genannt werdet, damit ihr mit Paulus sagen könnt: „wir als Toren um Christi willen, ihr aber als kluge Leute in Christus" (1 Kor 4,10).

Wenn ihr die Bestimmungen der heiligen Synoden ernstnehmen wollt, dann prägt euch tief ein, was die 4. Synode von Karthago, an der auch Augustinus teilnahm, festsetzte: Ein Bischof soll einen sehr bescheidenen Haushalt führen, seine Tafel und seine sonstigen Bedürfnisse sollen schlicht sein. Die Autorität seiner Würdestellung soll er durch Glauben und tugendhaftes Leben suchen.[129] Das sind die Waffen Christi und der Apostel, womit Goliath und das Reich dieser Welt zu überwinden sind. Christus bedarf nicht der Waffen Sauls, um seine Kriege zu führen und den Sieg zu erringen, er bedarf nicht des glanzvollen irdischen Aufwandes, um die Völker im Glauben und im Gehorsam zu erhalten – wie einige ganz dumm behaupten! Diese Personen pflegen ihre Eitelkeit zu verteidigen, indem sie sagen, man dürfe nicht ins Extrem verfallen, sondern man solle den durchschnittlichen Weg einhalten *(communis via tenenda)*.

In Wahrheit wären die Heiligen und Bischöfe der frühen Kirche niemals Heilige geworden, wären sie nicht „extrem" gewesen und hätten die Besonderheit

---

129 4. Konzil von Karthago, can. 15 (Mansi 3, 952).

des apostolischen Lebens gewählt! Andernfalls wäre unser Kalender nicht voll mit ihren Namen, noch unser Brevier mit ihren Viten. Die aber dem ausgetretenen Weg folgten, sind entweder unbekannt geblieben oder ihr Name hat keinen guten Klang, noch haben sie die Saat der Heiligkeit hinterlassen. Wenn man dem gewöhnlichen Weg folgen soll, warum hat dann der hl. Gregor, bald nachdem er zum Papst erwählt worden war, aus seinem Haus alle weltlichen jungen Leute hinausgebeten und nur erprobte Kleriker und Mönche in seiner Umgebung belassen? So sollen alle Gewohnheiten beseitigt werden, die nicht mit dem Geist des Evangeliums, der Lehre und dem Vorbild der Heiligen verträglich sind. Denn im Evangelium (Mt 15,13) heißt es: Jede Pflanzung, die nicht von meinem Vater gepflanzt wurde, wird ausgerissen werden.

Wirklich, es ist nicht hochmütiges Streben nach Besonderheit *(superba singularitas)*, wenn der ein oder andere Bischof unserer Zeit es an glanzvollem Lebensstil seinen Mitbischöfen nicht gleichtun will. Im Gegenteil, größter Hochmut und abscheuliche Eigenbrötelei ist es, wenn moderne Bischöfe *(moderni)* kaltschnäuzig gegen die Lehre und das Beispiel der Alten handeln. Und noch unerträglicher ist es, dass sie als Begründung angeben, man müsse mit der Zeit gehen – als ob der Geist Christi und die Richtschnur des Evangeliums sich mit der Zeit ändern und den Meinungen und Vorlieben der Menschen dienen müsste! Nein, umgekehrt müssen sich alle Zeiten dem Evangelium angleichen, am Geist des Evangeliums und der Apostel ihr Maß und ihre Gestalt nehmen.

Es redet das Fleisch, nicht der Geist, wenn gesagt wird, unsere Zeiten könnten die Bescheidenheit und

Demut im Verhalten, wie sie die alten Väter hatten, nicht ertragen. Es ist das Geschäft des Fleisches, immerzu hübsche Scheinargumente zu ersinnen, womit es sich und sein Behagen verteidigen kann. Und es gibt unzählige Doktoren und Anwälte, welche dafür Partei ergreifen.

Doch die Worte des Herrn und der Heiligen sind zuverlässig: „Er hat sie für immer und ewig eingesetzt" (Ps 148,6) – Worte wie diese: „Bei euch aber soll es nicht so sein" (Lk 22,26), „seid nicht Beherrscher eurer Gemeinden, sondern Vorbilder für die Herde" (1 Petr 5,3), und unzählige andere. Diese Worte, ich sage es noch einmal, sind nicht gegeben worden, damit sie im Laufe der Zeiten verändert werden, sondern damit alle Zeiten sich nach ihnen formen.

Gersons „Büchlein"

Johannes Gerson hat im II. Teil seiner Werke ein ganz hervorragendes Büchlein verfasst, mit dem Titel: „Maßhaltung und Bescheidenheit der Prälaten".[130] Dort spricht er so schön zum Thema, dass ich es für nützlich hielt, hier eine knappe Zusammenfassung der Quintessenz zu geben.

Er hat folgende These: Es ist sinnvoller und wirkungsvoller, wenn die Vorgesetzten in der Kirche sich für eine strengere Lebensführung entscheiden, was die Tafel, die Kleidung, die Zahl der Bediensteten und die übrigen Umstände betrifft, als wenn sie sich in diesen Dingen dem Brauch der Weltleute angleichen. Die These beweist er sodann.

---

130 Jean Gerson, *Super victu et pompa praelatorum* (OC III, 95–103).

Drei Gründe [gibt er zunächst an] könnten einen Prälaten dazu bewegen, [ein prunkvolles Leben zu führen]:

Erstens, weil er Gott gefallen will. – Hier liegt auf der Hand, dass dem nicht so ist; denn es widerspricht dem Verhalten Christi und der Heiligen. Auch hat Gott ganz offenkundig an den Werken der Barmherzigkeit mehr Gefallen – und für diese Werke kann das Geld ausgegeben werden, das man sonst für die Lebensführung aufwendet. Es lügt also die Ungerechtigkeit gegen sich selbst, wenn sie behauptet, damit Gott gefallen zu wollen, wo sie doch in Wahrheit nur sich selbst und der Welt gefallen will.

Zweitens, weil er den Fortschritt der Untergebenen im tugendhaften Leben anstrebt. Und auch hier liegt auf der Hand, dass das nicht stimmt: Denn ein derartiger Aufwand gibt den Laien, hoch wie nieder, eher ein Ärgernis als dass er sie geistlich aufbaute. Sie werden dadurch zum ungehaltenen Tuscheln, zu Überheblichkeit, Neid, Habgier und Empörung angereizt. Da für die Bischöfe das Gebot des hl. Petrus gilt, „nicht als Herrscher im Klerus, sondern als Vorbild für die Herde" (1 Petr 5,3) bestellt zu sein, sind sie verpflichtet, ein Vorbild der Bescheidenheit und Nüchternheit zu sein. Mit einem aufwändigen Leben stellen sie eher ein Vorbild für Ehrgeiz, Habgier, Eitelkeit dar, womit sie ihre Untergebenen in die gleiche Richtung stoßen. Denn das Beispiel, das ein Vorsteher gibt, hat etwas Zwingendes an sich.[131]

131 Es wird hier angespielt auf die Auseinandersetzung des Apostels Paulus mit dem Apostel Petrus (Gal 2,14), er gebe den Heidenchristen ein irreführendes Beispiel: „Tu cogis gentes iudaizare".

Wozu bedarf es noch der Schriftzitate, wenn dies doch die Erfahrung ganz klar lehrt! Woher kam denn die Ergebenheit und Zuneigung von Fürsten und andern weltlichen Personen gegenüber den Bischöfen der Frühen Kirche, woher ihre Hochachtung? Doch daher, dass diese Bischöfe den weltlichen Aufwand geringachteten. Außerdem konnte man sehen, dass sie treue Ausspender der kirchlichen Güter waren, und deswegen wurden ihnen großzügig und reichlich Spenden gegeben. Später zogen sie ihre Hand zurück, und griffen sogar die zeitlichen Güter der Kirche an, als sie sahen, dass die Bischöfe diese mit ihrem aufwändigen Leben aufbrauchten.

Aber diese Bischöfe sagen: Wir leben so, um uns denen anzupassen, mit denen wir zusammen leben. – Die Antwort darauf gibt der Apostel mit den Worten: „Gleicht euch nicht dieser Welt an“ (Röm 12,2).

Sie sagen auch: Wir leben so, damit wir uns nicht schämen müssen unter den anderen. – Darauf lautet die Antwort, dass man vor der Demut Christi nicht zurückschrecken darf, und dass man sich der Schlichtheit nicht schämen soll, die man um Christi willen auf sich nimmt, auch wenn man deswegen verachtet wird.

Vorsicht vor Geiz unter dem Mantel der Schlichtheit

Sie sagen schließlich auch: Wir leben so, damit man uns nicht für Geizhälse und Heuchler hält, wenn wir in diesen Dingen karger sind als andere Leute.

Das wäre ein gut klingendes Argument, wenn man nicht auf eine vernünftigere und gerechtere Art diesen Verdacht aus dem Herzen der Menschen tilgen könnte. Es ist durch und durch wahr, dass die kirchlichen Vorgesetzten verpflichtet sind, jeden Verdacht des Geizes oder der Heuchelei zu vermeiden, soweit es an ihnen liegt; denn sie sind den Mitmenschen einen guten Ruf schuldig, Gott aber ein gutes Gewissen. Daher gebe ich gerne zu, dass ein Prälat, der sparsam lebt und Pomp verachtet, zugleich aber auf tausenderlei Weisen den Untergebenen Geld aussaugt und anhäuft, ohne Zweifel in Gottes Augen verwerflicher und in den Augen der Mitmenschen hässlicher und verächtlicher ist als diejenigen, die einen aufwendigen Lebensstil pflegen. Also, sage ich, muss jemand so handeln, dass er nicht für einen Geizhals gehalten wird, der Geld scheffelt.

Gerson zieht folgenden Schluss: Ein Vorgesetzter kann nicht nur erlaubterweise in der Öffentlichkeit Almosen spenden, sondern darf es sogar „vor sich her posaunen lassen", d.h., er darf bekannt machen, wenn er Almosen gibt. Ja, er ist dazu sogar zu bestimmten Anlässen nach Zeit und Ort verpflichtet, denn er soll auch ein Vorbild sein für andere, eine Leuchte, die auf dem Leuchter brennt, um allen zu leuchten, die in seiner Kirche sind. Er, der gesagt hat: „Wenn du Almosen gibst, lass es nicht vor dir her posaunen" (Mt 6,2), hat auch gesagt: „Lasst euer Licht vor den Menschen leuchten" (Mt 5,16). Damit belehrt er uns, dass die Werke der Christgläubigen, besonders der Vorgesetzten, einerseits im Verborgenen vollbracht werden müssen – frei von der Absicht, dafür gelobt zu werden –, und andererseits in der Öffentlichkeit – in der Absicht, bei den Mitmenschen den Lobpreis Gottes zu mehren. Daher schreibt Gregor: Das Werk werde so in der Öffentlichkeit vollbracht, dass die Absicht dennoch im Verborgenen bleibt.[132]

132 Gregor der Grosse, *Hom. Ev.* I, hom. 11, n.1 (FC 28/1, 180.182).

Nun wirst du sagen: Das bedeutet, die Bischöfe in die Versuchung der eitlen Ruhmsucht zu stürzen, die fein wie ein Windhauch ist!

Ja, das ist wahr. Daher darf das Amt des Vorstehers nur jemand annehmen, der bereits in Demut, glühender Frömmigkeit und den übrigen Tugenden eingeübt ist.[133] Wehe denen, die schon vorher die Last des Amtes auf sich nehmen: Sie verwickeln sich in viele nahezu unlösbare Gewissensprobleme *(perplexitates);* denn sie sind auf der einen Seite verpflichtet, ihre Werke in der Öffentlichkeit zu vollbringen, und auf der anderen Seite sind sie dem geistlichen Absturz aufgrund von Aufgeblasenheit und Eitelkeit ausgesetzt. Es ist schwierig, etwas gut zu vollbringen, was man vorher nicht gelernt hat. Zu diesem Zweck legt Gregor jenes Wort aus Ijob (18,8): „Er ließ seine Füße ins Netz geraten", im Hinblick auf gewisse kirchliche Würdenträger aus.

Ein Oberer *(praelatus)* – und wenn er noch so heilig lebt – soll nicht glauben, er könne allem Neid, übler Nachrede, oder Schmähungen durch böswillige Leute entgehen. Er soll es vielmehr gering schätzen, von solchen Leuten gering geschätzt zu werden; er soll auch nicht davor zittern, ihnen ein Ärgernis zu sein; denn für

133 Im ersten Teil des *Stimulus* exzerpiert Bartholomäus folgende Passage aus Gregor, *Reg. Past.* I: „Es soll sich doch niemand mit Luftschlössern selber blenden, was er alles Großartiges vollbringen werde! Er soll vielmehr einen nüchternen Blick auf das Leben werfen, das er bislang geführt hat, und dann beurteilen, was er im Bischofsamt tun wird. Wie kann jemand, sobald er an die Spitze gestellt wurde, Demut lernen, wenn er in untergeordneter Position die ganze Zeit eingebildet ist? Wie wird jemand, der nun die Aufgabe hat, für den Unterhalt vieler Menschen zu sorgen, die Habgier überwinden können – wenn er vorher sein Eigentum so krampfhaft festhält? Was ist denn die Hirtenaufgabe anderes, als ein fortwährender Gewitter-Sturm für den Geist, welcher der Sturzflut der Sorgen und Gedanken ständig ausgesetzt ist?"

diesen Fall sagt der Herr: „Sie sind blinde Führer von Blinden“ (Mt 15,14). Warum wunderst du dich, wenn alle dir widersprechen? Hat nicht Simeon über den Herrn gesagt: „Er wird zum Zeichen, dem widersprochen wird“? (Lk 2,34) Und David: „Die Könige standen auf [gegen den Herrn und seinen Gesalbten]…“ (Ps 2,2). Und Jeremia: „Alle sprechen gegen mich“ (Jer 15,10). Und im letzten Kapitel der Apostelgeschichte heißt es: „von dieser Sekte ist uns bekannt, dass sie überall auf Widerspruch stößt“ (Apg 28,22).

Drittens: Ein Motiv für aufwendige Lebensführung kann in der Autorität der Kirche bzw. darin liegen, dass die Stellung eines Vorgesetzten Ehrerbietung verlangt. Und das ist die Achillesferse. Deswegen ertragen und ernähren sie [d.i.: die Leute, die so argumentieren] so viele ungeeignete und faule Hausgenossen.

Und dabei hat dieses Argument überhaupt kein Gewicht!

Zum einen: Weil Ehre der Lohn für Tugend ist, sind die Bischöfe verpflichtet, ihre Schafe zu lehren, dass man Menschen in erster Linie wegen ihrer Tugendhaftigkeit ehrt, und nicht wegen ihres großartigen Auftretens *(pompa)*. Wenn sie dagegen mit Hilfe solchen Auftretens Ehrerbietung einfordern, lehren sie ihre Schafe einen Irrweg – nämlich, das Drumherum großartigen Auftretens für eine echte Ursache der Ehre zu halten!

Der hl. Jakobus hat jene Leute hart angeklagt, „welche auf die Person sehen“, also Reiche wegen ihres prächtigen Gewandes ehren und Arme verachten (Jak 2,1–4). Und Bernhard schreibt an Papst Eugen: Als Hirte schreitest du „vergoldet“ einher, in bunte Gewänder gekleidet – was entnehmen die Schafe daraus? Wenn ich es wagte, würde ich sagen: Es ist eher eine dämonische als eine menschliche Weide![134] Hat sich Petrus so verhalten, hat Paulus solches angeraten? Die Apostel und apostolischen Männer waren überzeugt, ohne solcherlei Aufwand den Auftrag des Heiles erfüllen zu können: Weide meine Schafe (Joh 21,17).

Außerdem: Wenn die Bischöfe für die Würde der Kirche eiferten, warum lassen sie dann die Mehrzahl der Pfarrpriester in so erbärmlich niedrigen Umständen, ja beuten sie noch aus?

Zum anderen: Ich sage, dass die weltlichen Fürsten und Adligen den Aufwand kirchlicher Würdenträger eher verspotten als ehren. Die armen Leute aber wagen es umso weniger, an solche Personen heranzutreten, um einen Rat zu bekommen oder zu beichten. Wenn sie sehen, wie diese im Nichtstun und mit Gelagen ihre Zeit hinbringen, sie selbst aber Mangel leiden, in zerrissenen Kleidern gehen und hart arbeiten müssen, dann beneiden sie die anderen und reden böse über sie. Wenn sie sähen, dass diese bescheiden lebten, würden sie sie lieben und aufgrund ihres Beispiels leichteren Herzens ihre eigenen Mühen ertragen.[135]

Zum dritten: Ich sage auch, dass die Bischöfe jedenfalls dafür Sorge tragen müssen, dass sie geachtet und mit Ehrerbietung behandelt werden. Aber es gibt zweierlei Ehre, da muss man unterscheiden: Die eine

---

134 Bernhard von Clairvaux, *Cons.* IV, cap.2, n.5 (I, 744).

135 Vgl. zu diesem Gedanken II. Vatikanisches Konzil, PO 17: „Vom Geist des Herrn geführt, der den Erlöser gesalbt und Armen die Frohbotschaft zu bringen ausgesandt hat, sollen die Priester und ebenso die Bischöfe alles vermeiden, was den Armen irgendwie Anstoß geben könnte, indem sie, mehr als die anderen Jünger des Herrn, jeden Schein von Eitelkeit in ihrer Lebenshaltung ausschließen. Ihre Wohnung sei so eingerichtet, dass sie niemandem unzugänglich erscheint und daß niemand, auch kein Niedriggestellter, sich scheut, sie zu betreten."

Art von Ehre erweist die Welt den Mächtigen, den weltlichen Fürsten und den Reichen. Die andere Art von Ehre bringen Menschen heiligen Personen entgegen, die den Ruf haben, wirklich geistliche Menschen zu sein.

Um die erste Art von Ehre sollen sich Bischöfe nicht kümmern, sie sollen nicht „Herren im Klerus sein" (vgl. 1 Petr 5,3), nur um die zweite. Jene aber kümmern sich um die erste Art. Sie vermeiden zwar Verächtlichkeit, welche der ersten Art von Ehre entgegengesetzt ist, aber gerade damit vermeiden sie nicht die Verächtlichkeit, welche der zweiten Art entgegengesetzt ist: Menschen, die solche kirchlichen Vorgesetzten sehen, wie sie ein prunkvolles Leben führen, halten diese für ganz weltlich, für Kinder dieser Weltzeit.

Es kann freilich vorkommen, dass man wegen eines heiligmäßigen Lebenswandels verachtet wird – steht denn nicht geschrieben: „Selig seid ihr, wenn euch die Menschen hassen" (Lk 6,22)? Und: „In Ehre wie in Schmach" (2 Kor 6,8)?

Die wirkliche Torheit...

Was für ein Wahnsinn! Man kann es nicht glauben! Die Kirche steht in Flammen, in den Flammen der Laster verbrennt deine Braut, kaum ein geistlicher Mensch findet sich im Klerus oder im Volk – und der Bischof hat Zeit für die Annehmlichkeiten und den äußeren Glanz seines Standes! Er sollte in Sack und Asche gehen, seufzen, laute Klage erheben *(vociferare)*, fasten; barfuß mit Jesaja klagen. Die Krankheiten nehmen zu, doch es gibt keine Ärzte, nur fleischlich gesinnte oder solche, die nichts verstehen *(idiotae)*; und die finanziellen Mittel der Kirche, die dazu da wären, Ärzte zu bekommen, werden für die äußere Reputation ausgegeben! Man müsste mit Mose schreien: „Ich kann die Last dieses Volkes nicht tragen, töte mich …; da ich von so vielen Übeln bedrängt bin“ (Num 11,14); mit Jeremia (20,14) den Tag der eigenen Geburt verfluchen, weil er einen zum Hirten gemacht hat; und stattdessen geben sich die Hirten des Evangeliums Annehmlichkeiten und äußerem Glanz hin! Ein Bischof schwebt in höchster Gefahr ewiger Verdammnis – und will sich abgeben mit dem Glanz seines Status, während er doch fortwährend trauern sollte?![136]

136 Bartholomäus exzerpiert im ersten Teil des *Stimulus* folgende Stelle aus Johannes Chrysostomus, *In Acta ap.*, hom. 3, n.4: „Ich meine, dass unter den Bischöfen nicht viele gerettet werden, sondern dass viel mehr verderben; denn sie ziehen sich die Verdammnis nicht aufgrund eigener Sünden zu, sondern aufgrund derjenigen anderer Leute, zu deren Heilung sie nichts getan haben“ (PG 60, 39).

7. KAPITEL
Die Verkündigung als Hauptaufgabe des Bischofs
[Praedicatio praecipuum episcopi munus]

Erste Aufgabe: Evangelisierung

Was ist ein Bischof anderes als eine Art Sonne für seine Diözese, ein Mensch, dessen Herz brennt, dessen ganzes Streben darauf gerichtet ist, Menschen für Christus zu gewinnen, jemand, der durch sein lebendiges Beispiel immer, und in Worten sehr häufig predigt?[137] Darum schreibt Paulus an Timotheus: „Sei gewissenhaft in der Lesung, der Ermahnung, der Lehre" (1 Tim 4,13). Und wiederum: „Hab Acht auf dich und die Lehre, halte daran fest! Wenn du das tust, rettest du dich und alle, die dich hören" (v.16). Ja, mit schreckenerregenden Worten beschwört er ihn „vor Gott und Jesus Christus, dem kommenden Richter der Lebenden und der Toten, bei seinem Erscheinen und seinem Reich: Verkünde das Wort, tritt dafür ein, sei es gelegen oder ungelegen ..." (2 Tim 4,1–2). Wie er selbst für das Wort eintrat, bezeugt

137 Vgl. II. Vatikanisches Konzil, LG 24.25: „Die Bischöfe empfangen als Nachfolger der Apostel vom Herrn, dem alle Gewalt im Himmel und auf Erden gegeben ist, die Sendung, alle Völker zu lehren und das Evangelium jedwedem Geschöpf zu verkündigen. [...] Unter den hauptsächlichsten Ämtern der Bischöfe hat die Verkündigung des Evangeliums einen hervorragenden Platz. Denn die Bischöfe sind Glaubensboten, die Christus neue Jünger zuführen; sie sind authentische, das heißt mit der Autorität Christi ausgerüstete Lehrer. Sie verkündigen dem ihnen anvertrauten Volk die Botschaft zum Glauben und zur Anwendung auf das sittliche Leben und erklären sie im Licht des Heiligen Geistes, indem sie aus dem Schatz der Offenbarung Neues und Altes vorbringen (vgl. Mt 13,52). So lassen sie den Glauben fruchtbar werden und halten die ihrer Herde drohenden Irrtümer wachsam fern (vgl. 2 Tim 4,1–4)."

Paulus gegenüber den Ephesern: „Drei Jahre hindurch habe ich Tag und Nacht nicht aufgehört, jeden einzelnen von euch zu ermahnen" (Apg 20,31). Dazu stimmt auch jenes glutvolle Wort aus Psalm 2,6, wo Christus von sich sagt: „Ich bin eingesetzt von Ihm als König auf Sion, seinem heiligen Berg, seine Weisung zu verkünden."

Was sagt ihr dazu, ihr Hirten, die ihr nur eure ehrgeizigen Pläne und eure Ruhe im Sinn habt? Die Kanzel wollt ihr, aber predigen wollt ihr nicht. Dabei spricht Christus, er sei eingesetzt als König, um zu predigen,[138] und ihr behauptet, ihr könntet nicht zugleich leiten *(regere)* und predigen *(praedicare)*? Nun, unsere Väter konnten jedenfalls beides: ein Gregor, ein Ambrosius, Augustinus und so fort. Wenn ihr wegen eurer Schwachheit nicht beides erfüllen könnt, dann solltet ihr lieber einen anderen Bereich eures Amtes von Dritten ausführen lassen, bevor ihr die Predigt aufgebt! Denn so hat es das 4. Konzil von Karthago euch vorgeschrieben: Der Bischof soll die Organisation der Fürsorge für Witwen, Waisen und Fremde nicht in eigener Person, sondern durch einen Erz-Priester oder Archidiakon wahrnehmen.[139] Und etwas später heißt es: Der Bischof soll keinesfalls die Sorge um Vermögensangelegenheiten an sich ziehen; er soll sich einfach nur der Lesung, dem Gebet und der Verkündigung des Wortes Gottes widmen.[140] Die heiligen Väter haben dies der Apostel-

138 In der lateinischen Lesart des zitierten Psalms wird das Königtum mit der Predigt verknüpft: „Ego constitutus sum Rex ... *praedicans* praeceptum eius." Auch in der Johannes-Passion tritt dieser Gedanke hervor: „Du sagst es. Ich bin ein König. Ich bin dazu geboren und in die Welt gekommen, um für die Wahrheit Zeugnis zu geben" (Joh 18,37).

139 4. Konzil von Karthago, can. 17 (Mansi 3, 952).

140 Ebd. can. 20 (Mansi 3, 952).

geschichte entnommen: „Es ist nicht recht, dass wir das Wort Gottes vernachlässigen und uns dem Dienst an den Tischen widmen“ (Apg 6,2). Wenn die Apostel also der Predigt-Aufgabe den Vorrang vor der Sorge für Arme und Witwen gaben, wie viel weiter nach hinten würden sie das Anhören von Rechtsstreitigkeiten und irgendwelcher politischer Geschäfte rücken! Es ist doch wirklich unerträglich, dass ein Bischof seine ganze Zeit damit verbringt, Streitfälle von Weltleuten anzuhören, und nur wenig oder gar keine Zeit der geistlichen Lesung und Betrachtung widmet. Nur so könnte er mit heiligen Worten der Predigt oder der Ermahnung die Flamme der Begeisterung in die Seelen der ihm Anvertrauten werfen: der Geringschätzung der Welt und der Liebe zu den himmlischen Gütern.

Aber, so sagen unsere zeitgenössischen Bischöfe, wir haben ja geeignete Prediger, die diese Aufgabe hinreichend erfüllen. Das aber verabscheuten unsere heiligen Väter derart, dass sie auf einer spanischen Synode im Jahre 630 folgende Worte fanden: „Wenn der Bischof anwesend ist, ist es keinem Priester erlaubt, das Volk zu lehren oder zu ermahnen.“[141] In der Tat – selbst wenn der Bischof weniger gelehrt oder redegewandt wäre, so hat doch das Wort des Hirten etwas ich-weiß-nicht-was Besonderes; wie man ja auch die Milch der Mutter für kräftiger und verträglicher hält als die einer Amme.

Die Bischöfe sollen sich also den Rat des Jithro an Mose zu Herzen nehmen, sie sollen ihn annehmen, als sei ihnen selber dies vom Herrn gesagt: „Sei du für das Volk da in den Angelegenheiten, die Gott betreffen, ...“ (Ex 18,19–22).

---

141 Concilium Hispalense II, can. 7 (Mansi 10, 559).

Das Gegenteil tun diejenigen Bischöfe, die sich von der Süße der Heiligen Schrift und der heiligen Betrachtung abkehren und ganz und gar in gerichtlichen Streitfällen, politischen Angelegenheiten und Verantwortlichkeiten aufgehen. Sie geben damit diejenigen Tätigkeiten auf, die für ihr Amt wesentlich sind; denn diese sind auf das Heil der Seelen ausgerichtet: Betrachtung, Predigt, Lesung und Visitation der Diözese, etc.

Gregor war Papst; doch er wusste, dass er in erster Linie zur Verkündigung verpflichtet sei. So schrieb er an Dominicus, den Bischof von Karthago: Ein Bischof soll stets an den Dienst der Verkündigung denken, der ihm aufgetragen ist; ja, er soll mit Furcht und Zittern daran denken, dass der Herr bei seiner Abreise (um ein Reich in Besitz zu nehmen) seinen Knechten Talente gab mit den Worten: „Macht Geschäfte damit, bis ich wiederkomme" (Lk 19,13). Dieses Geschäft betreiben wir wahrhaft und wirklich, wenn wir durch unser Leben und unser Reden die Seelen unserer Mitmenschen für Christus gewinnen, wenn wir die Schwachen in der göttlichen Liebe stärken, die Frechen und Eingebildeten beugen, indem wir ihnen die schrecklichen Strafen der Hölle vor Augen stellen; wenn wir niemanden im Widerspruch zur Wahrheit schonen; wenn wir, geborgen in der Freundschaft mit den Bürgern des Himmels, die Feindschaft von Menschen nicht fürchten. – Was das betrifft, so lässt mich meine Schwäche, die mich drückt, erbleichen. Ich denke daran, dass ich Rechenschaft geben muss. Wie wird mir vor Ihm zumute sein, wenn ich aus der übernommenen Aufgabe keinen oder fast keinen Gewinn vorweisen kann?[142]

142 Gregor der Grosse, *Registr.* II, ep. 40 (CCSL 140, 126f.).

In einem anderen Brief[143] vergleicht Gregor eine Kirche ohne Bischof mit einem trockenen Flussbett. Wenn nun ein guter Bischof kommt, ist das, wie wenn der Fluss auf die trockenen Steine zurückkommt und die umliegenden Täler bewässert, so dass sie Frucht bringen: dreißigfach, sechzigfach, hundertfach; durch den Fluss der Sprache blühen Blumen auf und bringen schließlich reife Früchte.

Wenn nun ein Bischof sagt: Ich setze mich beim Predigen ein, aber ich sehe keine Frucht!, dann soll er sich an die wunderbaren Worte Bernhards an Eugen erinnern: Tu, was an dir ist; denn Gott wird das Seine in vollem Maße besorgen, ohne dass du dich sorgen oder ängstigen müsstest. Pflanze, begieße, beschütze, und du hast deinen Teil getan. Gewiss wird Gott das Wachstum geben, wann er will. Gott, nicht du. Und sollte es nicht sein Wille sein, dann wirst du dennoch nichts verlieren.[144]

Teile das Saatgut vom Himmel neidlos und fleißig aus, du sollst dich nur vorbereiten, für das dir anvertraute Talent Rechenschaft zu geben. Wenn du viel empfangen hast, gib viel, wenn weniger, dann gib das Wenige; denn wer im Kleinen nicht treu ist, ist es auch nicht im Großen. Gib ganz, was du hast, denn ganz wird es von dir zurückgefordert, bis zum letzten Pfennig. Begreife, dass in diesem doppelten Auftrag: mit Wort und Beispiel zu predigen, die Zusammenfassung deines Dienstes liegt und davon die Ruhe deines Gewissens abhängt. Und wenn du klare Einsicht besitzest, dann füge ein Drittes hinzu: den Eifer im Gebet. Es bleiben also diese drei: Wort, Beispiel, Gebet. Das Größte darunter aber ist

143 Ders., *Registr.* V, ep. 42 (CCSL 140, 325f.).

144 Bernhard von Clairvaux, *Cons.* IV, cap.2, n.2 (I, 740).

das Gebet. Denn wenn das Tun dem Wort Kraft verleiht, so erwirbt das Gebet dem Sprechen wie dem Handeln Gnade und Wirksamkeit.

Wie hilfreich das treue, hingegebene Predigen ist, um Verzeihung der eigenen Sünden zu erlangen, kannst du bei Gregor lesen: Jemand wird um so rascher von all seinen Sünden frei gesprochen, je mehr sein Leben und sein Reden dazu beiträgt, dass andere von den Fesseln ihrer Sünden loskommen.[145] Und Gregor schreibt auch: Die Zunge des Bischofs sei Ermutigung für die Guten, ein Stachel für die Schlechten, Hochmütige soll sie entschieden in ihre Grenzen weisen, Zornige besänftigen, Träge und Faule anspornen und begeistern, Verbitterten soll sie gute Worte geben, Verzagte trösten.

---

145 GREGOR DER GROSSE, *Registr.* VII, ep. 27 (CCSL 140, 484).

8. KAPITEL

Geduld und Standhaftigkeit, wenn man Widerstand erfährt oder verfolgt wird

[Patientia et constantia pastoris in adversitatibus et persecutionibus]

„In der Welt seid ihr in Bedrängnis; aber habt Mut: Ich habe die Welt besiegt.“ (Joh 16,33)

Ich bitte dich, Bischof, erwäge wohl die Umstände deiner Aufgabe: Du wirst gesandt, ein fleischlich gesinntes Volk zu leiten und zu weiden – wie du im zweiten Kapitel des Buches Ezechiel lesen kannst: zu abtrünnigen Leuten, mit trotzigem Gesicht und hartem Herzen, zu Aufrührern, Leuten, die dir keinen Glauben schenken, zu einem widerspenstigen Haus, zu Skorpionen (vgl. Ez 2,4–7). Du wirst nicht gesandt zu Leuten, die dich aufbauen, die dir liebe Freunde sind. Auf dich trifft das Wort des Ijob zu: „Ein Bruder von Drachen wurde ich, ein Gefährte von Straußen“ (Ijob 30,28). Bereite dich also vor, ein ausgeglichenes Gemüt und Geduld zu wahren. Daher sagt Augustinus über den Psalmvers: „Meine Tage sind wie Rauch geschwunden, meine Gebeine wie im Feuerofen verbrannt“ (Ps 101,4), die Bösen seien der glühende Rost für die Guten, jemand werde in dem Maß verbrannt, wie er liebe; denn der Schmerz über das Verderben vieler entspricht der Stärke der Liebe, mit der ihre Rettung gewünscht wird.[146] Auf einen Vorgesetzten, der nicht aufhört zu seufzen, weil er sieht, dass er keine Frucht bringt in den Untergebenen,

146 Augustinus, *En. Ps.* 101, n.4 (CCSL 40, 1428f.).

wendet Augustinus jenes Psalmwort an: „Erbarme dich meiner, o Gott, denn ich bin in Angst und Bedrängnis, mein Auge ist trübe geworden im Kummer, ebenso meine Seele und mein Leib“ (Ps 30,10).[147]

Jedoch trägt gerade die Gesellschaft der Bösen – wie Gregor sagt – bedeutend zur Reinigung der Guten bei. Es weigert sich, Abel zu sein, wer es ablehnt, durch die Bosheit des Kain geschliffen zu werden. Denn das Messer unseres Geistes kann nicht zum Gipfel der Wahrheit vordringen, wenn es nicht durch die Feile der Schlechtigkeit eines anderen gereinigt wird.[148] Mit Bezug auf das Wort: „Wie die Lilie unter den Dornen“ (Hld 2,2) sagt auch die Glossa: Nicht gut ist, wer böse Menschen nicht ertragen kann.[149]

Mag also unseren guten Plänen und heiligen Wünschen noch so viel an Widerstand begegnen, so dürfen wir doch nie den Mut sinken lassen. Wir sollen unsrem Herzen vielmehr inmitten des Getümmels *(in medio turbinum)* stets Mut zusprechen mit den süßen Worten der Verheißung: „Da er auf mich gehofft hat, will ich ihn befreien, ich will ihn schützen, denn er kannte meinen Namen. Er rief zu mir, und ich will ihn erhören, ich bin bei ihm in der Not, werde ihn befreien und verherrlichen“ (Ps 90,14f.).

Wundervoll drückt es Gregor aus: Der Widerstand, welcher einem guten Vorhaben begegnet, ist eine Erprobung der Tugend, nicht das Anzeichen göttlicher Missbilligung. Als Paulus nach Italien aufbrach, um dort zu predigen, erlitt er Schiffbruch; doch das Schiff

---

147 Ders., *En. Ps.* 30, en. 2, sermo 1, n.16 (CCSL 38, 202).
148 Gregor der Grosse, *Registr.* XI, ep. 45 (CCSL 140A, 904).
149 Glossa Ordinaria, *In Cant.* 2,2, n.7 (CCCM 170, 141).

seines Herzens blieb inmitten der Fluten des Meeres unversehrt.[150]

Wie könnte ein Bischof innerlich die Fassung verlieren oder ihm der Mut brechen, wenn er auch von den fleischlich Gesinnten geschmäht und verfolgt wird, sobald er sich jenes Wort des Herrn ins Gedächtnis ruft: „Selig seid ihr, wenn die Menschen euch schmähen und verfolgen und euch alles Böse lügnerisch nachsagen, um meinetwillen. Freut euch an jenem Tag und jubelt!" (Mt 5, 11f.) Bedenke, der Tag, an dem du beschimpft wirst, ist ein Festtag! „Siehe euer Lohn wird groß sein im Himmel. So haben eure Väter die Propheten vor euch verfolgt." (Lk 6, 22f.) Es steht ja auch im Buch der Weisheit (2,12), dass die Frevler sprechen: „Wir wollen den Gerechten einkreisen, denn er ist ein Gegner unserer Taten". Wende jenes glutvolle Wort des heiligen Ignatius auf dich an: Weil ich ein Weizenkorn Christi bin, möge ich von den Zähnen der wilden Tiere – das heißt, fleischlich gesonnener Menschen – zermahlen werden, um reines Brot zu werden.[151]

Ja was willst du denn?! Ohne Schwierigkeiten und Angriffe inmitten einer Schar von weltlich gesonnenen Leuten leben? Mose rief: „Ich kann es nicht aushalten, töte mich, damit mich nicht solche üblen Dinge treffen" (Num 11, 14 f.). Jeremia verfluchte den Tag seiner Geburt, wegen der Bürde seiner Pflicht (Jer 20,14). Paulus rief aus: „Wer wird von einem Ärgernis getroffen und ich brenne nicht?" (2 Kor 11,29), und er redet von der „Sorge für alle Kirchen" (2 Kor 11,28). Und du willst ruhig und ohne alle Widerstände leben, mitten unter Leuten, die die Gebote übertreten, in einer Welt,

---

150 Gregor der Grosse, *Registr.* IX, ep. 229 (CCSL 140A, 807).
151 Ignatius von Antiochien, *Ad Rom.*, cap.4, n.1 (SC 10, 130).

die lichterloh brennt in den Flammen fleischlicher Gesinnung? Wenn man dich schmäht und verfolgt, dann denke an das Wort des hl. Bernhard: Ich persönlich betrachte Schmähungen und Vorwürfe als ausgezeichnete Medizin für die Wunden meines Gewissens.[152] Und er schreibt auch, er habe bei einem weisen Mann gelesen: Es gebe keinen Tapferen, dem gerade in Schwierigkeiten der Mut nicht noch wüchse. Bernhard aber fügt hinzu: Ein Mann voll Glauben muss noch mehr vertrauen, wenn er geschlagen wird.[153]

Bedenke, sagt Gregor,[154] dass die Liebe geduldig ist. „Die Lehre eines Mannes wird an seiner Geduld erkannt" (Spr 19,11 Vg). Wenn jemand Verachtung nicht mit Gleichmut zu ertragen versteht, dann kann er auch nicht auf Dauer das Rechte fruchtbar lehren. Für gewöhnlich werden die Anmaßenden und die Prahler leicht ungeduldig, denn sie vertragen es nicht, in dieser Welt verachtet zu werden; und wenn sie im Verborgenen etwas Gutes haben, dann wollen sie es kundtun. Darum steht geschrieben: „Der Geduldige ist besser als der Anmaßende" (Eccli. 7,9), denn er will lieber verachtet werden als seine verborgenen Güter bekannt machen.

---

152 Bernhard von Clairvaux, *Ep.* 280 (III, 424). Vgl. auch das Exzerpt *Stimulus* I, 5: „Dieser Virus [der Geltungssucht und Selbstgefälligkeit] ist außerordentlich gefährlich, er dringt unmerklich durch die Poren ein und vergiftet das Innere; deswegen ist für das Seelenheil eines Menschen, der in solch eine Position erhoben wurde, nichts nützlicher als fortwährend Beschimpfungen zu hören und zu wissen, dass alle Leute das, was er tut, übel aufnehmen, es verachten, darüber spotten und ihm fluchen. Wiewohl das häufig den Seelen der Untergebenen schadet, so bedeutet es doch für seine eigene Seele ein überaus wirksames Heilmittel."

153 Bernhard von Clairvaux, *Ep.* 256 (III, 366).

154 Gregor der Grosse, *Reg. Past.* III, cap.9 (SC 382, 296).

Damit dich aber die Trauer über die Menge derer, die dich aus Hochmut und fleischlicher Gesinnung verachten, nicht allzu sehr niederdrückt, sollen dich die Worte des Hl. Geistes trösten: „Die Aufrechten lieben dich“ (Hld 1,3). Und weiter: „Die Sanftmütigen sollen es hören und sich freuen“ (Ps 33,3). „Die Armen sollen es sehen und sich freuen“ (Ps 68,38). „Die Schuldlosen und Aufrechten hangen mir an, weil ich Dich aufgenommen habe“ (Ps 24,21). „Die Aufrechten werden es sehen und sich freuen, aller Ungerechtigkeit wird der Mund gestopft“ (Ps 106,42).

Durch die Barmherzigkeit Gottes wird es dir nicht an Guten fehlen, die dich trösten können; ebenso wird es aber auch viele verkehrte Menschen geben, die deine Geduld und Demut fördern sollen.

Sehr gut sagt Augustinus: Ein böser Mensch ist am Leben, damit entweder er selber sich bessert, oder damit er einen guten Menschen noch mehr fördert.[155] Und Gregor stellt fest: Es ist nichts Großartiges, denen gegenüber demütig zu sein, die uns ehren – das tun auch die Weltleute! Demütig sollen wir hauptsächlich denen gegenüber sein, die uns zu schaffen machen. So sagt David: „Sieh auf meine Demut (Niedrigkeit) im Angesicht meiner Feinde“ (Ps 9,14).[156]

Verankerung des Herzens im Himmel

Wenn du dich allzu sehr aufregst, dass dich ungerechte Menschen mit Schmähungen verfolgen, dann ist das ein Zeichen, dass dein Herz noch nicht fest im Himmel verankert ist. Darum schreibt Gregor in einem Brief:

---

155 Augustinus, *En. Ps.* 54, n.4 (CCSL 39, 658).
156 Gregor der Grosse, *Registr.* II, ep. 30 (CCSL 140, 116f.).

Ich wundere mich, dass Euch, die Ihr Euer Herz im Himmel fest gemacht habt, das Gerede der Leute auf der Erde umtreibt.[157] Und Bernhard: Du treibst hin und her zwischen Gunsterweisen und Widerständen, weil du deine Füße nicht auf den Felsen gestellt hast.[158]

An den Bischof Januarius schrieb Gregor: Es ist Uns berichtet worden, dass du den ehrwürdigen Herrn Isidor exkommuniziert und unter Anathem gestellt hast, einzig und allein deswegen, weil er dich beleidigt hat. Darüber sind Wir sehr betroffen. Wenn dem wirklich so ist, dann zeigst du damit, dass deine Gedanken gar nicht zum Himmel gerichtet sind, sondern dass dein Wandel irdisch ist; denn um dich für eine persönliche Beleidigung zu rächen – was durch die heiligen Regeln untersagt ist![159] – hast du ihm den Fluch des Anathema auferlegt. Sei in Zukunft ganz besonnen und gewissenhaft, und wage es nicht noch einmal, jemandem derartiges aufzuerlegen, um dich gegen seine Kränkungen zu wehren.[160]

Als Bischof Natalis ihm (Gregor) in einem Brief geschrieben hatte, er komme einfach nicht zur geistlichen Lesung, weil er von so vielen Schwierigkeiten bedrückt werde, antwortete er ihm, das sei keine Entschuldigung. Im Gegenteil, je mehr man von solchen Lasten niedergedrückt werde, desto mehr müsse man sich Zeit frei halten für die geistliche Lesung; denn es stehe geschrieben: „Durch Geduld und den Trost der heiligen Schriften haben wir Hoffnung“ (Röm 15,14).[161] Dort

157 Ders., *Registr.* XI, ep. 27 (CCSL 140A, 902).
158 Bernhard von Clairvaux, *Ep.* 106 (II, 770).
159 Das heißt: durch das Neue Testament.
160 Gregor der Grosse, *Registr.* II, ep. 41 (CCSL 140, 129f.)
161 Ebd., ep. 44 (CCSL 140, 135).

schreibt er auch: Wenn wir den Verlauf dieses Lebens in Wahrhaftigkeit betrachten, so finden wir hier nichts Festes, nichts Sicheres, sondern wie bei einem Wanderweg geht es manchmal eben dahin, manchmal aber ist der Weg steinig. So begegnet uns in diesem Leben Angenehmes und Widriges. Daher müssen wir uns ganz und gar auf Ihn ausrichten, nach Ihm lechzen, bei dem alles, was ist, Festigkeit besitzt, und kein Glück sich in Unglück wandelt.

Bedrängnis als Mittel zum Heil

In der Niedrigkeit also [d.h. wenn man uns drückt: *humiliati*] lasst uns lernen unsere Sünden zu beweinen; und wenn wir erhöht sind, lasst uns die Erinnerung an die Schwierigkeiten gleichsam als Anker der Demut festhalten.

Gregor schreibt auch: Da ich vor dem allmächtigen Gott immerzu und alle Tage schuldig werde, so hoffe ich, dass es mir bei jenem furchteinflößenden Gericht hilft, wenn ich ebenso alle Tage immerzu Schläge empfange. Ich glaube, dass ihr den Herrn in dem gleichen Maße euch gnädig stimmt, wie ihr mich, der ich ihm so schlecht diene, schlagt.[162]

In einem Brief an den Kaiser Mauritius zählt Gregor die argen Beschwernisse *(tribulationes)* auf, unter denen er leidet, und fügt dann hinzu: Was mich selbst betrifft, bin ich keineswegs verwirrt oder aufgeregt; mit reinem Gewissen kann ich sagen: ich bin bereit, alle Widrigkeiten zu ertragen, solange ich nur das Heil meiner Seele hindurchrette.[163] Meine Mitbischöfe verachten mich;

162 Ebd., ep. 36 (CCSL 140, 306).
163 Ebd. (CCSL 140, 307).

gegen mich und meine Anweisungen flüchten sie sich zu weltlichen Richtern. Doch ich sage auch hierin Gott Dank und schreibe es meinen Sünden zu.[164]

In einem Brief an einen Bischof bat Gregor: Betet für mich zu Gott, dass er mich aus den Verstrickungen meiner Sünden und von der Last dieses hinfälligen Körpers rasch befreie. Zwar zieht uns die unausdenkbare Wonne der himmlischen Heimat ohnehin, doch die vielen Schmerzen und Leiden dieses Lebens treiben uns täglich dazu an, das Himmlische zu lieben. Die Leiden dieses Lebens gefallen uns also nur deswegen sehr, weil sie verhindern, dass etwas von dieser Welt unser Gefallen findet.[165]

Was Gregor zu seiner Zeit alles durchmachen musste, kannst du dir im folgenden vor Augen führen: Siebenundzwanzig Jahre leben wir schon zwischen den Schwertern der Langobarden, sie lassen uns nur am Leben, wenn wir unser Leben mit viel Geld erkaufen. In allen Gegenden Europas herrscht das Recht der Barbaren, Städte sind zerstört, Burgen geschleift, die Provinzen entvölkert; es gibt kaum mehr jemanden, der das Feld bestellt usf. Und zu dieser Zeit muss ich die Sorge für alle Bischöfe, Kleriker, Klöster, Arme und alles Volk tragen. Ich muss wachsam bleiben gegen die Nachstellungen der Feinde, immer auf der Hut vor der Bosheit und Täuschung durch die politischen und militärischen Machthaber *(duces)*. Denn mehr Wohlwollen scheinen unsere Feinde zu haben, die uns umbringen, als die Richter unseres Staatswesens, die uns durch ihre Bosheit, Lügen und Räubereien geistig aufreiben. Bedenke, welche Mühsal, welche Schmerzen das sind! Und

164 Ebd., ep. 39 (CCSL 140, 318).
165 Ebd., ep. 40 (CCSL 140, 319).

gegen Ende des Briefes versichert er: Ich halte mich für einen ganz unglücklichen Menschen, dass ich zugestimmt habe, in diesen Zeiten die Leitung der Kirche zu übernehmen.[166]

An Bischof Anastasius:[167] Ich weiß, wie schwer es einem fällt, wenn man die Höhen der geistlichen Ruhe erfahren durfte, äußere Geschäfte zu ertragen! Doch mäßige deinen Schmerz; du sollst wissen, dass du allen alles geworden bist. Es ist nun an dir, beide Hände wie die Rechte zu gebrauchen, die Linke in den Dienst der Rechten zu stellen, das heißt: die irdischen Werke auf den himmlischen Nutzen hin auszurichten. Wenn nämlich die Sorge um das Zeitliche dem Ziel der Gerechtigkeit dient, dann nimmt die Linke die Stärke der Rechten an. Diese Dinge bringen freilich notgedrungen schwere Mühe und Überdruss mit sich, aber wir wollen uns erinnern an die Mühen unserer Väter: dann wird uns nicht hart vorkommen, was wir zu tragen haben: „Durch viel Trübsal müssen wir ja in das Reich Gottes eingehen" (Apg 14,21). Der Apostel sagt: „Über die Maßen schwere Belastung kam über uns, ja, über unsere Kräfte ging sie, so dass uns Überdruss am Leben ergriff" (2 Kor 1,8).

Wie sollten wir schwache Schafe das Toben dieser Weltzeit ohne Anstrengung durchstehen können, wo doch selbst Widder sich bis zur Erschöpfung abmühen mussten, wie wir wissen? Was für Angst und Not ich ausstehe unter den Schwertern der Langobarden, unter den Rechtsverletzungen, die unsere Richter begehen, unter den Rechtsfällen, die mir pausenlos zusetzen, in der Sorge um die anvertrauten Untergebenen, wegen

166 Ebd., ep. 39 (CCSL 140, 316f.); ep. 40 (CCSL 140, 319).
167 Ebd., ep. 42 (CCSL 140, 326).

meiner körperlichen Beschwerden: das kann ich weder mit dem Stift noch mit der Zunge ausdrücken![168] Und er entschuldigt sich, dass er nicht auf alles antworte; denn so viele bedrängende Lasten lägen auf ihm, dass er kaum mehr Atem schöpfen, geschweige denn eine Abhandlung verfassen könne.[169] Er erleide sehr viel Bitteres, aber er sage Gott Dank; denn er werde weniger gezüchtigt als er es verdiene.[170]

Präge dir fest in Herz und Sinn die Worte aus Weish 3,4: „Wenn sie auch in den Augen der Menschen Marter erlitten, so ist doch die Hoffnung der Erwählten voll Unsterblichkeit, nur gering ist die Pein ...".

An den Bischof Columbus, der ihm geklagt hatte, dass er die Feindseligkeit vieler Menschen zu erleiden habe, schrieb Gregor: Kein Zweifel, Bruder, dass die guten Menschen den Hass der Bösen aushalten müssen, und diejenigen, welche Gottes Werke im Auge haben, von der Feindschaft ganz verkehrter Personen angegriffen werden.[171] In einem anderen Brief meint Gregor: Wenn du weniger Verfolgung zu erleiden hast, lebst du wohl weniger fromm.[172] Es sagt doch auch der Apostel: „Ihr wisst selbst, Brüder, dass wir nicht vergebens zu euch gekommen sind; wir hatten vorher viel zu leiden und wurden misshandelt " (1 Thess 2,1f.). Paulus bezeugt also, dass sein Kommen „leer" gewesen sei, wenn er nicht Schmähungen erlitten hätte. So wie die Saat, wenn sie von Eis bedeckt wird, reicher sprießt, so nimmt auch die göttliche Liebe (*caritas*) zu und erhebt

---

168 Ebd., ep. 42 (CCSL 140, 327).
169 Ebd., ep. 44 (CCSL 140, 336f.).
170 Ebd., ep. 46 (CCSL 140, 340).
171 Ders., *Registr.* VII, ep. 2 (CCSL 140, 444).
172 Ebd., ep. 27 (CCSL 140, 483).

sich zu guten Taten, wenn sie von Widerwärtigem bedrängt wird. Ich weiß, sagt Gregor, dass du innerlich ein wahres Unwetter erleidest, aufgrund der verkehrten Reden so vieler böser Zungen; du musst Fluten von Widerspruch aushalten. Denk daran, dass geschrieben steht: „Ich habe dich in der Verborgenheit des Gewitters erhört, dich geprüft an den Wassern des Widerspruchs" (*apud aquas contradictionis;* Ps 80,8). Wenn du inmitten derer, die dir widerstehen und widersprechen, dennoch bei dem bleibst, was Gott entspricht, dann erweist du dich als wahrer Arbeiter.

Gregor empfiehlt,[173] an die Worte zu denken, welche der Herr den Seinen mitgab: „Ihr werdet weinen und jammern, die Welt aber wird sich freuen" (Joh 16,20), und: „In der Welt habt ihr Bedrängnis" (Joh 16,33). Den Kindern der Welt aber sagte der Herr: „Dies ist eure Stunde, und die Finsternis hat die Macht" (Lk 22,53).

Das Herz eines Christen lässt sich von Widerstand und Gegnerschaft nicht entmutigen, sondern im Gegenteil befeuern. Entschlossener in Schwierigkeiten, tapferer angesichts von Widerständen, kühner in allem erweist sich die Kraft des Priesters; denn diese Kraft soll zusammen mit der Kirche auf dem Felsen Christi gründen, kein Ansturm kann sie ausreißen.[174]

Trauben geben keinen Wein, Oliven kein Öl, wenn sie nicht gepresst werden. Aus den Ähren wird kein schmackhaftes Brot, außer sie werden zahlreichen Prozeduren unterzogen: gedroschen, gemahlen und so fort. So gelangen auch die Menschen nicht zu Festigkeit im geistlichen Leben, wenn sie nicht Drangsal erleiden. Gregor sagt von sich: Ich habe unter heftigen Gicht-Be-

173 Ders., *Registr.* VIII, ep. 2 (CCSL 140A, 515).
174 Ebd., ep. 24 (CCSL 140A, 545).

schwerden zu leiden, und unter dem Ansturm so vieler Sorgen, dass ich mich selbst fast nicht mehr wiedererkenne – obwohl ich mich nicht erinnere, jemals etwas gewesen zu sein. Es sind nun schon elf Monate, dass ich mich kaum jemals vom Bett erheben konnte; ich habe solche Schmerzen und Beschwerden, dass mir das Leben selbst eine schwere Pein ist. Jeden Tag werde ich schwächer vor Schmerzen, ich sehne mich danach, dass der Tod mir Heilung bringe.[175] [...]

Ein gewisser Bischof namens Trajan, der an einen ihm ganz fremden Ort gesandt worden war, hatte darum gebeten, aus seinem Kloster vier oder fünf Mönche zu seinem Trost mitnehmen zu dürfen.[176] Und Gregor gab eine entsprechende Anordnung mit der Begründung: Er gehe an einen fremden Ort, und wenn er dort niemanden von seinen Leuten habe, mit denen er vertraute Unterredung pflegen könne, dann könnte er von Traurigkeit übermannt werden, werde sich nicht recht aufraffen zu nützlichen Taten und eher darniederliegen als arbeiten.[177]

Seit zwei Jahren, schreibt Gregor in einem Brief,[178] muss ich zu Bett liegen, ich leide unter solchen Gliederschmerzen, dass ich kaum an den Festtagen für drei Stunden aufstehen kann, um die heilige Messe zu feiern. Ich bin gezwungen, mich bald wieder hinzulegen. Jeden Tag bin ich am Rand des Todes und kann doch nicht sterben. Meine Sünden sind offenbar schwer, dass ich so lange in diesem Kerker der Vergänglichkeit

175 Ders., *Registr.* IX, ep. 232 (CCSL 140A, 814); ähnlich *Registr.* X, ep. 14 (CCSL 140A, 840).
176 Nach Gregors Brief handelt es sich um den Vorsteher eines Klosters in Syrakus, der zum Bischof bestellt worden war.
177 Ders., *Registr.* X, ep. 1 (CCSL 140A, 826).
178 Ebd., ep. 14 (CCSL 140A, 840f.).

festgehalten werde und schreien muss: „Führ meine Seele heraus aus dem Kerker!" (Ps 141,8).

Mach dir keine Illusionen: Kein Mensch kann zugleich Gott und schlechten Menschen gefallen. Mein ehrwürdiger Bruder, wenn du erkennst, dass du das Missfallen verkehrter Menschen auf dich gezogen hast, dann darfst du annehmen, dass du im gleichen Maß Gott gefallen hast. Die Gunst wie die Drohungen der Leute sind wie Rauch – ein leichter Wind verweht sie, bald bleibt davon nichts mehr. Johannes der Täufer wird gerühmt, weil er nicht ein im Wind hin und her schwankendes Schilfrohr war, weil er sich nicht von Scheltworten einschüchtern ließ, noch durch Lobreden überheblich wurde.

Denk daran, sagte Augustinus, dass der Dreschschlitten *(tribula*[179]*)* Gottes über den Weizen und die Spreu hinwegfährt. Unter ein und demselben Dreschschlitten wird die Spreu zerkleinert, der Weizen aber wird gereinigt und bleibt unversehrt. So kommt Drangsal über Gute und Böse; und der böse Mensch ist eine Geißel Gottes, auf dass der Gute geschlagen werde.[180] [...]

In seinen Schriften gegen Augustinus schleuderte der Pelagianer Julian viele Schmähungen gegen ihn. Augustinus antwortete ihm am Anfang seines Werkes *Contra Iulianum*[181]: Glaube nicht, Julian, dass ich deine Schmähungen verachte. Ich kann nicht verachten, was mir Anlass zu Trauer wie zu Freude ist. Zur Freude gereichen sie mir, weil geschrieben steht: „Selig seid ihr, wenn man euch alles Böse nachsagt" (Mt 5,11). Trauer

---

179 Der Anklang von *tribula* / *tribulum* – „Dresch-Wagen" – an *tribulatio* – „Drangsal", „Not" – ist offenkundig.

180 Augustinus, *En. Ps.* 73, n.8 (CCSL 39, 1010f.).

181 Ders., *Contra Iul.* I, cap.1, n.1 (PL 44, 641).

bereitet mir jedoch dein Wüten ohne allen Verstand. Denn der Apostel schreibt: „Wer nimmt Ärgernis und ich brenne nicht?“ (2 Kor 11,29) Damit ist klar, dass wir auch Schmerz empfinden sollen, wenn andere uns übel nachreden – Schmerz um ihretwillen.

Der gleiche Augustinus[182] beschreibt auch folgendes: Da tut irgendjemand etwas Böses. Der Bischof schilt ihn deswegen. Die Leute sagen: Der Bischof ist böse. Der Bischof schilt ihn nicht – und die Leute sagen: Er ist ein guter Mann. Und wenn ein Bischof standhaft dabei bleibt, für die Gebote Gottes einzutreten und sie den Leuten nahezulegen, dann beginnt man bald, argwöhnisch nach Vergehen bei ihm zu suchen; man spricht: Der tut ja selber nicht, was er uns sagt. Man legt ihm zur Last, was er nicht tut; und was er gut vollbringt, davon sagt man, es sei schlecht getan; und die Sünden anderer, die er erträgt, die rechnet man ihm an. Ein guter Bischof soll sich also sagen: „Sie haben mich oft angegriffen, aber sie konnten mich nicht bezwingen“ (Ps 128,2). Das heißt: Sie haben es nicht durchgesetzt, dass ich meine Zustimmung zu ihren Sünden gegeben hätte. Was taten sie also? „Sie haben auf meinem Rücken gepflügt“ (Ps 128,3). O wie klar und deutlich ist das gesagt: Wir können die Sünder nicht zum Guten ziehen, aber auch sie können uns nicht auf die Seite des Bösen ziehen. Was bleibt übrig? Dass wir sie ertragen. Der Bischof soll also sagen: Steig ruhig über meinen Rücken, ich habe dich zu ertragen, bis das Ende kommt; so ist es mir vorgeschrieben: „Frucht zu bringen, indem ich ertrage (*ut fructum afferam cum tolerantia*)“ (Lk 8,15). Ich bessere dich nicht, ich ertrage dich; und während ich dich ertra-

---

182 Ders., *En. Ps.* 128, n.3–4 (CCSL 40, 1882f.).

ge, besserst du dich vielleicht! Wenn du dich aber nicht besserst, werde ich dich ertragen bis zum Ende. Wirst du etwa für immer auf meinem Rücken lasten? Nein, es wird derjenige kommen, der dich herunterwirft – dann, wenn wir von hier scheiden, wenn der Weizen in den Speicher, die Spreu zum Feuer geht. Sie haben mich angegriffen, sie haben mich geplagt, aber sie haben mich nicht überwältigt (Ps 128,2).

Ja, es gibt eine Sicherheit inmitten der Bedrängnis! Ijob war auf dem Misthaufen widerstandsfähiger gegen seine Eva als Adam im Paradies![183]

Es gibt keine klarere Erprobung des geistlichen Menschen, als sein Umgang mit fremden Sünden; denn der geistliche Mensch ist viel mehr auf die Befreiung des Mitmenschen bedacht, als auf Verhöhnung, er sinnt auf Hilfe, nicht auf Schmähung. Daher sagt der Apostel: „Brüder, wenn jemand sich in Sünde verstrickt ..., trage einer des anderen Last“ (Gal 6,1f.) – das heißt: dessen schwierigen Charakter und dessen Sünden. Denn wenn jemand unter angenehmen, guten Leuten lebt, dann trägt er nicht, sondern wird getragen. Schwache zu ertragen und mit Launischen umzugehen, ist ein großes Kreuz. Dem „alten Menschen“ ist das sehr lästig, denn dieser sucht stets sein eigenes Wohlbefinden.

Wiederum Augustinus: Leute, die böse sind und kalt *(impii)* messen uns nach ihrem eigenen Maß; daher behaupten sie über uns Bischöfe, dass wir in der Kirche nur darauf aus seien, gelobt und geehrt zu werden und zeitliche Güter zu erlangen. Wie viele sagen von mir, ich hielte meine Predigten vor euch zu dem Zweck, Zustimmung und Applaus zu bekommen; das sei meine

---

183 Ders., *En. Ps.* 138, n.2 (CCSL 40, 1936f.).

Absicht beim Sprechen! Aber wie kann ich ihnen meine Absicht zeigen? Wie könnten diese Leute wissen, was nicht einmal ihr wisst? Wie könnten sie wissen, was ich selbst kaum weiß? „Denn ich richte auch nicht über mich selbst" (1 Kor 4,3f.). Also, rufen wir mit frommem, aufrichtigem Herzen zu Gott: „Du kennst meine Pfade" (Ps 141,4). Du willst, dass der Herr dich auf seinen Pfaden leite? Dann sei sanftmütig, umgänglich, nicht wild, hochmütig, nicht mit geschwellter Brust und erhobenem Nacken; denn es steht geschrieben: „Die Sanftmütigen leitet er auf seinem Weg" (Ps 24,9).

Ist es nicht Gott Vater, der dir das Erbe geben wird, ob er nun sanft oder streng ist mit dir? Sag mir: Du bekennst dich als Glied Christi; wenn das so ist, warum willst du nicht jenen Anteil an Leiden und Bedrängnis tragen, der dir zugemessen ist?[184] Denn wenn nicht jedes Glied Christi ein bestimmtes Maß an Leiden im Laufe der Geschichte abzutragen hätte, warum hätte dann Paulus geschrieben: „Ich erfülle in meinem Fleisch, was an den Leiden Christi noch fehlt" (Kol 1,24)?

Das Gold leuchtet nicht, solange es im Schmelzofen des Künstlers ist. Am Schmuckstück, an der goldenen Zier, leuchtet es. Es soll den Ofen durchleiden, um von allen Schlacken geläutert, ans Licht zu treten. Die Spreu verbrennt im Ofen, das Gold wird geläutert; jene wird zu Asche, dieses wird gereinigt. Der Ofen ist die Welt, das Feuer die Drangsal, der Goldschmied Gott.[185]

In einem Brief gegen Gaudentius[186] legt Augustinus das Schriftwort aus: „Alle, die fromm leben wollen, werden Verfolgung erleiden" (2 Tim 3,12). Verfolgung sei

---

184 Ders., *En. Ps.* 31, en. 2, n.25 (CCSL 38, 242).
185 Ders., *En. Ps.* 61, n. 11 (CCSCL 39, 782).
186 Ders., *Contra Gaud.* I, cap.21 n.24 (CSEL 53, 221f.).

nicht nur, wenn man Unglück erfährt, sondern auch wenn Wohlergehen den Menschen zu Hohlheit und Eitelkeit verführt.

Verfolgt werden die Frommen nicht nur, wenn man ihren Leib martert, sondern vor allem, wenn man ihr Herz martert. „Ich sah die Frevler, und ich schwand dahin" (Ps 118,158). Für gute Menschen ist es eine große und andauernde „Verfolgung", die Sünden anderer sehen zu müssen. Abschalom setzte dem Herzen seines Vaters weit mehr zu, als er so gottlos starb, als dadurch, dass er ihn zu Lebzeiten bekämpfte. [...] Daher weinte David, dieses Bild eines guten Vaters!, über seinen Sohn, als dieser tot war; denn damit war die Hoffnung zu Ende. Während er noch am Leben war, hatte David nicht geweint, denn er hatte noch Hoffnung [auf seine Bekehrung].

Der Nutzen der Bedrängnis

Welchen Nutzen Bedrängnis bringen kann, beweist Chrysostomus in seiner Auslegung von Psalm 122: „Zu dir habe ich meine Augen erhoben". So sprachen nämlich die Juden in der Babylonischen Gefangenschaft – während sie in ihrer Heimat auf Gott vergaßen, ihr Vertrauen auf die Hilfe der Assyrer und Ägypter setzten und zu den Götzen liefen.[187] Chrysostomus rät auch: Suche kein Leben, das von allen Geschäften, Gefahren und unangenehmen Widerfahrnissen frei ist; suche lieber, dich nicht in diese Geschäfte und Gefahren verwickeln und davon zu Boden drücken zu lassen. Ein Mensch, der immer ruhig im Hafen bleibt, wird faul, weichlich und kraftlos. Wer aber über das wogende Meer fährt,

187 Johannes Chrysostomus, *Expos. Ps.* 122 (PG 55, 351).

Klippen und Untiefen erfährt und Seestürme aushält, der gewinnt an Mut und Kraft.[188]

Chrysostomus bringt schöne Beispiele für den Nutzen von Bedrängnis: Der Winzer schneidet am Weinstock und auch an anderen Bäumen dünne Triebe zurück, damit sie nicht wuchern, sondern Saft und Kraft sich in der Wurzel konzentrieren; damit wird verhindert, dass die Kraft sich in den Blättern verbraucht und nur magere, wenig nützliche Früchte kommen. Ebenso ist es angebracht, dass die Güter irdischen Wohlstandes zurückgeschnitten werden, so dass sich die Menschen auf die Wurzeln konzentrieren, das heißt, all ihr Denken auf die inneren und ewigen Güter richten, und nicht etwa nur großartige Blätter, leere und nutzlose Früchte hervorbringen, sondern die vollkommene Frucht der Frömmigkeit.[189] Stehendes Wasser ist gesundheitsschädlich; Wasser in Bewegung aber, sprudelnd und laufend, ist heilbringend. [...]

Hoffnung in Bedrängnis

Wenn der Apostel davon spricht, dass „der Friede Christi alles übersteigt, was man sich vorstellen kann" (Phil 4,7), dann meint er damit, dass die fleischlich gesonnenen Menschen nicht verstehen können, wie jemand inmitten vieler Bedrängnisse Frieden, Ruhe im Herzen bewahren und trotz allem Freude besitzen kann. Das begreifen nur diejenigen, die es erfahren haben. Und sie erlangen diesen Frieden, wenn sie in der Hitze der Drangsal aus ganzem Herzen Gott als gerecht preisen, sich selbst aber verurteilen – wie es die drei Jünglinge

188 Ders., *Expos. Ps.* 141 (PG 55, 446).
189 Ebd.

im Feuerofen taten, mit den Worten: „Die Gerechtigkeit ist bei unserem Gott, uns aber steht die Schamröte im Gesicht“ (Dan 9,7), oder auch David im Psalter [...].

Sollten sich Anfechtungen der Verzagtheit und des Zweifels an deinem ewigen Heil erheben, dann halte dich noch fester an diesen Gedanken: Dass Gott wahrhaft gerecht ist und gerecht macht *(iustificatio divina)*. Du darfst und musst ganz fest glauben, dass alles, was Gott an dir tut – ob er nun vernichtet oder rettet – in höchstem Maß gerecht und angemessen ist, auch wenn du das nicht sehen kannst. Das heißt, „Gott zu jederzeit preisen“ (Tobit 4,19). [...]

In seinem Trostbrief an einen Abt, der sich in Not und Bedrängnis befand, schrieb Bernhard [...]:[190] Lass dich nicht vom Bösen besiegen, sondern setze deine Hoffnung fest auf Gott und erwarte den Ausgang der Angelegenheit mit Geduld. Ich würde dich so gern aufrichtigen Herzens trösten, aber ich weiß nicht wie. Ich würde dir so gern helfen, wenn ich könnte! So möge dir in deiner Not derjenige zu Hilfe kommen, der alles weiß und alles kann.

O wahrlich leichte Last Christi! Den, der sie trägt, beschwert sie nicht, sondern sie hebt ihn in die Höhe. Welche Last ist leichter als diejenige, die nicht nur nicht belastet, sondern jeden trägt, dem sie zu tragen auferlegt ist? Eine Last, die entlastet, wie die Flügel der gefiederten Vögel: sie tragen die, von denen sie getragen werden. Denn selbst wenn die Flügel die Masse vermehren, so wird doch die Last geringer.[191]

Bernhard hatte Rainald als Abt eines bestimmten Klosters eingesetzt, dessen Mönche sehr unruhig wa-

190 Vgl. Bernhard von Clairvaux, *Ep.* 32, n.1 (II, 412.414).
191 Ders., *Ep.* 72, n.2 (II, 592).

ren. Deswegen schrieb Rainald oft an Bernhard und klagte ihm sein Leid und seine Mühen. Bernhard schrieb zurück und ermutigte ihn, durchzuhalten; und unter anderem sagte er ihm, er solle ihm doch nicht all die üblen Dinge berichten, die er zu tragen habe; das mache ihn, Bernhard, einfach zu traurig.[192] Als der andere sich dieser Bitte entsprechend verhielt, konnte es aber Bernhard nicht ertragen, nicht zu wissen, wie es ihm gehe. Er schrieb ihm erneut[193] und forderte ihn auf, ihm all die belastenden Dinge mitzuteilen. Denn er habe in größerer Traurigkeit und Furcht gelebt, nachdem der andere aufgehört hatte, ihm zu schreiben; ständig habe er gefürchtet, die Gefahren seien noch größer als in Wirklichkeit. Die brüderliche Liebe habe ihm keine Ruhe mehr gelassen. Sobald die *caritas* nämlich das Innere eines Menschen berührt und erfasst hat, so sagt Bernhard, lässt sie nicht mehr zu, dass er sich selbst gehört und über sich selbst verfügt *(sui iuris esse non sinit)*: Die *caritas* fürchtet, was sie nicht weiß, ist traurig wegen Dingen, wo es gar nicht angebracht wäre, macht sich mehr Sorgen als sie will, fühlt Jammer und Mitleid, ohne es zu wollen.

Auch dies sagt Bernhard: Die Tugend wird im Frieden erworben, in der Bedrängnis erprobt, im Sieg bestätigt.[194] Wenn es ständig Anlass zu Traurigkeit gäbe, wer würde das aushalten? Wenn ständig alles nach Wunsch glücklich verliefe, wer würde nicht die Wertschätzung dafür verlieren? Gottes Weisheit hat es daher so eingerichtet, dass für die Erwählten beides sich

192 Ders., *Ep.* 73, n.1 (II, 598).
193 Ders., *Ep.* 74 (II, 602).
194 Ders., *Ep.* 126, n.1 (II, 858). Die folgenden Sätze sind dem Brief an Innozenz entnommen: *Ep.* 136 (II, 904).

abwechselt und damit gegenseitig mäßigt: Weder soll das Unglück uns brechen, noch das Glück leichtsinnig machen. Die glücklichen Umstände gewinnen an Ernst und Gewicht, das Unglück aber wird erträglicher. Unsere Wunden erhalten Öl, nachdem sie mit Wein gewaschen wurden.[195]

---

195 Eine Anspielung auf den barmherzigen Samariter (Lk 10,34): der Wein desinfiziert schmerzhaft die Wunden, das Öl besänftigt und unterstützt die Heilung.

9. KAPITEL

Eifer für die Gerechtigkeit, Tapferkeit, Beherztheit gegen Sünden

[Zelus iustitiae, fortitudo ac magnanimitas contra peccata]

Thema: Pflicht der Zurechtweisung und die dafür erforderlichen Tugenden

Paulus schreibt: „Rede und weise zurecht mit großer Autorität. Niemand soll dich verachten" (Tit 2,15). Dieses Thema findest du bei Gregor im 15. Kapitel der *Regula Pastoralis* behandelt;[196] dort schreibt er unter anderem: Vorsteher ohne Weitblick scheuen oft davor zurück, ein aufrechtes Wort freimütig zu sagen, aus Furcht, die Gunst der Leute zu verlieren. In diesem Punkt sind sie nicht Hirten, sondern Mietlinge; denn sie schweigen, während der Wolf die Schafe reißt, sie gleichen stummen Hunden, die nicht bellen können (Jes 56,10). Denen, die schweigen, obwohl sie zurechtweisen sollten, wird gesagt: „Ihr seid nicht aufgestanden, habt keine Mauer errichtet für das Volk Israel, seid nicht im Kampf gestanden am Tag des Herrn" (Ez 13,5).

Diejenigen, die sich nicht darum kümmern, dass sie den Sündern ins Gesicht hinein widerstehen müssten, werden verglichen mit Leuten, die im Kampf davonlaufen. Damit rät er implizit, nicht des langen und breiten mit vielen Worten zu tadeln, was den Sünder eher verwirren könnte als ihn heilen würde, sondern mit wohl erwogenen, weisen Worten. Darum sagt der Weihespender bei der Bischofsweihe zum Kandidaten:

---

196 Gregor der Grosse, *Reg. Past.* II, cap.4 (SC 381, 186–194).

„Empfange des Stab des Hirtenamtes: bei der Besserung der Laster sollst du mit unerbittlicher Güte vorgehen, halte fest an einem Urteil ohne Zorn, etc.“. Darum finden wir in einem Konzilstext über das Amt des Ortsbischofs folgende Worte:[197] Wir bestimmen unabänderlich, dass die Vorsteher der Kirchen mit Klugheit und Gewissenhaftigkeit darauf zu achten haben, die Ausschreitungen ihrer Untergebenen und besonders der Kleriker zu korrigieren und das Niveau der Sitten zu bessern, damit sie nicht Rechenschaft für deren Leben geben müssen (damit nicht ihr Blut von ihren Händen zurückgefordert wird),[198] sondern sie mit dem Apostel Paulus sagen können: „Rein sind meine Hände von jeder Blutschuld an euch“ (Apg 20,26). Denn man billigt einen Irrtum, wenn man ihm nicht widerspricht;[199] und die allzu große Leichtigkeit, Nachsicht zu finden, bietet einen zusätzlichen Anreiz zu sündigen.[200]

Wer solche Schonung übt – sagt Augustinus –, dass er zulässt, wie die Laster sich mästen, nur um keine Missstimmung bei den Sündern zu verursachen, der ist auf eine Weise „barmherzig“, wie jemand, der einem Kind ein Messer nicht wegnehmen will, um es nicht weinen zu hören; und dabei fürchtet er nicht den Schmerz über dessen Verletzung oder gar den Verlust des Lebens.[201] Und der gleiche Augustinus schreibt: Die in Lethargie verfallenen Personen weckt man, die Tobsüchtigen bindet man, und doch liebt man sie beide.[202] Das ist die Traurigkeit aus echter Verbundenheit

197 4. Laterankonzil (1215) can. 7 (Mansi 22, 991).
198 X, 1, 4, 13 (Corpus IC 2, 191).
199 Decr. I D. 83 c. 3 (Corpus IC 1, 293).
200 Decr. II C. 23 q. 4 c. 33 (Corpus IC 1, 915).
201 Augustinus, *Ep.* 104, n.16 (CCSL 31B, 47).
202 Ders., *Sermo* 340, n.7 (PL 39, 1596).

(pia tristitia), das ist seliges Leid *(beata miseria):* sich von den Lastern anderer erschüttern, nicht aber sich in sie hineinziehen zu lassen, darüber traurig zu sein, nicht aber an ihnen teilzuhaben. Der Schmerz soll dir das Herz zusammenziehen, nicht aber soll dich die Zuneigung auf den Weg der Sünder ziehen. Das Lachen der Wahnsinnigen bringt ihre gesunden Freunde zum Weinen.

Du Hirte, erbitte dir vom Herrn, dass du von dir einmal sagen kannst, was der Prophet Micha von sich sagte: „In meinem Urteil und meiner Kraft bin ich erfüllt von der Stärke des Geistes des Herrn, so dass ich Jakob sein Vergehen und Israel seine Sünde vorhalten muss." (Mi 3,8).

Wie sich Johannes Chrysostomus benahm, kannst du in seiner Vita lesen: Gegen die Laster seiner Kleriker ging er mutig vor, mit seinem Beispiel, mit Worten und auch mit angemessenen Strafen – was ihm den Hass der Betroffenen einbrachte. Von den vielen Schwierigkeiten und Mühen schließlich erschöpft, die er um der Kirche und der Besserung der Sitten willen auf sich genommen hatte, starb er.[203] Von solchen Hirten sagt der Herr: „Ihr werdet allen Menschen verhasst sein wegen meines Namens; wer aber ausharrt bis zum Ende, der wird gerettet" (Mt 10,22). Also, du Kleinmütiger, „werde nicht Richter, wenn du nicht gegen das Unrecht vorzugehen vermagst, weil du etwa das Gesicht eines Mächtigen fürchtest" (Eccli. 7,6). Sonst sollst du nicht

---

203 Vgl. *Das Leben des heiligen Johannes Chrysostomus*, hrsg. und übers. von Lothar Schläpfer, Düsseldorf 1966 (Heilige der ungeteilten Christenheit), bes. Kapitel 20, S. 201ff.

als Bischof, sondern als schamloser Hund gelten, wie es in *Distinctio 83, c. 2* heißt.[204]

Gregors Regeln der Zurechtweisung

Gregor der Große trifft in der *Regula Pastoralis* eine ausgezeichnete Unterscheidung:[205] Manche Laster soll man mit Klugheit übersehen; denn sie werden gerichtet, indem man sie mit Schweigen übergeht – zum Beispiel, wenn jemand entdeckt, dass seine Schuld dem Vorgesetzten bekannt ist, und er sich schon allein deswegen schämt, die Schuld noch zu vergrößern, weil er im Stillen die Geduld, Langmut und Milde des Hirten sich selbst gegenüber erwägt. Diese seine Geduld hält der Herr dem sündigen Volk Juda vor, wenn er spricht: „Du hast nicht in deinem Herzen gedacht, dass ich schweige und es gleichsam nicht sehe“ (Jes 57,11).

Manche Laster muss man mit reifer Überlegung eine Weile ertragen, auch wenn man sie klar erkennt: dann nämlich, wenn die Umstände in keiner Weise günstig sind für eine offene Rüge. Denn eine vorzeitig aufgeschnittene Wunde entzündet sich noch mehr, und Medikamente, die zur Unzeit verabreicht werden, verfehlen ihre Wirkung – das steht zweifelsfrei fest. Doch das Warten und Suchen nach der rechten Zeit der Zurechtweisung ist für den Hirten, den die Last der Schuld [der anderen] drückt, eine Übung in der Geduld. Darum steht geschrieben: „Die Frevler haben auf meinem Rücken gepflügt“ (Ps 129,3); das heißt: Ich trage gleichsam die Last derer, die ich nicht bessern kann, auf meinem Rücken.

---

204 Decr. I D. 83 c. 2 (Corpus IC 1, 293).
205 Gregor der Grosse, *Reg. Past.* II, cap.10 (SC 381, 238–252).

Manche verborgene Laster sind genau unter die Lupe zu nehmen; an auftretenden Anzeichen soll der Seelsorger das im Inneren Verborgene erkennen, und wenn der Augenblick der Zurechtweisung gekommen ist, soll er an kleinen Dingen auch die schwerwiegenderen erkennen. [...]

Manche Laster soll man milde zurechtweisen, etwa wenn jemand aus Unwissenheit oder Schwäche gefehlt hat. „Wenn einer sich zu einer Verfehlung hat hinreißen lassen, dann sollt ihr [...] ihn im Geist der Sanftmut wieder auf den rechten Weg bringen" (Gal 6,1). Andere dagegen muss man scharf tadeln, zum Beispiel, wenn jemand die Schwere seiner Schuld nicht erkennt, dann soll er das durch den Tadel erfahren. Gegenüber Verstockten oder solchen, die ihre Sünden auf die leichte Schulter nehmen, muss des Seelsorgers Eifer mehr Strenge zeigen; denn wenn er zu wenig klar gegen diese Sünden auftritt, könnte er am Ende verantwortlich gemacht werden für all diese Schuld.

Nichts brennt und martert den Geist eines Oberen schlimmer als der Eifer für Gott; das sagt auch Paulus: „Wer nimmt Ärgernis – ohne dass ich brenne?" (2 Kor 11,29). Und darum kommt es vor, dass ihm sehr scharfe Worte gegen die Laster entfahren, und weil dabei oft das richtige Maß verlassen wird, muss auch er den Herrn aller um Verzeihung bitten.

Im III. Teil der *Regula Pastoralis* beschreibt Gregor verschiedene Weisen, zu tadeln und zu ermahnen, entsprechend der unterschiedlichen Verfassung der Betroffenen.[206] Zum Beispiel ist bei jungen Männern, die Sünden begehen, eine scharfe Zurechtweisung *(in-*

---

206 DERS., *Reg. Past.* III, cap.1–37 (SC 382, 262–524).

crepatio) nicht unangebracht; ältere Männer dagegen soll man mit einem guten Wort gewinnen, wie es in der Schrift heißt: „Einen älteren Mann fahre nicht scharf an“ (1 Tim 5,1). Die Machthaber dieser Welt soll man mit Geschick zurechtweisen, damit sie sich nicht gegen denjenigen erheben, der sie zurechtweist. Ein Beispiel findest du bei Nathan gegenüber David (2 Sam 12). Gebildeten Personen soll man mit tragfähigen Gründen begegnen. Schamlose, freche Leute müssen mit scharfen Worten in die Schranken gewiesen werden, Scheuen gegenüber wirkt eine maßvolle Ermahnung besser. Jene soll man direkt und ohne Umschweife tadeln, bei diesen dagegen genügt es, die Sache sozusagen nebenbei zu berühren. Von sich eingenommene Personen, die ihre sittlichen Mängel nicht erkennen, aber herausstellen, was an ihnen gut ist, sollen mit offenen Gründen beschämt werden; Kleinmütige aber, die ihre Schwachheit nur allzu gut kennen und das Gute, das sie besitzen, ganz gering einschätzen, soll man vor allem loben für das, was sie gut vollbracht haben, und sehr milde tadeln. Durchtriebene, doppelgesichtige Personen muss man nach allen Regeln der Kunst zur Rede stellen; denn selbst wenn diese Leute gleichsam auf frischer Tat ertappt sind, führen sie spitzfindige Gründe zu ihrer Verteidigung an. [...]

Gegenüber solchen, die sich in ihrer Ungerechtigkeit verhärtet haben, so dass sie sich nicht einmal durch Schläge korrigieren ließen, muss man desto schärfere Worte gebrauchen, je gefühlloser sie bereits geworden sind. Gregor schreibt dazu:[207] Man müsse oft solche Leute den Entzug der Wertschätzung *(dedignatio)* füh-

207 Ebd. cap.13 (SC 382, 336).

len lassen, ohne sie wirklich zu verachten, sie sehen lassen, dass man wenig Hoffnung für sie habe, ohne jedoch wirklich die Hoffnung aufzugeben. Das heißt, die ihnen gezeigte Hoffnungslosigkeit soll ihnen Furcht einjagen, die anschließende Ermahnung aber soll sie zur Hoffnung zurückführen. Gegen diese Leute soll man die harten Worte der Heiligen Schrift gebrauchen, etwa: „Zerstampfst du den Toren auch mit dem Stößel, im Mörser zwischen den Körnern, seine Torheit weicht nicht von ihm" (Spr 27,22), oder: „Du hast sie aufgerieben, doch sie wollten keine Zucht annehmen" (Jer 5,3).

Gregor fügt jedoch hinzu, dass zuweilen jene, die sich durch scharfe Worte nicht bessern lassen, durch gute Worte geheilt werden – wie es auch manche Wunden gibt, die sich nicht durch einen Schnitt heilen lassen, sondern durch Umschläge mit Öl. Auch der Diamant lässt sich nicht mit einem Messer ritzen, aber durch das Blut eines Bockes wird er weich. So jedenfalls Gregor.

Personen, die gerade sehr aufgeregt oder wütend sind, soll man nicht direkt und offen schelten, sondern sie möglichst erst beruhigen. Denn jemandem, der vor Zorn wie betrunken ist, erscheint jedes noch so richtige Wort verkehrt! Wenn sie die Fassung wieder gefunden haben, werden sie umso bereitwilliger die Ermahnung aufnehmen, da sie ja mit Scham erkennen, wie geduldig sie vorher ertragen wurden. – Zuweilen allerdings muss man ihnen auch während des zornigen Anfalls ruhig und gelassen einen Stoß versetzen – nicht direkt, sondern sozusagen mit umgekehrter Lanze – mit genau treffenden, sanften Worten.[208]

---

208 Ebd. cap.16 (SC 382, 358.360)

Personen, die eine sehr hohe Meinung von sich selbst haben *(elati)*, redet man am besten ins Gewissen, wenn man den Tadel gewissermaßen in Lob verpackt. Wenn man zuerst das Gute lobt, das in ihnen ist, werden sie innerlich geneigt und willens, das Ungute an sich selber abzuwerfen. [...] Um solche Personen zu überzeugen, hilft es auch, ihnen zu sagen, dass ihre Besserung mehr uns als ihnen selbst nützen werde, und dass wir sie mehr unseretwegen als um ihrer selbst willen darum so dringend bäten. Denn derartig veranlagte Leute lassen sich leicht zum Guten hinneigen, wenn sie überzeugt sind, dass diese ihre Neigung auch anderen nütze.[209]

* Gregor merkt auch an, dass Bischöfe bzw. Obere mitunter zu Lastern schweigen, in der Meinung, sie würden aus Demut den anderen nicht ins Gewissen reden. Stattdessen ist der Grund ihre Menschenfurcht. Und wenn sie geradeheraus jemanden zurechtweisen, tun sie es ihrer Meinung nach aus rechtgesinntem Freimut, während das Motiv eher Überheblichkeit ist.[210] *

Gregor richtete immer wieder ernste Ermahnungen an Bischöfe, die sich verfehlten. Dem pflichtvergessenen Bischof von Salerno, der gutem Essen und Trinken

209 Ebd. cap.17 (SC 382, 364.366)

210 Ders., *Hom. in Ez.* I, cap.9, n.12f. (CCSL 142, 129f.); vgl. auch das Exzerpt im ersten Teil des *Stimulus* aus Ders., *Reg. Past.* II, cap.9 (SC 381, 236): „Jemand, der Seelen leitet, muss genau darauf achten, dass Laster häufig vorgeben, Tugenden zu sein. Zum Beispiel versteckt sich unter dem Mantel der Sparsamkeit engherzige Kleinlichkeit; Verschwendung aber nennt sich Freigebigkeit. Dass man die Zügel schleifen lässt, soll als Milde gelten, entfesselter Zorn aber als Eifer für die Tugend. Überstürztes Handeln hält man für Dynamik und Effizienz, lahme Unentschlossenheit aber für reifliche Überlegung."

ergeben war, und der einen Archidiakon ungerechterweise abgesetzt hatte, schrieb er: Ehrwürdiger Bruder, du bist mehrfach ermahnt worden, komm jetzt endlich zur Vernunft und lass ab von deiner schuldhaften Verirrung. Solltest du das noch weiter hinauszögern, dann wisse, dass dir der Gebrauch des vom Apostolischen Stuhl verliehenen Pallium entzogen wird. Solltest du nach Aberkennung des Pallium weiter verhärtet bleiben, so sollst du wissen, dass du vom Leib und Blut des Herrn ausgeschlossen bist. – Gregor droht ihm also im Anschluss an eine sorgfältige Untersuchung den Verlust des Bischofsamtes an. Und er schließt den Brief mit den Worten: Wir verteidigen niemanden aus persönlicher Zuneigung; vielmehr wahren wir – mit Berufung auf Gott – das Recht, ohne Ansehen der Person (vgl. Kol 3,25; 1 Petr 1,17).

[...]

Mit dem rechten Maß von Entschiedenheit und Sanftmut

Bernhard riet Papst Eugen:[211] Dein Zorn richte sich gegen die, welche andere unterdrücken, dein Erbarmen neige sich denen zu, die unterdrückt werden.

An Titus schrieb der Apostel Paulus: Sprich, ermahne, weise zurecht mit Befehlsgewalt (Tit 2,15); an Timotheus gerichtet schrieb er: Weise zurecht mit aller Geduld (2 Tim 4,2). Denn dieser – so meint Gregor[212] – war von hitzigerem und schärferem Temperament und brauchte Mäßigung bzw. einen Zügel; Titus dagegen

211 BERNHARD VON CLAIRVAUX, *Cons.* III, cap. 2 n.5 (I, 708).
212 GREGOR DER GROSSE, *Reg. Past.* III, cap.16 (SC 382, 356).

war sanfteren Charakters und brauchte Anfeuerung bzw. einen Sporn.

Gregor forderte die Königin der Franken auf, mitzuhelfen, dass die schlechten Priester in ihrem Herrschaftsgebiet die gerechte Strafe erhielten;[213] denn die dafür eigentlich zuständigen Bischöfe würden sich weder um die Untersuchung der Missstände kümmern, noch hätten sie Interesse daran, mit Sanktionen durchzugreifen. Die Ursache des Niedergangs im Volk, so Gregor, seien die schlechten Priester: denn die Leute hätten weder würdige Fürsprecher und Mittler vor Gott, noch Vorbilder für ihr Leben. Und er schließt mit den Worten: Wenn jemand die Möglichkeit hat, einen anderen zu bessern, und es aus Nachlässigkeit unterlässt, dann macht er sich zweifellos mitschuldig an dessen Sünde. – Möge also Eifer für das Recht lebendig sein und Unrecht nicht ungestraft lassen. Sieh dir dazu bitte auch die *Distinctio 83* an;[214] da könnten einem nachlässigen Bischof die Knie zittern!

Bei Bernhard liest man, es könne so weit kommen, dass jemand sich an ein einziges Laster gewöhnt: Er legt sich eine Hornhaut zu, um die Wunde nicht mehr zu fühlen, die er vorher schmerzhaft spürte; er wird gefühllos und stumpf. Was er früher für bitter hielt, ist ihm nun angenehm, was vordem unerträglich, kommt ihm nun leicht oder sogar erfreulich vor. Ein solchermaßen abgehärtetes Herz erschrickt auch nicht mehr vor sich selbst, es wird nicht von Zerknirschung zerrissen, lässt sich nicht durch Bitten bewegen, gibt keinen Drohungen nach, wird durch Schläge nur noch härter, fürchtet Gott nicht, nimmt keine Rücksicht auf einen

---

213 Ders., *Registr.* XI, ep. 49 (CCSL 140A, 948f.).
214 Decr. I D. 83 (Corpus IC, 293f.).

Menschen (vgl. Lk 18,2), denkt nicht an das Ende aller Dinge, kümmert sich einfach nicht darum.[215] – Wer vermag es schon, einen seit langem im Konkubinat lebenden und daran gewöhnten Priester davon zu heilen?

[...]

Du sollst gern und oft im Verborgenen väterlich zurechtweisen und mahnen. Die im Geheimen erteilte Zurechtweisung ist bei Personen von guten Anlagen oftmals wirksamer und fruchtbringender als öffentliche oder gerichtliche Bestrafung.

215 Bernhard von Clairvaux, *Cons.* I, cap.2, n.2f. (I, 630.632).

10. KAPITEL

Gegen Kleinmütigkeit, Skrupulanz und grundlose Traurigkeit, die oft gerade eifrige Seelsorger befallen

[Contra pusillanimitatem, scrupulositatem, vanamque tristitiam saepe infestantem nonnullos pios pastores]

Gefahren: Mutlosigkeit, Zweifel an der Fruchtbarkeit des eigenen Tuns

Weit muss das Herz des Bischofs entfernt sein von jener peinvollen Strafe, die den Juden angedroht wurde: „Der Herr wird dir ein furchtsames Herz geben, eine Seele, die von Trauer aufgezehrt wird“ (Dtn 28,65). Auf ihn soll vielmehr zutreffen, was Mose zu Josua sagte, als er ihn zum Anführer einsetzte: „Fasse Mut und sei stark; du nämlich wirst das Volk in das verheißene Land hineinführen“ (Dtn 31,23).

Freilich ist es wahr, was Chrysostomus sagt: dass die Wellen, die gegen den Mut *(animus)* eines Bischofs branden, für gewöhnlich zahlreicher und feindseliger sind als die Stürme, welche das Meer aufwühlen.[216] Doch gerade dann braucht man Zuversicht und Tapferkeit.

Bernhard schreibt an Papst Eugen:[217] Ich habe bei einem weisen Mann Folgendes gelesen: Ist jemand ein tapferer Mann, dann wächst sein Mut gerade durch Schwierigkeiten. Ich aber sage, dass ein glaubensvoller Mensch noch mehr vertrauen soll, wenn er Schläge ertragen muss; und wenn es denn so sein soll, dass die Dinge, die wir in rechter Gesinnung für Gott unterneh-

216 Johannes Chrysostomus, *De Sac.* III, cap.8 (Fiedrowicz, 201).
217 Bernhard von Clairvaux, *Ep.* 256, n.3 (III, 366).

men, nicht nach Wunsch Erfolg haben, weil Gott uns züchtigt, soll dann deswegen der Mensch nicht trotzdem tun, wozu er verpflichtet ist, weil Gott tut, was er will?

Auch wenn wir also viele Übel sehen, so dürfen wir doch den Mut nicht sinken lassen, sondern müssen immer auf Besseres hoffen. Nie kamen den Menschen große Güter zu, ohne dass diesen große Übel vorausgegangen wären. So ging unserem Heil der Tod des Erlösers voraus. Also müssen wir mitten in dieser Sintflut von Übeln und Unglück freien und weiten Herzens voll Zuversicht wandern. Wo bliebe sonst die Freiheit der Kinder Gottes? Wo jener Geist, von dem der Apostel schreibt: „Ihr habt nicht den Geist der Knechtschaft empfangen“ (Röm 8,15)?

Warum wird ein Mensch, der Gott allein vor Augen hat und tut, was er soll und vermag, von Skrupeln umgetrieben? Warum von Niedergedrücktheit verzehrt? Warum vom Geist des Kleinmuts gelähmt? Der Psalmvers, den wir beten: „Wirf auf den Herrn deine Sorge“ (Ps 54,23), lautet nach dem Hebräischen Text: „Wirf deine Last auf den Herrn“; vertrauensvoll wirf die Lasten deiner Sorgen und der Dinge, die dich traurig machen, auf Gott.

Wenn du vor der Übernahme der Hirtensorge und der damit verbundenen Lasten freudvolle Zeit in der Kontemplation verbringen konntest, dann denke an das Wort des Augustinus: Haltet eure Muße nicht für wichtiger als das, was die Kirche nötig hat; denn wenn der Kirche in ihren Geburtswehen keine guten Leute dienen wollen, dann werdet ihr keine Geburt erfahren.[218] Vielleicht hast auf dem Berg verweilt, die Arme zum Gebet ausgebrei-

218 Augustinus, *Ep.* 48, n.2 (CCSL 31, 210).

tet wie Mose, und der Herr hat nun befohlen, dass du hinabsteigst aufs Feld, um wie Josua mit den Amalekitern zu kämpfen. Dann lass den Mut nicht sinken, denn man kann weder auf dem Berg ganz ohne Furcht leben, noch braucht man inmitten der Amalekiter zu verzagen. Lot war mitten unter den Sodomitern heilig, fiel aber in der Einsamkeit der Berge in die Sünde des Inzests. Darüber schreibt Gregor sehr schön in der *Regula Pastoralis:*[219] Wer von Gott die Gaben bekommen hat, um Hirte sein zu können, und sich weigert, das Amt zu übernehmen, wenn er berufen wird, dem werden diese Gaben sehr oft entzogen; denn er hatte sie nicht nur für sich selbst, sondern auch für andere empfangen. Daher spricht der Herr: „Wenn du mich liebst, weide meine Schafe“ (Joh 21,17). Damit lehrt er klar: Wenn es ein Beweis der Liebe ist, das Hirtenamt zu übernehmen, dann ist jemand, der sich weigert, es zu übernehmen, obwohl er die Voraussetzungen dafür hat, überführt, dass er den Herrn nicht liebt. Wenn also jemand vor der Übernahme der Hirtensorge flieht, weil er die Ruhe des kontemplativen Lebens liebt, dann soll er wissen, dass er in der Schuld von eben so vielen Menschen steht, wie er hätte Menschen nützen können, wenn er offen aufgetreten wäre. Entsprechend dem Brauch des Alten Gesetzes spuckt die Kirche auf solch einen Menschen, der seinem kinderlos verstorbenen Bruder – nämlich Christus, der in seinem irdischen Leben nur wenige bekehrt hat – keine Nachkommen erwecken will. Man nennt das „ins Gesicht spucken“, weil die Kirche diese Art von Ruhe missbilligt; zu seiner Schande hat er nur einen Schuh an (vgl. Rut 4,8). Wer jedoch Sorge

219 Gregor der Grosse, *Reg. Past.* I, cap.5 (SC 381, 144.146).

trägt für sein eigenes Heil und das des Nächsten, der hat Schuhe an beiden Füßen, bereit zur Verkündigung des Evangeliums vom Frieden (Eph 6,15).

Gregor schreibt an einen Presbyter:[220] Ich wundere mich, dass du über die Schmähungen der Menschen so betrübt bist. Hast du denn nicht gelesen: „Wenn ihr aus der Welt wäret, würde die Welt euch als ihr Eigentum lieben“ (Joh 15,19)? Ob dir Worte des Lobes oder des Tadels gesagt werden, kehre stets zurück in dein Inneres; und wenn sich dort nichts von dem Bösen findet, was man über uns sagt, dann ist das ein Grund zu großer Freude.

Wir sollen jedoch diejenigen, die uns Böses nachsagen, kommen lassen, sie ruhig ermahnen, und ihnen soweit irgendwie möglich Rede und Antwort stehen *(satisfacere)*, damit sie nicht Ärgernis nehmen. Wenn sie sich aber nicht zufriedengeben wollen, dann dürfen wir uns mit dem Wort des Herrn trösten: „Lasst sie, sie sind blind ...“ (Mt 15,14). Mit Voll Vertrauen darf man den Lohn im Himmel erwarten, wenn jemand hier wegen eines guten Werkes ausgelacht oder verachtet wird. „Wenn man den Hausvater Beelzebub nannte, wie viel mehr seine Angehörigen?“ (Mt 10,25) Und der Apostel schreibt: „Wir werden als Irreführer bezeichnet, und sind doch wahrhaftig“ (2 Kor 6,8).

Wann immer du erfährst, dass törichte Leute abträglich über dich reden, hüte dich, dass auch nicht die geringste Traurigkeit in dich eindringt. Wenn du es hinbekommen kannst, ohne eine Verfehlung deinerseits, ihr Murren zur Ruhe zu bringen, indem du ihnen deine Gründe vorlegst, dann bist du verpflichtet, sie zur

220 Ders., *Registr.* XI, ep. 1 (CCSL 140A, 857f.).

inneren Gesundheit zurückzuführen. Das heißt, sie zu einem nicht-öffentlichen Gespräch zu holen, und ihnen deine Gründe vorzulegen. Denk daran, wie Petrus besorgt war, das Ärgernis der Judenchristen betreffend die Taufe des Kornelius zu bereinigen (Apg 10,11).[221] [...]

Bernhard schrieb an Abt Rainald: Die Last der Seelen ist die Last der schwachen Seelen. Denn die gesunden brauchen nicht getragen zu werden, daher sind sie auch keine Last. Du erfüllst deine Aufgabe, wenn du diejenigen ermahnst und tadelst, die in ihrem sittlichen Verhalten krank sind. Indem du sie trägst, heilst du sie, die du zu ihrer Heilung trägst *(portando sanas, quos sanando portas)*. Wenn aber jemand so gesund ist, dass er eher dich unterstützt als von dir unterstützt wird, dann halte dich für ihm ebenbürtig, nicht für seinen Vater *(parem non patrem)*. Hast du es mit gesunden und starken Leuten zu tun, wirst du weniger Gewinn haben; denn du wirst weniger Lohn haben! Hast du es mit Schwachen und Kranken zu tun, wirst du desto mehr gewinnen, je mehr Last du mit ihnen hast.[222]

Sei nicht kleinmütig *(pusillanimis)* und lass dich nicht von Leuten, die nichts verstehen *(insipientes)*, in ihre üblen oder wenig geistlichen Beratungen hineinziehen. Das war der Fall bei den Leuten, an die Paulus ironisch schrieb: „Ihr ertragt ja gern die Toren, da ihr doch selbst so weise seid. Ihr ertragt es sogar, dass euch jemand in die Sklaverei führt!" (2 Kor 11,19f.) Keine Worte, keine Autorität der Welt soll dich wegziehen von dem, was die Apostel beschlossen und festgesetzt haben. Darum steht geschrieben: „Sei nicht unterwürfig

221 Ebd., ep. 27 (CCSL 140A, 906).
222 Bernhard von Clairvaux, *Ep.* 73, n.2 (II, 600).

(humilis) in deiner Weisheit, damit du nicht in deiner Unterwürfigkeit zum Toren wirst" (Eccli. 13,11).

[...]

Gegen Ängstlichkeit

Die Skrupel, ob ich sündige oder nicht sündige in einer bestimmten Angelegenheit, wurzeln oft in einer übermäßigen Eigenliebe. Daraus entsteht eine Furcht, mehr als angebracht, dass das eigene Heil gefährdet sei. Der Teufel tut alles, um einem Menschen, dem er die Gottesfurcht nicht aus dem Herzen reißen kann, wenigstens eine verkehrte Furcht vor nichtigen und falschen Gefahren einzujagen, damit dieser sich nicht eines ruhigen Gewissens erfreuen kann.

Die Skrupulosen tun Gottes Güte großes Unrecht, sie denken von ihr nicht richtig – als ob Gott ein ungerechter Richter sei, der nach Gelegenheiten suche, die Menschen zu verstricken, während er doch unser Heil mehr ersehnt als wir selbst! Was jedoch von uns in der Hauptsache gefordert wird, ist der feste Vorsatz und Entschluss, lieber alles, was es auch sei, auf uns zu nehmen, als ihn zu beleidigen. Wer diesen Vorsatz wirklich im Herzen trägt, hat keinen Grund, sich von verschiedenen Skrupeln ängstigen zu lassen.

Das letzte Mittel gegen Skrupel besteht darin, sich demütig dem Urteil einer anderen Person zu unterwerfen. Dieses Heilmittel ist von Gott gegeben, damit jemand, der sich mit eigener Klugheit nicht heilen kann, durch die eines anderen Hilfe findet. Und selbst wenn es vorkäme, dass derjenige sich täuscht, der den Rat gibt, so wird doch der, welcher ihn annimmt, nicht getäuscht, wenn er diesen Rat aufgrund des göttlichen Gebotes befolgt.

Jede Bitterkeit des Herzens, wo immer sie herkommen mag, muss man kraftvoll zurückschlagen; denn die Süßigkeit der „devotio“, die alle Süßigkeit übertrifft, kann mit keinerlei Bitterkeit zusammensein. Man soll sich also sorgsam in Acht nehmen, nicht irgendeiner „Traurigkeit der Welt“ (2 Kor 7,10) oder einer übermäßigen Besorgnis die Tür zu öffnen; wir müssen das sofort auf den Herrn werfen und unser Herz stets vertrauensvoll in Frieden und Ruhe halten.

Widerwillen

Bernhard riet Papst Eugen, niemanden im Leitungsamt festzuhalten, der es ganz und gar widerwillig angenommen habe und widerwillig ausübe. Dabei zitiert er den hl. Ambrosius mit dem Ausspruch, dass niemand gut tue, was er nicht gern tue, selbst wenn es ein gutes Werk sei. Denn der Geist der Furcht nützt nichts, wo nicht der Geist der Liebe ist.[223]

Einen Mann, der sich hartnäckig weigerte, das Amt des Abtes zu übernehmen – es handelt sich um seinen Bruder Rualenus – mahnte er brieflich, er solle seine Stärke im Herrn finden und nicht länger gegen den Stachel ausschlagen (vgl. Apg 9,5). Er solle sich zuversichtlich mit Mut bekleiden und wissen: „die Freude am Herrn ist deine Stärke“ (Neh 8,10). Er solle sich also mit der Freude des Heiles bekleiden.[224] In dem Buch *De interiori domo* sagt Bernhard, die Traurigkeit sei ein Hindernis für alle Güter.[225]

223 Bernhard, *Ep.* 258 (III, 374.376).
224 Ders., *Ep.* 260 (III, 378.380).
225 Pseudobernhard, *De int.*, cap.28 (PL 184, 538).

Willst du wissen, woher die Verzagtheit hinsichtlich des eigenen Heiles kommt? Dann lies Augustinus, der in der Vorrede zu seiner Auslegung von Psalm 31 schreibt:[226] Ein schlechtes Gewissen ist voll von Verzweiflung, ein gutes Gewissen ist voll von Hoffnung; das schlechte Gewissen hält einen von der Hoffnung fern. Augustinus schließt daraus: Wer frohe Hoffnung haben wolle, der solle ein gutes Gewissen haben; und ein gutes Gewissen gewinne man, indem man glaube und danach handle. [...]

Unzeitige Amtsniederlegung

Einem Abt, der vorhatte, sein Amt aufzugeben, um für sich in größerer Ruhe zu leben, untersagt Bernhard dies strikt, einerseits mit der Begründung, „die Liebe sucht nicht das Ihre" (1 Kor 13,5), und andererseits, weil daraus Ärgernis folge und Zerstörung des Friedens: Gern verzichte ich auf alles, sagt er, auch auf geistlichen Gewinn, wenn dieser nicht ohne Ärgernis erlangt werden kann. Denn wo Ärgernis ist, da nimmt ohne Zweifel die Liebe Schaden; wo aber die Liebe gemindert wird, da kann man nicht auf Gewinn in den geistlichen Übungen hoffen. Wer seine eigene Ruhe dem Wohl der Gemeinschaft vorzieht, der kann nicht sagen: „Für mich Christus das Leben, und Sterben ist mir Gewinn" (Phil 1,2). Und wo bliebe das Wort: „Niemand lebt sich selber, niemand stirbt sich selber" (Röm 14,7)? Und: „Nicht meinen Nutzen, sondern den der Vielen" (1 Kor 10,13)? Und: „Damit, wer lebt, nicht mehr sich lebt, sondern für den, der für alle gestorben ist" (2 Kor 5,15)? Und: „Bist du an eine Frau gebunden, suche nicht, dich zu

226 Augustinus, *En. Ps.* 31, en. 2, n.5 (CCSL 38, 228).

lösen“ (1 Kor 7,27)? Und schließlich sagt er, dass dieses Verlangen nach geistlicher Ruhe vom Teufel eingegeben sei, der auf diese Weise die Einheit und den Frieden zerstören wolle. Es sei der Widersacher, der ihm eingebe, das sichere Gut, das er in Händen halte, aufzugeben, in der Hoffnung auf ein ungewisses.[227]

Einem anderen Abt in der gleichen Lage schrieb Bernhard: Halte fest, was du hältst, bleibe in dem Stand, in dem du bist, und bemühe dich, denen zu nützen, deren Vorsteher du bist. Flüchte nicht davor, ihnen Vorsteher zu sein *(praeesse)*, solange du ihnen nützen kannst *(prodesse)*. Freilich, wehe dir, wenn du Vorsteher bist, aber ihnen nicht nützest; aber mehr noch wehe, wenn du davor flüchtest, ihnen zu nützen, weil du dich davor fürchtest, vorzustehen![228]

---

227 Bernhard von Clairvaux, *Ep.* 82 (II, 670.672).

228 Ders., *Ep.* 86 (II, 688); stilistisch spielt diese Passage mit dem Begriffspaar *prae-esse* und *prod-esse*; vgl. im ersten Teil des *Stimulus* gibt Bartholomäus folgende Passage aus Johannes Chrysostomus wider: „Chrysostomus schreibt auch, dass ein Bischof, der gedrängt worden ist, gegen seinen Willen das Amt zu übernehmen, sich nicht entschuldigen kann, indem er sagt: Hab ich mich etwa zu diesem Dienst gedrängt? Es wäre auch für Saul keine Entschuldigung gewesen, wenn er zu Samuel gesagt hätte: Warum hat mich Gott zum König eingesetzt? Warum hat er mir den Krieg gegen die Amalekiter übertragen? Wäre ich ein Privatmann geblieben, dann wäre ich nicht in diese Schwierigkeiten und Gefahren geraten und hätte nicht gesündigt. Hätte er so gesprochen, dann wäre das keine Entschuldigung gewesen, eher würde er den Zorn Gottes auf sich herabrufen. Also: Wenn jemand dieses Amt gezwungenermaßen übernommen hat, dann muss er sich auf die Gnade Gottes stützen, um einen größeren Fortschritt in den Tugenden zu erreichen. Es ist frevelhaft und zeugt von einem trägen und verantwortungsscheuen Leben, wenn jemand seine Sünden der Güte Gottes in die Schuhe schieben will! So hat Mose, der doch die Führung des Volkes so nachdrücklich zurückgewiesen hatte, keine Verzeihung erlangt, so dass er in das Gelobte Land hätte eintreten können. Nach so vielen Mühen, nach so vielen Irrfahrten in der Weite der Wüste, durfte er sich nicht der Ankunft im Hafen erfreuen.“

Jemandem, der entgegen seinem Rat versucht hatte, die Last der Hirtensorge loszuwerden, sagte Bernhard:[229] Gib acht, ob es einem Christen erlaubt ist, den ihm auferlegten Gehorsam vor dem Tod abzustreifen, da Christus doch gehorsam war bis zum Tod (Phil 2,8). Wenn du nun einwendest, dass du vom Bischof die Erlaubnis zu gehen erhalten hast, antworte ich, dass das nicht Erlaubnis sondern Abpressung war, da du ihm rücksichtslos zugesetzt hast. Dein Verhalten hat den Bischof dazu gebracht, nachzugeben und zu tun, was er nicht wollte; das heißt man nicht Lösen, sondern Abreißen! Du freust dich, frei von der Last zu sein, ich aber fürchte, dass Gott dadurch der Ehre beraubt wird; denn du leistest Seiner Anordnung Widerstand; Er hat dich doch in diese Stellung erhoben, und du machst dich davon. Du hättest die auferlegte Last geduldig tragen, dir den Mut nicht brechen, von Verzagtheit nicht besiegen lassen, und die einmal übernommene Aufgabe nicht ablegen dürfen. Wenn du von Schwierigkeit oder Unmöglichkeit sprichst: „Alles ist möglich dem, der glaubt" (Mk 9,2). In Wahrheit hast du das Amt niedergelegt, weil dir deine eigene Ruhe mehr behagte als der Nutzen für die anderen. Das wundert mich nicht. Ich gebe zu, mir gefällt es, dass dir diese Ruhe gefällt – aber nicht in solchem Übermaß! Wenn einem etwas dermaßen gefällt, dass man es auch dann verwirklichen will, wenn es nicht in rechter Weise zu verwirklichen ist, ist das ein übermäßiges Wohlgefallen. Und deswegen ist das angestrebte Gut nicht mehr gut, weil es nicht in guter Weise verwirklicht wird. Du hättest entweder die Sorge für die Herde des Herrn nicht über-

229 Bernhard von Clairvaux, *Ep.* 87, n.2–4 (II, 692.694).

nehmen dürfen oder sie nie aufgeben dürfen. Ich will dich nicht in Verzweiflung stürzen, weil du das getan hast; aber ich will auch nicht, dass du das für eine geringfügige Schuld ansiehst, sondern dass du deswegen stets Furcht habest und Buße tuest. Du sollst auch nicht meinen, ich sei ungehalten, weil du meinem Rat nicht gefolgt bist. Ich fühle ich mich eher ziemlich bedrückt, wenn man meiner Ansicht folgt; denn ich erwarte dann mit Furcht den Ausgang der Angelegenheit. [...]

Wer hat mehr Anspruch darauf, dass ich für ihn lebe, als der, ohne den ich nicht leben würde, wäre er nicht gestorben? Dienen wir ihm also in jener Liebe, die die Furcht vertreibt, keine Mühe fühlt, nicht das Verdienst im Blick hat, nicht nach Belohnung fragt, und uns doch mehr als all das drängt. Kein Schrecken macht uns so besorgt, keine Belohnung lockt uns derart, keine Gerechtigkeit ist so fordernd wie diese Liebe.[230]

Verliere nicht den Mut, weil du keine Ruhe mehr hast. Prosper sagt dir:[231] Wer für viele andere sich müht, damit sie Fortschritte machen und sich für Gott Zeit nehmen, dessen Frucht besteht in der Tat im Fortschritt der anderen. Wer Sorge für alle trägt, der hat seinen Gewinn aus ihrem Fortschritt, und ihre Verherrlichung ist die seine. Der gleiche Autor hält fest: Die Liebe erachtet den Fortschritt aller anderen als eigenen Fortschritt, und sie trauert voll Mitleid über die Sünden anderer, als wären es die eigenen.

Basilius schreibt:[232] Wie das Knochengerüst das weiche Fleisch trägt, so gibt es auch in der Kirche manche, die wegen ihrer Kraft und Stärke die Schwächen der

230 Ders., *Ep.* 143, n.3 (II, 926).
231 Pomerius, *Vita cont.* II, cap.16, n.4 (PL 59, 461).
232 Basilius der Grosse, *Hom. Ps.* 33 (PG 29, 383B).

Schwachen tragen können. Und Hieronymus hält denjenigen für vollkommen, der mit dem gleichen Edelmut in der Einsamkeit die Unwirtlichkeit und im Konventsleben die Schwächen der Brüder ertragen kann.

Über seine eigene Stärke unter der Last des Hirtenamtes äußert Basilius:[233] Dieses Leben zehrt an meinem Leib und beschert meiner Seele Unruhe; denn ich muss feststellen, dass meine Kräfte dieser Last nicht gewachsen sind. Körperlich bin ich fast nichts mehr; soweit hat mich die Sorge gebracht. Doch weil Gott hinter mir steht *(auctore Deo)*, werde ich aushalten; und solange der Geist diese Glieder lenkt, bin ich Christus schuldig, sorgfältig zu erfüllen, was ich als dem Aufbau der Kirche dienlich erkenne, und nichts davon zu unterlassen. – Der gleiche Basilius bekennt in seinem Kommentar zum Sechstagewerk, er habe auch bei schlechter Gesundheit keine Abstriche gemacht im Predigen oder Lehren.[234]

Der heilige Thomas lehrt:[235] Solange ein Bischof das Heil seiner Mitmenschen fördern kann, wäre es ein Zurückweichen, wenn er in den Ordensstand einträte, um sich einzig um sein eigenes Seelenheil zu kümmern. Wenn er aber aus Gründen des Alters oder der Krankheit oder aus einem anderen Grund gehindert ist, für das Heil der ihm Anvertrauten zu sorgen, kann er mit Erlaubnis des Papstes die Hirtensorge lassen. Denn nur der Papst kann von einem ewigen Gelübde dispensieren – und eben darum handelt es sich, wenn jemand

233 Basilius, *Ep.* 203 (PG 32, 743B).
234 Evtl. bezieht sich Bartholomäus auf Basilius, *Hom. Hex.* cap. 7 (GCS/NF 2, 122).
235 Thomas von Aquin, Sth II II q.183 a.4 ad1.

anlässlich der Übernahme des Bischofsamtes sich dazu verpflichtet, Sorge zu tragen für die Untergebenen. [...]

Zweifaches Martyrium

Welchen Großmut und welchen Starkmut ein Bischof haben muss, wenn ihm Arme und Witwen zudringlich zusetzen, davon redet Chrysostomus:[236] Widerwillig getragene Armut ist ein unheilbares Übel, ein andauerndes Sich-Beklagen, ohne alle Dankbarkeit. Darum soll sich ein Bischof keinesfalls dazu hinreißen lassen, die Beherrschung zu verlieren, wenn arme Witwen ihm ohne Rücksicht auf Zeit und Gelegenheit zusetzen und unberechtigte Forderungen stellen. Ihr Unglück verdient eher Erbarmen als Scheltworte, es wäre äußerst grausam, ihr Leiden noch zu vermehren. Nein, kein Zorn soll aufflammen, wenn die Armen Forderungen stellen und ständig vorsprechen! Chrysostomus beruft sich hier auf ein schönes Wort aus Sirach (Eccli. 4,8): Wenn du nicht mit einem Wort Trost spendest, durch deine Abneigung eher die gedrückte Stimmung des Bettlers vermehrst, dann wird dieser es nicht als Hilfe erfahren, selbst wenn du ihm etwas gibst. Wenn du ihn aber durch deinen Gesichtsausdruck und durch ein Wort tröstest, dann verdoppelst du die Gabe. Darum steht geschrieben: „Besser ist das Wort als die materielle Gabe“ (Eccli. 18,16). In diesem Zusammenhang schreibt Chrysostomus von der Pflege der Kranken, der Aufnahme von Gästen, der Sorge und den Schutz für die Christus geweihten Jungfrauen.

Ein Bischof, der keine edle Gesinnung hat und mehr sich selbst liebt, wird bei der nächstbesten Widrigkeit

236 Johannes Chrysostomus, *De Sac.* III, cap.12 (Fiedrowicz, 231).

gleich an Rücktritt denken, um seine Ruhe zu haben. So hat Athanasius sich nicht benommen, auch nicht Chrysostomus, nicht einmal als sich die weltlichen Herrscher gegen sie erhoben. Im Gegenteil, dann verteidigten sie ihr Recht auf jede Weise, denn sie sahen, dass dies zur Ehre Christi und zum Heil aller beitrage.

Über den Satz des Paulus an Timotheus: „Niemand soll dich wegen deiner Jugend verachten" (1 Tim 4,12), schreibt Chrysostomus:[237] Ein Bischof soll Missachtung, Schmähung, Unrecht mit innerer Festigkeit ertragen, solange es um Dinge geht, die nur seine Person betreffen; denn wenn er in diesem Fall Rache nähme, würde er sich schuldig machen. In Dingen aber, welche das Heil anderer betreffen, darf er keineswegs zulassen, dass ihm der Respekt versagt wird; er muss vielmehr mit Autorität und Befehlsgewalt vorgehen; denn er ist dazu verpflichtet, mit höchster Gewissenhaftigkeit allen Schaden von der Herde abzuhalten. Alles andere wäre nicht Milde, sondern Torheit.

Was flüstert der Kleinmut? Wenn ich das tue, werde ich vielen missfallen ... Ja, was willst du denn? Dass die heilige Lehre und die Taten des Geistes dem Fleisch gefallen? Unmöglich. Also tritt solche Gedanken nieder, schreite über sie hinweg und handle.

Ein zweifaches Martyrium begegnet einem im seelsorglichen Dienst. Das eine ist einfach eine Pein – es besteht in den körperlichen Anstrengungen und den seelischen Verletzungen, Angst, Bitterkeit, Trockenheit etc. Das andere Martyrium besteht in Zweifeln, in der Ratlosigkeit, was man tun oder lassen soll. Und das ist nicht bloß eine Marter, sondern ist auch mit der Gefahr

237 Ders., *In Ep. 1 Tim.*, cap.5, hom.13 (PG 62, 565).

des Schuldig-Werdens verknüpft. Dieses Martyrium ist weit schrecklicher und unerträglicher. Zum Beispiel, wenn man entscheiden muss, ob man ein bestimmtes Vergehen bestrafen soll oder ob man es ertragen soll, ob man durchgehen lassen soll, dass ein Pfarrer die Residenzpflicht nicht einhält oder mehrere Pfründen hat, ob jemand im Amt belassen werden soll oder nicht.

Da muss man beten: Herr, du weißt, dass ich dich nicht beleidigen will, dass ich lieber den Tod erleiden will. Erleuchte mich, damit ich deinen Willen in dieser Angelegenheit erkenne.

Du kannst dich auch trösten, indem du zu dir selbst sprichst: Diese Zweifel, die Angst des Herzens, kommen nicht aus irgendeiner eigenen Sünde, auch nicht aus einer Anhänglichkeit an etwas Irdisches, sondern einzig und allein aus der Hirtensorge. Ich will alles tun, was ich kann.

11. Kapitel
Klugheit und Umsicht in Worten und Handlungen
[Prudentia ac circumspectio in verbis et factis]

Gegen Leichtgläubigkeit; Warnung vor falschen Ratgebern; die Tugend der Unterscheidung (discretio)

Im *Decretum*[238] steht folgende Bestimmung, entnommen der 4. Synode von Karthago,[239] an der auch Augustinus teilgenommen hatte: Wer zum Bischof ordiniert werden soll, werde vorher geprüft, ob er klug, belehrbar, in seinem Verhalten beherrscht, wachsam, in seinen Tätigkeiten stets umsichtig ist.

Wenn jemand geistig stumpfsinnig oder schwerfällig ist, ist das ein Hindernis, Bischof zu werden; so steht es in *Distinctio* 39: Der Diakon Petrus, den Wir – wie Ihr behauptet – erwählt haben, ist gänzlich einfältig (simplex). Und Ihr wisst, dass jetzt in ein so hohes Leitungsamt nur jemand eingesetzt werden darf, der es nicht nur versteht, für das Heil der Seelen Sorge zu tragen, sondern auch für den äußeren Schutz der Menschen, der also demütig und umgänglich ist, besonnen und scharfsinnig im Verständnis der Heiligen Schriften.[240]

Gegen Leichtgläubigkeit

Als erstes – unter all dem, was der Klugheit entgegengesetzt ist – muss man sich vor Leichtgläubigkeit hüten; das kann man ganz ausdrücklich bei Bernhard le-

238 Decr. I D. 23 c. 2 (Corpus IC 1, 79f.).
239 Concilium Carthaginense, can. 1 (Mansi 3, 949f.).
240 Decr. I D. 39 c. 1 (Corpus IC 1, 144).

sen.[241] Er schreibt: Eugen, wenn du diesen einen Fehler, von dem meinst frei zu sein, wirklich nicht hast, dann bist du, meiner Ansicht nach, unter all den Personen, die ich auf einer Kathedra gesehen habe, der einzige. Es ist die Leichtgläubigkeit. Nach meiner Erfahrung hat niemand von den Großen diese schlauen kleinen Füchse und ihre Tricks hinreichend vorsichtig gemieden. Die Leichtgläubigkeit ist die Ursache, dass aus Nichts große Aufregung und Zorn entsteht: Anschuldigung Unschuldiger, Vorurteile gegen Abwesende. Daher die Warnung im Buch der *Extravagantes:* Wir wollen das Böse, das man uns über jemanden erzählt, nicht gleich glauben, sondern zuerst beweisen.[242]

Du hast deine Hand erhoben, um tapfere Dinge zu vollbringen, du brauchst Starkmut. Du bist ein Wächter im Ausguck geworden,[243] du brauchst Klugheit.[244] Die Klugheit ist die Äbtissin der Tugenden, keine von ihnen bringt etwas gut zustande, wenn die Klugheit nicht Lenkerin ist. Wenn du einen Rat annehmen willst, blicke in allen Dingen auf das Ziel, nämlich Gott. Denk an das Wort des Ijob: „Die Ursache, die ich nicht kannte, habe ich gewissenhaft erforscht" (Ijob 29,16). Hüte dich vor falschen Propheten, das heißt: vor Ratgebern, deren Ratschläge vor Gott keinen Wohlgeruch haben. Traue niemals dem Rat eines Menschen, von dem du nicht sicher bist, dass er wahrhaft Gott fürchtet und nicht von irgendeiner Leidenschaft eingenommen ist.

Es ist uns aufgetragen, im Umgang arglos *(dulces)* wie die Tauben, doch klug wie die Schlangen zu sein.

---

241 Bernhard von Clairvaux, *Cons.* II, cap.14, n.23 (I, 700).
242 Extr. Joann. 8 un. (Corpus IC 2, 1302).
243 Lat. *speculator – epi-scopus* (aus griech. ἐπί-σκοπεῖν; ἐπίσκοπος).
244 Bernhard von Clairvaux, *Ep.* 26 (II, 398).

Das heißt, wir sollen unser Haupt schützen, nämlich die Liebe *(caritas)*, und nichts Unerlaubtes tun – gleichgültig, ob uns irgendjemandes Autorität, die Rücksicht auf jemanden, Bitten, Liebe oder Furcht dazu bestimmen möchten. Wir sollen genau hinsehen, ob in dem, was man von uns erbittet oder will, irgendein Gift verborgen ist. Dann muss das Erbetene mit Festigkeit, doch in Güte, abgeschlagen werden.

Man muss aufpassen wie ein Luchs, um die Rhetorik des Teufels zu durchschauen. Wenn es darum geht, Dinge anzuraten, die den äußeren Glanz des Standes betreffen, oder gegen Geduld, Demut und Armut sprechen, werden stets plausible, wohlgesetzte *(coloratas rationes)* Gründe beigebracht. Glaub ihnen nicht.

Die Bedeutung einer guten Beratung – Vermeidung zweier Extreme

„Tu nichts ohne Rat, dann wird es dich später nicht reuen“ (Eccli. 32,24). „Jeder Handlung soll eine ruhige Überlegung bzw. Beratung vorausgehen“ (Eccli. 37,20). Und dort findest du auch, mit wem du dich beraten sollst: „Das Herz eines gerechten, heiligen Menschen kündet zuweilen die Wahrheit besser, als sieben Wächter, die droben im Ausguck sitzen“ (Eccli. 37,18).

Wer überstürzt und ohne sich beraten zu haben handelt, wird oftmals bereuen, weil er erkennen muss, dass die Dinge anders hätten getan werden müssen. Daher steht geschrieben: „Mein Sohn, tu nichts ohne Rat, dann wird es dich später nicht reuen“ (Eccli. 32,24); und: „Deine Augen sollen deinen Schritten voraus gehen“ (Spr 4,25).

Die Oberen müssen zwei Extreme vermeiden: eigensinnige Hartnäckigkeit und Wankelmütigkeit. Der Eigensinn kommt aus dem Hochmut; der Mensch hält sich für besser als die übrigen und zieht seine Entscheidung dem Rat der anderen vor. Solchen Menschen sagt der Apostel: „Haltet euch nicht selbst für klug“ (Röm 12,16). Die Unbeständigkeit dagegen kommt aus innerer Instabilität *(levitas);* daher heißt es in der Schrift: „Das Herz der Toren wird sich nicht gleich bleiben“ (Spr 15,7). Es ist so wandelbar, dass es nie bleibt, wie es war.

Schau, wie Gregor dem Rat von vielen Personen folgte. Einem Mönch, der sein Gelübde aufgegeben hatte, schrieb er: Wenn ich persönlich wegen meines Eifers in dieser Angelegenheit als befangen gelten könnte, so nehme ich den Rat der gesamten Kirche für diese Entscheidung in Anspruch, und was von allen als heilbringend erachtet wird, dem werde ich in keinem Punkt widersprechen, vielmehr werde ich den gemeinsamen Beschluss mit Freude ausführen und unterzeichnen.[245]

Wenn man Nein sagen muss

Erwäge, wie bescheiden und freundlich Gregor der Kaiserin Constantia antwortete.[246] Diese hatte von ihm etwas erbeten, was er nicht geben konnte, nämlich die sterblichen Überreste des Apostels Paulus. Ich wünschte sehr, schreibt er, Euer Gnaden würden mir etwas befehlen, womit ich meinen bereitwilligen Gehorsam Euch gegenüber erweisen und noch mehr Eure Gunst erwerben könnte. Um so mehr erfasste mich Trauer,

---

245 Gregor der Grosse, *Registr.* I, ep. 33 (CCSL 140, 41).
246 Ders., *Registr.* IV, ep. 30 (CCSL 140, 248).

dass Ihr etwas gebietet, was ich nicht tun kann noch wagen würde. – Zu seiner Entschuldigung berichtet er dann ganz wundersame Dinge. Er verspricht dennoch, ihr von den Ketten des Apostels Paulus einige Späne senden zu lassen.

In einem anderen Brief schreibt Gregor an jemanden, er sei tief traurig, dass derjenige etwas erbeten habe, worin er ihm nicht willfahren könne, da es gegen die Vernunft sei. Mit großer Freundlichkeit und unter Angabe der Gründe verweigerte er in solchen Fällen das Erbetene.

An Johannes, den Bischof von Konstantinopel, der sich den Titel eines „Bischofs des Erdkreises" *(universalis episcopus)* angemaßt hatte, schrieb Gregor: Er wolle zuerst mit einer zurückhaltenden Ermahnung anklopfen; wenn jener aber überhaupt nicht von seiner starrsinnigen Überheblichkeit lassen wolle, dann werde man mit dem Trost des allmächtigen Gottes genauer untersuchen, was zu tun sei. Denn wir halten nicht wirklich den Frieden, wenn wir nicht die Schuld der Hochmütigen mit Liebe und Gerechtigkeit ahnden, indem wir die Menschen lieben und die Laster verfolgen.[247] Bevor man Wunden aufschneiden muss, soll man sie zuerst mit sanfter Hand berühren.[248]

> * Wenn Leute versuchen sollten, deine Standfestigkeit hinsichtlich der Konzilsbeschlüsse aufzuweichen, indem sie hübsche Schein-Gründe vorbringen, dann musst du das beherzt *(magno corde)* geringachten. Wenn der Teufel nämlich sieht, dass er ein starkes Herz nicht aufbrechen kann, dann sucht er schwache Personen, die diesem zureden sollen, so dass er

247 Ders., *Registr.* V, ep. 41 (CCSL 140, 321).
248 Ebd., ep. 44 (CCSL 140, 330).

gleichsam über Leitern, die an die Mauer gelegt werden, einsteigen kann. So hat er Adam und Ijob mittels ihrer Frauen überreden und besiegen wollen.[249] *

Genaue Überprüfung der Sachlage

An Castor, den Gregor zur Untersuchung einer Angelegenheit eingesetzt hatte, schrieb er: Pass auf, dass du nicht nachlässig vorgehst, dass niemand deine Treue oder Gewissenhaftigkeit verdirbt. Tue alles ruhig und freundlich, so dass dein Handeln bestimmt und deine Rede mild sei. Gib dich nicht zufrieden mit der Befragung von zwei oder drei Personen, sondern suche die ernsthaftesten Personen, die du finden kannst.[250]

Habe immer vor Augen, was Bernhard am Ende seines Lebens aussprach: Ich habe stets meinem Gefühl weniger vertraut als dem eines anderen. Niemandem wollte ich ein Ärgernis geben, und wenn es doch dazu kam, bemühte ich mich nach Kräften, es auszuräumen. Gregor bekennt, er rufe Jesus zum Zeugen für sein Gewissen an: Ich will keinem Menschen, sei er der höchste oder der niedrigste, irgendeinen Anlass geben, Ärgernis zu nehmen.[251]

Discretio

Gegen einen gewissen bejahrten Bischof schrieb Gregor:[252] Zwar sagt die Schrift, „einen älteren Mann schilt nicht mit scharfen Worten“ (1 Tim 5,1); doch das gilt nur, wenn die Schuld eines alten Mannes nicht die

249 Ebd. (CCSL 140, 333).
250 Ders., *Registr.* VI, ep. 31 (CCSL 140, 404).
251 Ders., *Registr.* VII, ep. 28 (CCSL 140, 486).
252 Ders., *Registr.* IX, ep. 1 (CCSL 140A, 562f.).

Jüngeren in den Abgrund führt. Einen Greis, der durch sein schlechtes Beispiel die jungen Menschen verdirbt, muss ein deutlicher Tadel treffen. Denn es steht auch geschrieben: „Ihr alle – ein Fallstrick für junge Leute" (Jes 42,22).

Es soll niemand Abt werden, der in seinen eigenen Augen weise ist, keiner, der sich nicht selbst niedrig vorkommt.[253] [...]

Alle Laster zugleich aus verhärteten Herzen zu reißen, ist unmöglich; denn jemand, der zum Gipfel steigen soll, muss Schritt für Schritt gehen, er erhebt sich nicht in Sprüngen. Darum gibt Gregor dem Bischof der Angeln, Augustinus, die Anweisung, er solle nicht dulden, dass die Neubekehrten nach ihrem bisherigen Brauch den Götterbildern Tieropfer darbrächten; er könne aber gern erlauben, dass sie an den Festtagen der Märtyrer Tiere schlachteten und in der Nähe der Kirche, in Zelten aus Zweigen, ein Festmahl feierten.[254]

In einem anderen Brief tadelt er schwer einen bestimmten Bischof, der sich überhaupt nicht um Klöster und unterdrückte Arme kümmerte, der Personen, die um ihr Recht flehten, nicht half, nicht auf den Rat kluger Menschen hören wollte, und auch die Würde des bischöflichen Standes nicht wahrte – er ging jeden Tag ans Meer, in Begleitung von einem oder zwei Klerikern. Bei seinen eigenen Leuten war er im Gerede, und die Außenstehenden hatten eine ganz verächtliche Meinung von ihm: An ihm sei keine Spur bischöflichen Geistes, nichts was Ehrerbietung verdiene.[255]

---

253 Ebd., ep. 12 (CCSL 140A, 574).

254 Ders., *Registr.* XI, ep. 56 (CCSL 140A, 961f.).

255 Ders., *Registr.* XIII, ep. 27 (CCSL 140A, 1028). Aus dem Brief wird klar, dass sich dieser pflichtvergessene Bischof lediglich dafür inter-

An einen anderen Bischof, der im Zorn einen Abt exkommuniziert hatte, schrieb Gregor: Ich will daran erinnern, dass ich Euch schon oft ermahnt habe, in der Rechtsprechung keinesfalls überstürzt vorzugehen! Zumal der Betroffene krank ist. Wenn jemand bereits von der Zuchtrute Gottes getroffen ist, braucht man als Mensch keine Schläge mehr hinzufügen. Daher vergeltet nun mit liebevollem Trost das Bittere, das Ihr diesem Mann angetan habt.[256] Bevor man in einer Angelegenheit ein Urteil spricht, muss man gründlich und mehrmals darüber nachgedacht und die Sache abgewogen haben. Es geht um Gerechtigkeit und Angemessenheit, nicht um Macht.[257]

Es gibt nicht wenige, bemerkt Bernhard,[258] die zu keiner Klage Anlass geben, solange sie unter ihren Brüdern leben; sobald sie aber über diesen stehen, sind sie nicht nur nutzlos, sondern benehmen sich töricht und richten Schaden an. Es gibt nur wenige, die als Vorsteher nützlich sind, und noch weniger, die in dieser Position demütig sind. Die dafür geeignet sind, müssen die Mutter aller Tugenden, die Unterscheidung *(discretio)*, vollkommen erlangt haben. Sie müssen den Wein der Liebe getrunken haben, der bis zur Geringschätzung des eigenen Ruhmes, ja bis zur Selbstvergessenheit führt: unter der Führung des Heiligen Geistes suchen sie nicht mehr das Ihre. Denn die Tugend der Unterscheidung liegt ohne die Glut der Liebe am Boden; und die starke, begeisterte Glut *(fervor)* handelt überstürzt,

---

essierte, sich ein Schiff zu bauen; dafür hatte er bereits Unsummen (400 Goldstücke) ausgegeben.

256 Ders., *Registr.* II, ep. 48 (CCSL 140, 139f.).

257 Ebd., ep.50 (CCSL 140, 143).

258 Bernhard von Clairvaux, *Cant.* 23, cap.2, n.8 (V, 334).

wenn sie nicht gelenkt wird von der Unterscheidung. Die glutvolle Begeisterung muss also die Unterscheidung aufrichten, und die Unterscheidung muss die Glut in Bahnen lenken. So wird den Untergebenen weder die Sorge des Oberen mangeln, noch wird dieser in Hochmut regieren.

Die Mutter der Tapferkeit ist die Klugheit; denn Wagemut, der nicht aus Klugheit geboren ist, ist eher blinde Überstürztheit, nicht Tapferkeit. Du bist nicht nur verpflichtet, dich vor dem Bösen zu hüten, sondern auch vor dem Anschein des Bösen. Bei allem, was du tust, bedenke dreierlei: Ist es erlaubt? Ist es angebracht? Bringt es Nutzen? All das schreibt Bernhard an Papst Eugen.[259]

Gebet um Weisheit

Wenn streitende Parteien mit ihrer Angelegenheit zu dir kommen, dann tu Folgendes: Erstens – wenn du kannst –, versuche sie zu Ruhe zu bringen und Eintracht herzustellen. Zweitens, gib ihnen eine geistliche Ermahnung: Sie sollten nicht wegen dieses bisschen zeitlichen Besitzes riskieren, den Himmel zu verlieren. Auf diese Weise wirst du auch bei diesen irdischen Angelegenheiten verkündigen und das Amt eines Seelen-Hirten ausüben. Bete vor jeder schwierigen Entscheidung: „Gib mir Herr, die Weisheit, die an deiner Seite thront, und verstoße mich nicht aus der Schar deiner Kinder. Ich bin doch dein Knecht, der Sohn deiner Magd, ein schwacher Mensch, dessen Einsicht in Recht und Gesetz zu gering ist. Schicke die Weisheit von deinem heiligen Himmel, sie soll mit mir sein und mit

---

259 Ders., *Cons.* I, cap.8 n.9; III, cap.4 n.14.15 (I, 648.722.724).

mir arbeiten, damit ich erkenne, was du mit Wohlgefallen ansiehst. Sie weiß und versteht alles. Sie soll mich besonnen leiten, wenn ich deine Werke vollbringe. Denn wer von den Menschen kann den Ratschluss Gottes kennen, wer kann erdenken, was Gott gefällt? Die Gedanken der Sterblichen sind furchtsam, unsicher ist all unser Planen. Wer kann deine Gedanken wissen, wenn du ihm nicht deine Weisheit gibst, wenn du nicht deinen Heiligen Geist aus der Höhe sendest?“ (Weish 9,4 ff.).

„Mit Toren aber berate dich nicht; denn sie können nur das lieben, was ihnen gefällt“ (Eccli. 8,20).

Liebevoll, aber nicht nachgiebig

Das vorrangige Heilmittel für einen Sünder ist, ihn so freundlich zu behandeln, ihm mit allen Zeichen aufrichtiger Liebe zu begegnen, dass er das Vertrauen fasst, du habest ihn von Herzen gern. Wenn dieses Fundament gelegt ist, kann die Zurechtweisung fruchten.

Gregor: Vor allem müssen sich kirchliche Vorsteher und alle, die öffentlich zu urteilen haben, davor hüten, sich aus Nachgiebigkeit oder persönlicher Voreingenommenheit zu schnell auf eine Seite ziehen zu lassen. Zuerst soll man sich die Angelegenheit, über die man nicht Bescheid weiß, genau ansehen, und erst wenn man völlige Klarheit hat über die Sache, dann kann man sie entsprechend göttlichem und menschlichem Gesetz lösen. Entsprechend dem, was durch das Gesetz festgelegt ist, ist der Urteilsspruch zu fällen, ohne Ansehen der Person.[260]

---

260 Decr. II C. 11 q. 3 c. 70 (Corpus IC 1, 663).

Gregor schreibt auch: Jeder, der gerecht urteilt, trägt in der Hand eine Waage, mit den Gewichten Gerechtigkeit und Barmherzigkeit. In Gerechtigkeit spricht er das Urteil über ein Vergehen, in Barmherzigkeit mildert er die Strafe. Mit rechtem Maß korrigiert er einerseits, wie es der Gerechtigkeit entspricht, und übt Erbarmen andererseits. Wer Gottes Urteil vor Augen hat, der zittert aus Furcht, bei einer solchen Aufgabe etwas vom Pfad der Gerechtigkeit abzukommen und zu fallen.[261]

Dann redet er auch die Bischöfe an:[262] Ja, es kommt sehr oft vor, dass den Bischöfen Dinge begegnen, die Tadel verdienen. Doch soll im Fall der Zurechtweisung das Wohlwollen mehr bewirken als die Strenge, mehr die aufmunternde Ermahnung als aufwallender Zorn, mehr die Liebe als die Vollmacht – Denn niemand von uns kann sein Leben ohne Verfehlung führen oder ohne je Tadel zu verdienen. Wenn der Herr den Petrus sofort nach der dreimaligen Verleugnung gerichtet hätte, hätte Petrus keine solchen Früchte mehr gebracht. Jemand, der ein Leitungsamt in der Kirche hat, soll eher zum Guten geweckt und gebessert als gerichtet werden. – Wie der hl. Antoninus sagt:[263] Diese Vorgehensweise bezieht sich auf verborgene Sünden, oder auf Sünden, die aus Unbeherrschtheit und menschlicher Gebrechlichkeit begangen wurden, nicht aber auf solche, die aus eingewurzelter böser Gesinnung stammen und mit Verhärtung begangen werden. [...] Dem entspricht, was Papst Gregor andernorts schreibt:[264] Verfehlungen

---

261 Nicht Gregor, sondern ISIDOR, *Sent.* III cap.52, n.4.5 (CCSL 111, 305).
262 GREGOR IV., *Ep. I univ. ep.* (PL 106, 835); vgl. Decr. I D. 45 c. 4 (CORPUS IC 1, 161).
263 ANTONINUS VON FLORENZ, *Summa sacr. theol.* p.2 tit. 9 c. 5.
264 Decr. II C. 23 q. 4 c. 28 (CORPUS IC 1, 912).

gegen uns selbst können wir leicht nachlassen; Verfehlungen gegen Gott aber können wir nicht ohne Buße nachlassen.

Dass die Autorität der Leitung stets Hand in Hand mit der persönlichen Barmherzigkeit *(ministerio misericordiae personali)* gehen muss, leitet Gregor aus jener Stelle im Buch Ijob ab: „Während ich da saß wie ein König, den sein Heer umgibt, war ich dennoch der Tröster der Betrübten“ (Ijob 29,25).[265]

Bernhard rät Papst Eugen,[266] sich nicht täuschen zu lassen: Je höher die Vollmacht, desto gefährlicher und schmachvoller ist es, wenn der Betreffende getäuscht wird. Bernhard nennt dann eine bestimmte Person speziell und warnt: Die erbarmungheischende Miene, das billige Gewand, der unterwürfige Blick, die gesenkten Lider, die demütigen Worte, die vorgetäuschten Tränlein, die dieser Person – wie man hört – nach Wunsch und Willen kommen, sollen dich nicht täuschen.

Aequitas – angemessenes Vorgehen

Es gibt einen schönen Brief von Augustinus an den Bischof Aurelius.[267] Zuerst tadelt er die in Afrika verbreitete Gewohnheit der Weltleute, an den Begräbnisstätten reiche Gastmähler zu Ehren der Märtyrer zu veranstalten. Aus diesem Auslass gibt er auch eine Lehre, wie sich der Bischof verhalten soll, wenn er ein Fehlverhalten bessern will, das viele Leute betrifft. Meiner Ansicht nach, sagt er, sollen diese Dinge nicht mit Härte und Schärfe, nicht einfach mit Befehl beseitigt werden, son-

265 Gregor der Grosse, *Mor.* XX cap.5, n.14 (CCSL 143A, 1012).
266 Bernhard von Clairvaux, *Ep.* 248 (III, 324).
267 Augustinus, *Ep.* 22, n.2–5 (CCSL 31, 52–55).

dern mehr durch Belehrung als durch bloße Anordnung, mehr durch Ermahnung als durch Drohung. Das gilt für die große Menge. Strenge aber soll man walten lassen gegenüber den Einzelnen. Wenn wir drohen, dann soll es weh tun, wir sollen mit den Worten der Hl. Schrift die Vergeltung androhen; die Sünder sollen nicht uns und unsere Vollmacht fürchten, sondern Gott in unseren Worten. Auf diese Weise werden zuerst die geistlichen Menschen bewegt, oder die nahezu geistlichen, und aufgrund deren Autorität, leiser, aber eindringlicher Ermahnungen, verändert sich auch die Menge.

Im Brief an Titus wird unter anderem vom Bischof erwartet, er sei „nicht schroff" – wir haben dafür: „er sei nicht hochmütig" (Tit 1,7). Das heißt, nicht hart und mehr als angebracht unbeugsam. Und im Brief an die Philipper schreibt Paulus: „Eure Bescheidenheit *(modestia)* werde allen Menschen bekannt" (Phil 4,5). Im Griechischen steht da: *epieikes,* das heißt: *aequitas.* Das bedeutet hier jene wundervolle Tugend, die den Menschen dazu befähigt, mit allen auf christliche Weise umzugehen. In der Bedeutung des Wortes schwingen mit: die Umgänglichkeit und die Bereitwilligkeit, sich den Umgangsformen aller anzupassen, niemandem mit Abneigung zu begegnen, allen Gutes zu tun, gern zurückzustehen, und alles zu ertragen oder zuzulassen, was man ohne Gott zu beleidigen ertragen und zulassen kann – selbst wenn man einen Verlust an zeitlichen Gütern oder an Reputation einstecken müsste.

Das heißt: Nicht das Seinige suchen, sondern das der Anderen, niemandem zur Last zu fallen oder verhasst zu sein, sondern „aequus" – gerecht und umgänglich. Daher heißt es im Römerbrief: „Soweit es möglich ist und es an euch liegt, haltet mit allen Menschen Frieden“ (Röm 12,18), und im Ersten Korintherbrief: „Gebet den Juden keinen Anstoß“ (1 Kor 10,32). Und im Zweiten Korintherbrief: „So empfehlen wir uns jedem menschlichen Gewissen“ (2 Kor 4,2), das heißt: Wir sollen so handeln, dass niemand guten Gewissens uns einer Sache anklagen oder schlecht von uns reden kann, sondern alle unser Verhalten loben und gutheißen müssen.

Das heißt: „Allen alles werden“ (1 Kor 9,22). Das heißt: „Eure Güte allen bekannt werden lassen“ (Phil 4,5). Dies ist die vorzügliche Tugend für die kirchlichen Oberen. Gegen diese Richtschnur des Friedens und der Eintracht kämpfen jene an, die keinerlei Abstriche an ihrem Recht, ihrem Geschmack, ihrer Macht, ihren Angelegenheiten hinnehmen wollen. Sie wollen alle anderen zwingen, die eigenen Rechte und Angelegenheiten hintanzustellen und nur ihr Recht zu suchen, ihrem Geschmack zu folgen, ihrer Macht nachzugeben, ihre Angelegenheiten zu unterstützen; das heißt, sie wollen, dass alle Leute sich ihnen anpassen, selbst wenn es diesen zum Nachteil ausschlägt. Sie selbst aber wollen sich den Sitten anderer gar nicht anpassen, sie setzen starr und unbeugsam ihr Recht durch und herrschen, wie es ihrem Sinn entspricht. Sie wollen in nichts einen Nachteil oder Verlust erleiden.

Daraus entstehen Zwietracht und Unruhe etc. Und diejenigen, die so handeln, brüsten sich noch und entschuldigen sich, dass sie für die Gerechtigkeit und um ihre Rechte zu schützen, so gehandelt hätten – obwohl sie gerade aus diesem Grund schwer anzuklagen wären, da sie ihr Recht höher werteten als Eintracht und öffentlichen Frieden.

Du musst vieles übersehen, oft die Augen zudrücken, in allem das rechte Maß finden, je nach Ort und Zeit, damit Liebe und Frieden bewahrt werden. Daher das Wort von Terenz: „Summum ius summa iniustitia est", und auch der Weise meint: „Wolle nicht allzu gerecht sein, und sei nicht weiser als angemessen" (Koh 7,17). Wollte Gott sein Recht streng durchsetzen, dürfte er keinen Menschen am Leben lassen. Auch David hat oft unterlassen zu tun, was er mit vollstem Recht hätte tun können: gegenüber Saul, Joab und anderen.

Erbitte Dir unter Tränen dieses gerechte Maß *(aequitas)*, diese Menschlichkeit und Umgänglichkeit, die nur derjenige besitzt, der die Liebe und die Klugheit besitzt. [...]

Einige Ratschläge von Bernhard

Wenn jemand Dir einen Brief schreibt, in dem er über etwas schimpft, was Du Deiner Überzeugung nach aber ganz richtig gemacht hast, dann musst du ihm auf jeden Fall antworten, rät Bernhard.[268] Denn wenn man keine Antwort gibt, könnte es so aussehen, als wäre man sich einer Schuld bewusst, die gar nicht vorliegt.

Noch einen Rat gibt Bernhard in einem anderen Brief:[269] Fast alle weisen Leute vertrauen in Zweifelsfällen mehr dem Urteil eines anderen als ihrem eigenen. Personen, die leicht die Problem-Fälle anderer zu klären vermögen, entscheiden ihre eigenen oft nur mit ängstlichem Zögern.

268 Bernhard von Clairvaux, *Ep.* 68 (II, 572).
269 Ders., *Ep.* 82 (II, 668).

Und noch etwas aus Bernhard:[270] Wenn ein Abt, der selbst ganz für Gott glüht, Schwächeren vorgesetzt ist, dann muss er die Strenge seiner Lebensweise etwas mäßigen, um das Heil der Schwächeren im Auge zu behalten. Sie sollen zu einem strengeren Leben eingeladen, nicht gezwungen werden. Im folgenden Brief aber bemerkt Bernhard,[271] dass schwächere Mönche für gewöhnlich versuchen, beim Abt ihren Willen durchzusetzen, nicht aber sich dem seinen anzubequemen. [...]

Wenn dir über irgendeinen Kleriker etwas zu Ohren kommt, was du zurecht als Beleidigung auffassen könntest, dann glaube es nicht gleich, und lass dich nicht zur Vergeltung einer Sache hinreißen, die du noch gar nicht kennst. Vielmehr prüfe in Gegenwart der Ältesten deiner Kirche gewissenhaft, wie es sich in Wahrheit verhält. Wenn es der Sachverhalt erfordert, dann soll derjenige entsprechend dem kirchlichen Recht eine Strafe erhalten.[272]

Der Apostel gibt die Anweisung, „in aller Geduld und Lehrweisheit zu argumentieren“ (2 Tim 4,2); denn jemand, der sanft zurechtgewiesen wird, hat Ehrfurcht vor demjenigen, der ihn zurechtweist. Wird er jedoch zu hart angefahren, so fühlt er sich zurückgestoßen und nimmt weder den Tadel an noch gewinnt er das Heil daraus.

An dieser Stelle sagt er, dass die Priester mit viel Klugheit unterscheiden müssen, welche Leute sie mit

270 Ders., *Ep.* 83 (II, 674).

271 Ders., *Ep.* 84 (II, 676).

272 Gregor der Grosse, *Registr.* XIII, ep. 45 (CCSL 140A, 1052); vgl. Decr. I D. 86 c. 23 (Corpus IC 1, 303).

maßvoller Strenge zurechtweisen müssen, und welche Leute sie mit priesterlichem Großmut ertragen sollen.[273]

In der Korrespondenz des hl. Augustinus gibt es einen Brief, der von einem weltlichen Richter namens Makedonius stammt.[274] Bei ihm hatte Augustinus des öfteren Fürsprache eingelegt für Personen, die ihn darum baten. Makedonius schrieb ihm, es sei ihm keineswegs lästig, sondern eine Freude, wenn Leute wie Augustinus für die Angeklagten einträten: Vielerlei Strafmilderung, die ich aus eigenem Antrieb nicht ins Auge fassen wollte, um nicht durch zu große Milde weiteren Untaten Vorschub zu leisten, gewähre ich gern aufgrund der Fürsprache edler Menschen; dadurch erscheint das, was ich zugestehe, als das Verdienst einer anderen Person, und die Strenge des Gerichtes leidet keinen Schaden.

Es kommt nicht in Frage, dass wir die Regel jenes Herrschers befolgen – eine Regel fleischlicher Klugheit! –, der sagte, es solle nicht sein, dass jemand von der Audienz des Fürsten traurig wegginge; und man solle eben gedrechselte Worte gebrauchen und die Sache nicht rundheraus verweigern, etc. Nein, unser Herrscher hat keine solche Lehre gegeben, als er sagte: „Ihr wisst nicht, worum ihr bittet" (Mt 20,22).

Bäume, die oft gute Früchte bringen, soll man nicht abhauen, auch wenn sie zuweilen fauliges oder nicht ganz vollkommenes Obst bringen. So soll man auch solche Menschen, die viele gute Seiten haben, nicht ausstoßen, auch wenn sie manches vermissen lassen.

---

273 Pomerius, *Vita cont.* II, cap.5 (PL 59, 449).
274 *Ep.* 152 (PL 33, 653f.).

12. Kapitel
Die Tafel des Bischofs
[Mensa episcopi]

Bartholomäus bricht eine Lanze für schlichte Nahrung und geistliche Gespräche bei Tisch

O weh, die Bischöfe unserer Zeit „haben sich mit den Heiden vermischt und von deren Werken gelernt, und sie haben deren Götzenbildern gedient“ (Ps 105,35f.) – sie schmausen glänzend Tag für Tag, von silbernem Geschirr, sie, denen aus den Gütern der Kirche nur der Lebensunterhalt zusteht (wie Bernhard sagt[275]), nicht aber Leckereien, die den Gaumen reizen. Während die Apostel sprachen: „Es ist nicht recht, dass wir das Wort Gottes vernachlässigen und den Tischen dienen“ (Apg 6,2), nicht einmal denen der Armen und Witwen!, kümmern diese sich nur um *ihren* Tisch und vernachlässigen das Wort Gottes. Wie können sie dann den Mut aufbringen, glanzvolle Gelage bei Weltleuten zu kritisieren?!

* Im 11. Kapitel des Lukas-Evangeliums liest man, dass der Herr zum Essen bei einem Pharisäer eingeladen war. Als er sehr ernst ihre Heuchelei und ihre Laster tadelte, trat ihm ein Schriftgelehrter entgegen und sagte: „Mit diesen Worten beleidigst du uns, Meister“. Da ging es um das Essen. Der Anlass war, dass sie den Herrn beschuldigten, sich vor dem Essen nicht die Hände gewaschen zu haben. Bei Tisch antwortete er scharf: Und warum wascht ihr nicht euer Herz? Ein wundervolles Kapitel! *

275 Bernhard von Clairvaux [?], *Sermo ad Clerum* (PL 184, 1082).

Prosper schreibt im II. Buch *Über das kontemplative Leben,*[276] wo es um die Enthaltsamkeit geht: Alles, was man zu sich nimmt, ohne dass man es zum Leben nötig hat, dient nicht zum Erhalt des natürlichen Lebens, sondern zur Förderung der Begierde des Fleisches. Und etwas später, im 22. Kapitel, heißt es:[277] Schmackhafte Speisen sind kein Schaden [für das geistliche Leben], wenn man sie ohne Begehren zu sich nimmt; umgekehrt hindern auch einfache Speisen, mit Begier gegessen, den Fortschritt in der Enthaltsamkeit. Dem Propheten Elija schadete es nicht, Fleisch zu essen; und David beherrschte sich im Verlangen nach Wasser. Wer wirklich enthaltsam ist, ist weder heikel noch gierig. Von Wein soll man sich enthalten, wenn man nicht eine Magenschwäche hat (1 Tim 5,23); denn was einen geschwächten Leib aufrecht hält, erhitzt einen gesunden zu sehr. In Kapitel 24 schreibt Prosper:[278] Wenn wir das Fasten unterbrechen, weil Brüder zu Besuch kommen, dann heben wir nicht eigentlich das Fasten auf, sondern erfüllen die Pflicht der Liebe; denn wenn ich wegen der Enthaltsamkeit meine geistlichen Brüder betrübe, die sich – wie ich weiß – über eine Milderung freuen würden, dann ist meine Enthaltsamkeit keine Tugend, sondern ein Laster; denn mich macht es aufgeblasen und meinen Bruder traurig, dem ich doch gemäß dem Gebot der Liebe dienen muss.

Hieronymus schreibt – und so steht es auch im *Decretum*[279] –, es sei eine Schmach und Schande, dass voll-

---

276 Eigentlich: Pomerius, *Vita cont.* II, cap.17, n.1 (PL 59, 462).
277 Ebd., cap.22, n.1.2 (PL 59, 467f.).
278 Ebd., cap.24, n.1 (PL 59, 470B).
279 Hieronymus, *In Mich.* I, cap.2, n.9.10 (CCSL 76, 448); Decr. I, D. 35 c. 4 (Corpus IC 1, 131).

gestopfte Bäuche Jesus, den Gekreuzigten, den Armen und Dürstenden, predigten, und dass gerötete Backen und feiste Gesichter die Lehre vom Fasten vortrügen. Wenn wir an der Stelle der Apostel stehen, dann sollen wir nicht nur ihre Predigt nachahmen, sondern auch ihren Lebenswandel und ihre Enthaltsamkeit. Er spricht von den Bischöfen und Priestern. Ebenfalls Hieronymus versichert – auch diese Stelle findet sich im *Decretum*[280] –, dass sich viele aufgrund ihrer üppigen Mahlzeiten verschiedene Krankheiten zugezogen hätten, nämlich Gelenkschmerzen, Gicht in den Füßen und in den Händen; und dass diese Personen wieder gesund wurden, nachdem sie zu einfachen, schlichten Speisen zurückgekehrt waren.

Drei Seuchen, drei Schlangen umzüngeln die Amtsausübung des Bischofs *(functionem episcopalem)*: die Ehre, das Geld, die Tafel. Es ist doch ein Elend, dass Leute die Tafel des Bischofs gerade wegen solcher Dinge für erstrebenswert halten und nach ihr verlangen, weswegen sie eigentlich zu fliehen wäre! Weltliche Ausgelassenheit – ja, was ist das anderes als ungestrafte Schlechtigkeit? Paulus war schon fast ein Engel, doch er züchtigte seinen Leib; denn er fürchtete verworfen zu werden. Und du glaubst dich in Sicherheit zwischen ausgesuchten Speisen und Tafelfreuden?

Die Gespräche eines Bischofs müssen immer und überall heiligen Geist atmen; besonders aber bei Tisch ist dies nach der Lesung am meisten zu beachten. Da er selbst den Vorsitz am Tisch führt, muss er auch seine Autorität geltend machen, klug und höflich seichte Gespräche zu verbannen; und er soll dabei nicht zu un-

280 Hieronymus, *Adv. Iov.* II, n.12 (PL 23, 315); Decr. III, D. 5 c. 29–30 de consecr. (Corpus IC 1, 1419f.).

terwürfig sein, oder zu viel Rücksicht auf Personen zu nehmen.[281] Er denke an die Verse, die Augustinus in seine Tischplatte einschreiben ließ![282]

Allen Christgläubigen sagt der Herr: „Gebt acht, eure Herzen nicht zu beschweren durch Rausch und Trunkenheit, und durch die Sorgen dieser Welt“ (Lk 21,34). Und die Anführer des christlichen Volkes, seine Meister, halten täglich glänzende Mahlzeiten, wo ein Rausch kaum zu vermeiden ist, wo sie sich an den besten Weinen ergötzen und Tag für Tag bringt sie nur die Sorge um den Leib ins Schwitzen! Was für Zeiten!

Der Apostel Paulus (schreibt Gregor) trug täglich in seinem Herzen das Kreuz des Mit-Leidens, weswegen er sagte: „Wer wird schwach, und ich werde nicht schwach mit ihm?“ (2 Kor 11,19); und ebenso trug er täglich an seinem Leib das Kreuz der Enthaltsamkeit: „Ich nehme meinen Leib in Zucht“ (1 Kor 9,27). Zu predigen, ohne den Leib durch karge Nahrung in Zucht zu nehmen, nannte er Luftgefechte; darum setzte er voran: „Ich bin nicht wie einer, der in die Luft schlägt“ (v. 26).

Kriterien für ein Gastmahl der Liebe

Gregor der Große antwortete dem Bischof Natalis – der viel Zeit bei Gastmählern verbrachte und sich damit entschuldigte, er nehme dies als Gelegenheit für die Übung der Nächstenliebe –, dass ein Essen dann

281 Diese Stelle scheint in der Version Braga 1981 (S. 348) verdorben überliefert; sie wurde übersetzt nach *Stimulus Pastorum* 1572, fol. 107 v.

282 „Quis amat dictis absentium rodere vitam, / hanc mensam indignam noverit esse sibi. – Wer des Nächsten Leben hier benagt, / dem sei, weil nicht würdig, dieser Tisch versagt.“ Nach Possidius, *Vita Aug.* cap. 22 (Opera, 70), die Übersetzung des Sinnspruches wurde übernommen.

wahrhaft aus Liebe ausgerichtet werde, wenn dabei nicht bissig über Abwesende hergezogen werde, wenn dabei nicht irgendwelche Geschichten über weltliche Geschäfte erzählt würden, sondern man der geistlichen Lesung zuhöre. Denn schließlich soll man dem Leib nicht mehr als notwendig dienen, er soll vielmehr in seiner Schwachheit so unterstützt werden, dass er der Ausübung der Tugend fähig ist. Wenn Ihr das bei euren Gastmählern tut, dann bestätige ich Euch: Ihr seid Lehrmeister der Enthaltsamen.

Und weil jener Bischof sagte, er freue sich, dass er mit dem Erlöser den Beinamen „Fresser" teile, antwortete Gregor: Wenn von Euch der Wahrheit entsprechend das gesagt wird, was von unserem Herrn zu Unrecht gesagt wurde, dann kann der gleiche Name Euch nicht entschuldigen – die gleiche Bezeichnung hat einen verschiedenen Grund.

Und als jener sich mit Abraham entschuldigte, der Engel bewirtet hatte, antwortete Gregor: Auch wir würden Euch nicht wegen des Gastmahls tadeln, wenn wir wüssten, dass Ihr Engel zu Gästen habt.[283]

Ach unselige Stunde, unselige Tafel, verfluchter Becher – wenn du, Bischof, guter Dinge bei Tisch sitzest und die Schmerzen und Gefahren der schweren Last auf deinen Schultern zu vergessen beginnst! Als du noch ein glücklicher Privatmann warst, wusstest du noch nicht aus Erfahrung, was dieses Wort bedeutet: „Bevor ich esse, seufze ich" (Ijob 3,24). Du müsstest ständig seufzen, vor dem Essen, beim Essen und danach. Und in diesem Seufzen und Zittern hat dein Heil Bestand. Was aber, wenn Bosheit und Verblendung

283 Gregor der Grosse, *Registr.* II, ep. 44 (CCSL 140, 133).

derart gewachsen sind, dass du dich nicht bloß über ausgesuchte Speisen freust, sondern auch über hohles Gerede? Und was, wenn der Widersacher dir den Verstand so vernebelt, dass sich langsam das süße Gift der Eitelkeit und Gefallsucht einschleicht und das Innenleben verdirbt – so dass du beginnst, deinen Status zu genießen, und nicht mehr danach seufzest, die Last des Amtes ablegen zu können? Gott verhüte das.

O Blindheit! Reichen denn nicht die Gefahren, des ewigen Heiles verlustig zu gehen, die sich aus den vielfältigen Pflichten der Seelsorge ergeben? Muss denn der unglückliche Prälat noch freiwillig Gefahren an sich ziehen – die Gefahren der Vergnügungen, des äußeren Glanzes, der gesellschaftlichen Stellung, der Gastmähler?

Hier begegnet einem ein gotteslästerlicher Missbrauch und eine Torheit, die nicht toleriert werden darf: Man hält es nämlich für eine ausgemachte Sache, dass die Versetzung vom Ordensstand zum Stand des Bischofs so viel bedeute wie einen Wechsel von hingegebener Demut und Bußgesinnung zu eitlem Wohlleben – mit andern Worten: zu einem Stand, der mehr Annehmlichkeiten und Eitelkeit bietet. Und man fühlt sich erbaut von denen, die das Amt nicht annehmen. Aber in Wirklichkeit ist das ein Übergang *(transitus!)* zu einem geistlicheren, heiligeren Stand, der noch mehr Bußgesinnung erfordert *(ad spiritualiorem, sanctiorem, poenitentiorem statum)* als das monastische Leben. Wenn man alle Tugenden des Ordenslebens behält – mit Ausnahme des Schweigens, denn das ist unmöglich – wird man noch neue Tugenden dazu gewinnen, Freigebigkeit, Barmherzigkeit, etc.

Die Anführer der streitenden Kirche, die Träger der Feldzeichen, die in der ersten Reihe stehen und kämpfen müssen, und die durch ihr Beispiel an Tapferkeit und Tugend die anderen anfeuern sollen – sie lassen sich derart gehen, geben sich dem Wohlleben hin und dem irdischen Pomp? Mit Chrysostomus[284] sage ich freimütig: Die Vorsteher der Kirche brauchen (sollen) nichts besitzen außer Lebensunterhalt und Kleidung, damit sie nicht aus Verlangen nach diesen Dingen das Amt erstreben.

Hier endet der *Stimulus Pastorum.*

---

284 Johannes Chrysostomus, *In Ep. 1 Tim.*, hom. 15, n.2 (PG 62, 581).

Abkürzungsverzeichnis

C.	Causa
c.	Canon
cap.	Capitulum
CCSL	Corpus Christianorum Series Latina
CCCM	Corpus Christianorum Continuatio Medievalis
CD	Dekret über die Hirtenaufgabe der Bischöfe: Christus Dominus
CDion	Corpus Dionysiacum
Corpus IC	Corpus Iuris Canonici, hrsg. von Emil Friedberg
CMe	Christliche Meister
CSEL	Corpus Scriptorum Ecclesiasticorum Latinorum
CT	Concilium Tridentinum, ed. Societas Goerresiana, Freiburg 1901ff.
Decr.	Decretum Gratiani
DSp	Dictionnaire de Spiritualité
ep.	Epistula
Extr. Joann.	Extravagantes
FC	Fontes Christiani
GCS	Griechische Christliche Schriftsteller

LG	Dogmatische Konstitution über die Kirche: Lumen Gentium
n.	Numerus
PO	Dekret über Dienst und Leben der Priester: Presbyterorum Ordinis
q.	Quaestio
SC	Sources Chrétiennes
X	Dekretalen Gregors IX. („extra Decretum Gratiani“)

Literaturverzeichnis

Quellen

Bartholomäus, Werke

Comentário aos Salmos. Ed. bilingue, introd., trad. e anot. Manuel Isidro Alves (Obras Completas X) Fatima 1991

Catecismo ou Doutrina cristâ e Práticas Espirituais. 15. Ed. (Obras Completas I), Braga 1962.

Stimulus Pastorum ex sententiis Patrum concinnatus, in quo agitur de vita et moribus Episcoporum aliorumque Praelatorum, Paris 1586.

Stimulus Pastorum ex Sanctorum floribus ardentioribusque verbis praecipue concinnatus, XXII. ed. (prima ex Cod. S. Caroli Borromaei), Braga 1963.

Estímulo de pastores, ed. bilingue, trad. portuguesa de Manuel Barbosa Pinto e António Freire, introd. e notas de Raul de Almeida Rolo (Obras Compl. VIII), Braga 1981.

Compendium Spiritualis Doctrinae, ex variis Sanctorum Patrum sententiis magna ex parte collectum, auctore Reverendissimo P. F. Bartholomaeo de Martyribus Archiepiscopo Braccarensi, Paris 1602.

Documenta Bartholomaeana Tridentina, in: *Bracara Augusta.* Revista Cultural de Regionalismo e História da Câmara Municipal de Braga, 42 (1990): *Quarto*

Centenário da Morte do Venerável D. Frei Bartolomeu dos Mártires, 361–523.

Sonstige zeitgenössische Quellen

Fray Luis de Sotomaior, *Elogio da Vida de D. Frei Bartolomeu dos Mártires,* in: *Bracara Augusta.* Revista Cultural de Regionalismo e História da Câmara Municipal de Braga, 42 (1990): *Quarto Centenário da Morte do Venerável D. Frei Bartolomeu dos Mártires,* 357f.

Frei Luis de Sousa, *A Vida de D. Frei Bertolameu dos Mártires,* Introdução de Aníbal Pinto de Castro, Fixação do texto de Gladstone Chaves de Melo e Aníbal Pinto de Castro (Movimento Bartolomeano), Imprensa Nacional 1984.

Fray Luis de Granada, Obras Completas Tomo 16: Biografías 1, Ed. y Nota Crítica Alvaro Huerga, Madrid 1997, 155–206.

Vida de D. Fr. Bartholome de los Martires, traducida en Castellano, de la que escrivieron en Frances de un modo nuevo y muy edificante, los reverendos padres de la misma Orden de Praedicatores del Novicido General del Convento de San Germàn de Parìs, representada con su espiritu y sus dictamenes, Madrid 1727 [Vida Barth.]

Bascapé, Carolus, *De vita et rebus gestis Caroli S.R.E. Cardinalis,* Ingolstadt 1592 (Neuausgabe: Mailand 1983).

Fray Bartholomé Carranza de Miranda, *Speculum Pastorum.* Hierarchia ecclesiastica in qua describuntur officia ministrorum Ecclesiae militantis, ed. J. Ignacio Tellechea Idígoras, Salamanca 1992.

Fray Bartolomé Carranza de Miranda, *Controversia sobre la necesaria residencia personal de los obispos y de los otros pastores inferiores, Introducción, primera versión española, y edición facsímil del texto princaeps latino por J. Ignacio Tellechea Idigoras* (= Collección „Espirituales Españoles“ Serie A – textos, tomo 40), Madrid 1993.

Sacra Rituum Congregatione, *Romana seu Bracharen. Beatitificationis et canonizationis Ven. Servi Dei P. Bartholomaei de Martyribus,* Positio super virtutibus, Summarium, Rom 1819, 175–205 und 205–337.

Concilium Tridentinum, ed. Societas Goerresiana, Freiburg 1901ff. [CT].

Quellensammlungen

Corpus Iuris Canonici, 2 Bde., hrsg. von E. Friedberg, Leipzig 1879/81 (Nachdruck Graz 1955).

Sacrorum Conciliorum Nova et Amplissima Collectio, hrsg. von Joannes Dominicus Mansi, 53 Bd.e Graz 1960 (Nachdruck von Paris 1901–1927) [Mansi]

Primärliteratur

Augustinus

Opera – Werke, zweisprachige Ausgabe, begründet von Wilhelm Geerlings, hrsg. von Johannes Brachtendorf, Paderborn – Wien et al. 2006ff. (laufend) [= Opera]

–, *Confessionum libri XIII,* edidit Lucas Verheijen, Turnhout 1981 (CCSL 27) [Conf.]

–, *De civitate Dei,* ed. Bernhard Dombart / Alfons Kalb, 2 Bde., Turnhout 1955 (CCSL 47.48) [Civ. Dei]

– <dt.>, *Vom Gottesstaat*, aus dem Lat. übertr. von Wilhelm Thimme, eingel. und komm. von Carl Andresen, 2 Bde., München [4]1997.

–, *Epistulae CI–CXXXIX*, cura et studio Kl. D. Daur, Turnhout 2009 (CCSL 31B) [Ep.]

–, *Enarrationes in Psalmos I-CL*, 3 Bde., Turnholt 1956 (CCSL 38–40) [En. Ps.]

–, *De opere monachorum*, recensuit Iosephus Zycha, Wien – Leipzig 1910 (CSEL 41/5, 531–596) [Op. monach.].

–, *Contra Gaudentium donatistarum episcopum libri II*, recensuit M Petschenig, Wien – Leipzig 1910 (CSEL 53) [Contra Gaud.].

–, *Contra Iulianum* (PL 44, 641–874) [Contra Iul.].

Ambrosius

–, *Expositio Psalmi CXVIII*, recensuit M. Petschenig (CSEL 62/5) [Expos. Ps. 118].

–, *De officiis*, cura et studio Mauritius Testard (CCSL 15) [Offic.]

Basilius von Caesarea

–, *Homilien zum Hexaemeron*, hrsg. von Emmanuel Amand de Mendieta und Stig Y. Rudberg, Berlin 1997 (GCS/NF 2) [Hom. Hex.]

Benedikt von Nursia

Regula Benedicti – Die Benediktusregel, Lateinisch/Deutsch, hrsg. im Auftrag der Salzburger Äbtekonferenz, Beuron [4]2006 [= Reg. Ben.].

Bernhard von Clairvaux

Sämtliche Werke lateinisch/deutsch, 10 Bde., hrsg. von Gerhard B. Winkler, Innsbruck 1990–1999.

–, *De Consideratione ad Eugenium Papam – Über die Besinnung an Papst Eugen,* Sämtliche Werke Bd. I, hrsg. von Gerhard B. Winkler, Innsbruck 1990, 626–827 [Cons.].

–, *Epistolae 1–180,* Sämtliche Werke Bd. II, hrsg. von Gerhard B. Winkler, Innsbruck 1992, S. 242–1045. [Ep.]

–, *Sermones super Cantica Canticorum – Predigten über das Hohe Lied,* Sämtliche Werke Bde. V-VI, hrsg. von Gerhard B. Winkler, Innsbruck 1994/1995. [Cant.]

–, *Sermones per annum – Predigten zum Kirchenjahr,* Sämtliche Werke Bde. VII-VIII, hrsg. von Gerhard B. Winkler, Innsbruck 1996.

–, *In Psalmum „Qui habitat“ – Psalm 90 „Qui habitat“,* Sämtliche Werke Bd. VII, hrsg. von Gerhard B. Winkler, Innsbruck 1996, 501–719 [Qui habitat]

–, *Sermones diversi – Verschiedene Predigten,* Sämtliche Werke Bd. IX, hrsg. von Gerhard B. Winkler, Innsbruck 1998. [Div.]

Dionysius Ps.-Areopagita

–, *De coelesti hierarchia. De ecclesiastica hierarchia. De mystica theologia. Epistulae,* hrsg. von Günter Heil und Adolf Martin Ritter, Berlin – New York 1991 (PTS 36; Corpus Dionysiacum [CDion] 2). [Coel. hier.; Eccl. Hier.; Ep.]

Franz von Sales

–, *Geistliche Schriften* XII, Eichstätt-Wien 1983.

Glossa ordinaria

–, *In canticum canticorum,* edidit Mary Dove, Turnhout 1997 (CCCM 170) [In Cant.].

Gregor der Große

–, *Homiliae in Hiezechihelem Prophetam,* cura et studio Marcus Adriaen, Turnhout 1971, (CCSL 142) [Hom. in Ez.].

–, *Homilien zu Ezechiel,* übers. und eingel. von Georg Bürke, Einsiedeln 1983 (CMe) [Hom. in Ez.].

–, *Moralia in Iob libri XXXV,* cura et studio Marcus Adriaen, 3 Bde., Turnhout 1979–1985 (CCSL 143.A.B). [Mor.]

–, *Règle Pastorale,* 2 Bde., introduction, notes et index par Bruno Judic, texte critique par Floribert Rommel, traduction par Charles Morel, Paris 1992 (SC 381.382) [Reg. Past.].

–, *Registrum Epistularum Libri I-XIV,* edidit Dag Norberg, Turnhout 1982, (CCSL 140.140A) [Regist.].

–, *Dialogorum libri quatuor – Dialogues en quatre livres,* hrsg. von Adalbert de Vogüé, übers. von Paul Antin, Paris 1978–1980 (Soures Chrétiennes Bde. 151.160.165) [Dial.].

–, *Homiliae in Evangelia – Evangelienhomilien,* übers. und eingel. von Michael Fiedrowicz, 2 Bde., Freiburg u.a. 1997–1998 (Fontes Christiani 28/1.2) [Hom. Ev.]

–, *Epistula I ad universos episcopos* (PL 106, 853–858) [Ep. I univ. ep.]

Hieronymus

–, *Commentariorum in Micheam prophetam*, in: S. Hieronymi Presbyteri Opera Pars I Opera Exegetica 6, Commentarii in Prophetas Minores, edidit M. Adriaen Turnhout 1969 (CCSL 76, 421–524) [In Mich.].

–, *Adversus Jovinianum libri duo* (PL 221–354) [Adv. Iov.]

Ignatius von Antiochien

–, *Lettres*, introd., trad. et notes de Th. Camelot, Paris 1958 (SC 10).

Isidor von Sevilla

–, *Sententiae*, cura et studio Pierre Cazier, Turnholt 1998 (CCSL 111) [Sent.]

Jean Gerson

–, Œuvres Complètes, ed. Palémon Glorieux, 10 Bde., Paris u.a. 1960–1973 [OC].

Johannes Chrysostomus

–, *De sacerdotio – Über das Priestertum*. Mit einer Studie zu Werk und Rezeption hrsg. und komm. von Michael Fiedrowicz, übers. von Ingo Schaf und Claudia Barthold, Fohren-Linden 2013 [De sac.].

–, *Expositio in Psalmum CXXII* (PG 55, 351–353) [Expos. Ps. 122].

–, *Expositio in Psalmum CXLI* (PG 55, 442–446) [Expos. Ps. 141].

–, *Commentarius in acta apostolorum* (PG 60, 13–384) [In acta ap.].

–, *In Epistulam Secundam ad Thessalonicenses Commentarius* (PG 62, 467–500) [In Ep. 2 Thess.].

–, *In Epistulam Primam ad Timotheum Commentarius* (PG 62, 501–600) [In Ep. 1 Tim.].

Julianus Pomerius

–, *De vita contemplativa libri tres* (PG 59, 415–520). [Vita cont.]

Makarius von Ägypten

–, *Homiliae spirituales* (PG 34, 449–882) [Hom. spirit.].

Possidius

–, *Vita Augustini*, zweisprachige Ausgabe eingeleitet, komm. und hrsg. von Wilhelm Geerlings (= Augustinus, Opera – Werke, Ergänzungsband), Paderborn – München u.a. 2005 [Vita Aug.].

Sekundärliteratur

Alberigo, Giuseppe, *Karl Borromäus*. Geschichtliche Sensibilität und pastorales Engagement, Münster 1995.

Alberigo, Giuseppe, *Carlo Borromeo e il suo modello di vescovo*, in: *San Carlo e il suo tempo*. Atti del Convegno Internazionale nel IV. centenario della morte (Milano, 21–26 maggio), I-II, Rom 1986, I, 181–208.

Alves, M. Isidoro, *Método exegético de Frei Bartolomeu dos Mártires no commentário aos Salmos*, in: *Bracara Augusta*. Revista Cultural de Regionalismo e História da Câmara Municipal de Braga, 42 (1990): *Quarto*

Centenário da Morte do Venerável D. Frei Bartolomeu dos Mártires, 51–59.

BACH, Hedwig, *Karl Borromäus.* Leitbild für die Reform der Kirche nach dem Konzil von Trient, Köln [2]1985.

BORROMEO, Agostino, *La figura e l'opera dell'Arcivescovo di Braga Bartolomeu dos Mártires nell'Italia posttridentina*, in: *IV. Centenario da Morte de D. Frei Bartolomeu dos Mártires*, Congresso Internacional, Actas, Fátima 1994, 585–619.

BRADLEY, Ritamary, *Backgrounds of the title „Speculum" in mediaeval literature*, in: Speculum 29 (1954) 100–115.

CARDOSO, José, *O IV Concílio Provincial Bracarense – e D. Frei Bartolomeu dos Mártires*, Braga 1994.

DISTELBRINK, Balduinus, *Bonaventurae Scripta authentica, dubia vel spuria critice recensita*, Rom 1975.

EISERMANN, Falk, *Stimulus amoris*, in: Verfasserlexikon 9 (1995) 335–341.

HERNÁNDEZ, Francisco Martín, *Influencia en la Península Ibérica*, in: *San Carlo e il suo tempo.* Atti del Convegno Internazionale nel IV. centenario della morte (Milano, 21–26 maggio), I-II, Rom 1986, I, 461–491.

HERNÁNDEZ, Francisco Martín, *Fray Bartolomé de los Mártires en el entorno de los Reformadores Peninsulares de su tiempo*, in: *IV. Centenario da Morte de D. Frei Bartolomeu dos Mártires*, Congresso Internacional, Actas, Fátima 1994, 535–551.

HORST, Ulrich, *Papst – Konzil – Unfehlbarkeit.* Die Ekklesiologie der Summenkommentare von Kajetan bis Billuart, Mainz 1978.

HUERGA Alvaro, *Aproximación a la espiritualidad de S. Carlos Borromeo*, in *San Carlo e il suo tempo.* Atti del

Convegno Internazionale nel IV. centenario della morte (Milano, 21–26 maggio), I–II, Rom 1986, I, 385–412.

Huerga Alvaro, *Aproximación a la Espiritualidad de Fray Bartolome de los Mártires,* in: *IV. Centenario da Morte de D. Frei Bartolomeu dos Mártires,* Congresso Internacional, Actas, Fátima 1994, 646–668.

Huerga, Alvaro, *Dos biografías españolas de D. Fr. Bartolomé de los Mártires,* in: *IV. Centenario da Morte de D. Frei Bartolomeu dos Mártires,* Congresso Internacional, Actas, Fátima 1994, 685–697.

Jedin, Jedin, *Das Bischofsideal der Katholischen Reformation.* Eine Studie über die Bischofsspiegel vornehmlich des 16. Jahrhunderts, in: Ders., *Kirche des Glaubens – Kirche der Geschichte.* Ausgewählte Aufsätze und Vorträge. II: Konzil und Kirchenreform, Freiburg 1966, 75–117.

Lecouyer, Joseph, Épiscopat, in: DSp 4 (1960) 879–907.

Marques, José, *A Igreja Bracarense no tempo de D. Frei Bartolomeu dos Mártires,* in: *IV. Centenario da Morte de D. Frei Bartolomeu dos Mártires, Congresso Internacional,* Actas, Fátima 1994, 261–276.

Matos, Manuel Cadafaz de, *A Obra de Frei Bartolomeuz dos Mártires numa óptica bibliográfica, no Portugal europeu e no oriente (1564–1596),* in: *Associaçâo dos Arqueologos Portugueses,* IV. Centenario da Morte de Dom Frei Bartolomeu dos Mártires. Actas do Colóquio Comemorativo, Lisboa 1990, 63–98.

Rolo, Raul de Almeida, *L'évêque de la reforme tridentine. Sa mission pastorale d'après le vénérable Barthélemy des Martyrs,* Porto 1965.

Rolo, Raul de Almeida, *San Carlo Borromeo – Discepolo e protettore del Bracarense Bartolomeu dos Mártires*, in: *San Carlo e il suo tempo*. Atti del Convegno Internazionale nel IV. centenario della morte (Milano, 21–26 maggio), I–II, Rom 1986, II, 1135–1164.

Rolo, Raul de Almeida, *A teologia portuguesa no séc. XVI*. Contributo de D. Frei Bartolomeu, in: *Bracara Augusta*. Revista Cultural de Regionalismo e História da Câmara Municipal de Braga, 42 (1990): *Quarto Centenário da Morte do Venerável D. Frei Bartolomeu dos Mártires*, 31–50.

Rolo Raul de Almeida, *Uma ‚Arte' de ser Santo*, in: *Bracara Augusta*. Revista Cultural de Regionalismo e História da Câmara Municipal de Braga, 42 (1990): *Quarto Centenário da Morte do Venerável D. Frei Bartolomeu dos Mártires*, 133–155.

Rolo, R. de Almeida, *O ‚Bracarense' Padre Conciliar*, in: *IV. Centenario da Morte de D. Frei Bartolomeu dos Mártires*, Congresso Internacional, Actas, Fátima 1994, 287–309.

Schlosser, Marianne, *Zur Rezeption Gregors des Großen durch Bartholomäus a Martyribus OP (1514–1590)*, in: Michaela Hastetter – Karl-Heinz Steinmetz (Hgg.), *1400 Jahre Gregor der Große. Rezeption – Seelsorge – Ökumene* (Cardo 144) Köln 2007, 7–42.

Schmidt, Margot, *Miroir*, in: DSp 10/2 (1979) 1290–1303.

Walz, Angelus, *I domenicani nel Concilio di Trento*, Rom 1961.